KB069652

학교기반
컨설테이션

Theory and Cases
in School-Based Consultation

Laura M. Crothers, Tammy L. Hughes, Karen A. Morine 공저
한국학교심리학회 역
이동형 · 남숙경 · 류정희 · 이승연
이영주 · 장유진 · 하정희 · 홍상황 공역

학지사

⌂ 역자 서문

　학교현장에서 학생들이 보이는 다양한 교육적 · 심리적 문제들을 효과적으로 해결하고 건강한 발달을 돕기 위해 다각적인 개입 노력이 전개되고 있다. 학교기반 컨설테이션은 학생상담이나 각종 교육프로그램과 같이 교육 및 심리 전문가들이 학생들을 대상으로 하여 제공하는 직접적 서비스와는 달리 간접적 형식을 취하는 서비스 모델이다. 즉, 학생과 일상적으로 상호작용하는 컨설티인 교사나 학부모, 행정관리자들을 대상으로 컨설턴트가 전문적 지원을 제공함으로써 학생(내담자) 관련 문제를 해결하여 교육적 성과를 높이고 이후 문제 발생을 예방하고자 하는 심리교육적 개입 모델이다. 국내의 교육현장에서는 컨설테이션의 개념이 아직 낯설고 학생 대상의 직접적 서비스에 비해 보편적이지 않지만, 학교시스템 내에 여러 교육 및 심리 전문가의 다각적인 개입활동이 활발하게 이루어지고 있는 미국, 캐나다, 유럽 등 외국에서는 학교기반의 컨설테이션이 유망한 심리교육적 서비스로 자리 잡아 널리 활용되고 있다.

　학교기반의 컨설테이션을 위한 다양한 이론과 모델이 존재하지만, 그동안 이러한 전문영역에 대해 체계적으로 소개하고 실제적인 컨설테이션 기술을 습득할 수 있도록 돕는 안내서가 매우 부족하였다. 이러한 현실적 요구에 부응하기 위해 『학교기반 컨설테이션』의 번역을 기획하였다. 이 책은 학교를 기반으로 심리교육적 서비스를 제공하는 교육현장의 상담교사, 심리사, 상담사, 사회복지사, 특수교사 등이 학교기반 컨설테이션의 기초 이론과 실제적 이슈들을 체계적으로 검토하도록 돕는 좋은 입문서로, 지나치게 이론적이거나 학문적으로 접근하기보다는, 비교적 간결하고 쉽게 학교기반 컨설테이션의 대표적인 모델과 핵심적 원리 및 방법을 제시하는 점이 돋보이는 책이다. 특히 각 모델을 소개한 후 적절히 적용할 수 있는 구체적인 컨설테이션 사례들을 제시하고 각 사례와 관련된 쟁점들을 다각적으로 검토할 수 있도록 풍부한 토의질문을 제공하고 있는 점은 이 책의 고유한 특징으로, 컨설테이션을 현장에서 활용하고자 하는 전문가들이나 컨설테이션의 이론과 실제를 습득하고자 하는 관련 전공 대학원생들에게 매력적인 논의의 장이 될 것으로 기대된다. 다만, 한국과 미국의 학교시스템 간의 적지 않은 차이로 인해 각 사례를 접하면서 문화적인 이질감을 느끼는 경우가 종종 있을 것이다. 이러한 부분은 번역서로서 갖는 한계점이기도 하지만, 이러한 차이가 장애물이 되기보다는 국내 교육현장의 쟁점들을 개선하기위한 창의적 아이디어를 자극하는 역할을 할 수도 있을 것이라 조심스럽게 예상해 보며, 이러한 문화적 간극을 좁히는 부분은 국내의 연구자와 실무자들이 앞으로 풀어야 할 과제로 남겨 놓아야 할 듯하다.

　이 책은 학교현장에서 컨설테이션의 필요성에 대해서 뜻을 같이한 한국학교심리학회의 2014~2015년 운영이사들이 공동으로 참여하여 번역하였다. 1장은 이동형 교수, 2장은 장유진 교수, 3장은 하정희 교수, 4장은 류정희 교수, 5장은 남숙경 교수, 6장은 이승연 교수, 7장은 이영주 교수, 8장은 홍상황 교수의 책임하에 번역하였고 서로 윤독하여 수정ㆍ보완하였다. 번역이 매끄럽지 못하거나, 의미 전달이 최적화되지 못한 부분이 있다면 이는 전적으로 역자들의 책임이다.

또한 여러 명이 함께 번역하다 보니 용어의 통일이나 일관성이 완벽하게 이루어
지지 못한 점도 있다. 이러한 부분은 추후에 보완하기로 약속한다.

　이 책이 나오기까지 번역된 원고를 읽고 독자의 입장에서 피드백을 제공해 준
부산대학교 교육학과 학교심리연구실의 대학원생들과 좋은 책을 만들기 위해
원고를 꼼꼼하게 읽고 최선을 다해 교정해 준 학지사 편집부 직원분들에게 깊은
감사를 드린다. 아무쪼록 이 작은 책이 컨설테이션의 원리와 기법을 습득하고
학교현장에서 컨설테이션을 활용하고자 하는 다양한 심리 · 교육 · 상담 전문가
들과 관련 분야를 전공하는 대학원생들에게 좋은 길잡이가 되길 희망한다.

한국학교심리학회 역자 일동

서 문

　휴먼서비스로서 컨설테이션은 컨설티(예컨대, 교사)가 전문지식과 훈련경험이 있는 컨설턴트의 도움을 받아서 내담자(예컨대, 학생)에게 개입을 제공하는 삼원적(triadic) 문제해결 과정이다. 1940년대 말 독일의 정신과 의사인 Caplan이 현대적인 의미의 정신건강 컨설테이션을 최초로 시작한 이후로 컨설턴트의 주요 역할은 내담자를 도와주는 컨설티를 돕는 데 초점을 두어 왔다. 직접적인 임상적 서비스와 비교했을 때 컨설테이션은 컨설티의 독특한 기술을 더욱 효율적으로 사용하도록 돕고, 컨설티의 기술을 증진시키고, 내담자의 문제를 빨리 찾아내, 이상적으로는 문제가 일어나기 전에 예방하는 등의 여러 가지 이점이 있다. 유치원, 초ㆍ중ㆍ고등학교에서 실시되고 있는 컨설테이션은 비교적 최근에 나타난 현상으로 1960년대부터 뚜렷한 연구문헌이 등장하기 시작하였다. 독자가 이 책을 선택해서 이 페이지까지 읽을 정도로 관심이 있다면 아마 이러한 사항을 이미 잘 알고 있을 것이다.

　이 책을 어떻게 하면 잘 소개할 수 있을까 생각하던 중 마음속에 한두 가지 질문이 떠올랐다. 어떻게 하면 학교에서 컨설테이션을 효과적으로 제공할 수 있는지에 대하여 현재 알려진 사실은 무엇인가? 컨설테이션은 학교기반의 서비스 가운데 매우 중요하고 핵심적이지만 여러 실무 양식 가운데 가장 덜 이해되고 있는 서비스인 듯하다. 심리학, 상담학, 특수교육의 전문가들은 평가, 치료, 인사 개발 등을 다루기 위한 다양한 도구를 만들어서 사용하고 있지만 학교 컨설테이션은 아직 낯설게 받아들여지고 있다. 컨설테이션에 대한 현재의 지식기반이 많은 정보를 제공하고 있고 잘 발달되어 있음에도 불구하고 내가 이 말을 하면서 강조하고 싶은 것은 컨설테이션은 여전히 매우 복잡한 활동으로 남아 있다는 점이다.

학교 컨설테이션은 컨설턴트의 기술적 전문성과 대인관계적 기술을 잘 조화시켜야 한다는 점에서 일종의 예술이며 과학이라고 묘사되어 왔다. 가령, 컨설턴트는 무엇보다도 우선하여 '전문가'이어야 하므로 컨설턴트를 양성하는 사람들은 컨설턴트의 기본적인 의사소통 기술보다는 전문적 지식 습득에 초점을 두어야 한다는 잘못된 생각을 갖기 쉽다. 교육과정, 변화를 모니터하는 방법, 증거에 기반한 실무, 아동 발달 등에 대한 학교 컨설턴트의 지식은 분명 매우 중요하다. 그러나 이러한 지식을 숙달했다고 해서, 예컨대 학교 컨설테이션에서 교사가 어떻게 그리고 왜 특정 개입을 선택하여 적용하며 학생의 행동을 성공적으로 변화시키는지, 어떤 경우 계획된 개입을 전혀 시행하지 않는지를 설명할 수 있는 것은 아니다. 학교 컨설테이션의 핵심에는 매우 복잡한 순환과정이 자리 잡고 있고 컨설테이션의 내적인 과정은 최근 들어서야 명확하게 밝혀지고 있다. 그 무엇보다도 설득을 포함한 컨설턴트의 전략적 의사소통이 컨설테이션 과정에서 매우 중요한 역할을 하는 것으로 보인다.

학교에서 효과적으로 컨설테이션하는 방법을 어떻게 배울 수 있을까? 오늘날 학교에서 컨설테이션을 통해 질적 수준이 높은 교육적 · 심리학적 서비스를 제공하는 일은 매우 도전적인 일이다. 그런데 학교 컨설테이션을 소개하기 위한 많은 책이 사례연구를 다루지 않으며 기술 개발만을 강조한다는 점에서 공통적이다. 이 책에서 Laura Crothers, Tammy Hughes 및 Karen Morine은 이러한 문제점을 직접 다루고 있다. 이들은 대표적인 여섯 가지 컨설테이션 모델을 제시하면서 많은 사례연구 및 관련 적용 연습을 도입함으로써 기본적인 교재 내용을 강화하고 컨설테이션 기술 습득을 돕고 있다. 사례연구는 컨설턴트가 전문적 기술과 대인관계적 기술을 잘 조합하여 학교에서 효과적으로 활동하도록 돕는 좋은 방법이기에 이 책에 사례연구 자료가 포함된 것은 매우 중요하다고 할 수 있다. 또한 1장에서는 학교 컨설테이션을 효과적으로 가르치는 데 필요한 여러 가지 문헌을 간명하게 요약하고 있어서, 이 장은 특히 컨설테이션 과목을 강의하는 사람들에게 큰 도움이 될 것으로 생각된다.

Gerald Caplan이 변함없이 우리에게 가르쳐 주는 교훈 중 하나는 컨설테이션을 위해서는 독특한 일련의 기술들이 필요하기 때문에 컨설턴트는 전문적 훈련을 받아야 한다는 점이다. 이 책에서 Laura Crothers와 공저자들은 전문적 저술에서 제시된 여러 가지 대안을 잘 정리하여 초보 학교 컨설턴트들이 따를 수 있는 분명한 구조를 제시하고 있다. 독자들은 이 책이 읽기 쉽고, 학문적일 뿐 아니라 컨설테이션 실무에 매우 유용하다는 사실을 알게 될 것이다.

North Carolina 주립대학교 심리학과 교수

William P. Erchul

서 론

학교에서의 컨설테이션은 컨설턴트 역할을 하는 임상가가 컨설티와 내담자의 요구에 부응하기 위해 기존의 상황을 변화시켜서 원하는 상황을 만드는 데 도움이 되는 문제해결 전략들을 활용하는 일종의 서비스 제공 모형이라 할 수 있다. 컨설테이션은 학교심리사, 학교상담자, 사회복지사, 특수교육자 및 학교에 기반한 다른 교육적 · 심리적 건강 전문가들에게는 필수적인 능력이 되어 왔다(Kratochwill & Bergan, 1990). 컨설테이션은 많은 수의 내담자에게 서비스를 제공할 수 있고 시간과 비용 면에서 효율적인 방법이며 교육 분야에서의 혁신이다. 컨설턴트들은 학교 시스템 내에서 상담 개입을 통해 모든 학생과 학부모에게 직접적으로 서비스를 제공하는 대신, 교사나 다른 교육자들 같은 컨설티와 함께 일하고, 컨설티는 컨설테이션의 처치 계획을 가지고 내담자(학생, 학부모)와 함께 일하게 된다. 컨설턴트와 컨설티는 학생들이 학업적, 행동적, 사회적 및 정서적 문제를 해결하는 것을 돕기 위해 자신들이 가지고 있는 지식을 공유하고 협력해서 일하게 된다. 따라서 컨설테이션은 학교기반의 교육 및 정신건강 전문가들이 자원을 모아 여러 영역에서 학생들의 발달과 기능에 긍정적인 효과를 줄 수 있는 간접적 수단이다.

표준에 근거를 둔 교육 운동은 1990년대 이후로 교육 개혁의 중심이 되어 왔다(Flinders, 2005). 마찬가지로 교육적 책무성에 대한 요구가 부각됨에 따라 컨설테이션을 통한 서비스 제공은 점점 그 관련성이 높아졌다. 21세기에 접어들면서, 미국에서는 시민, 교육자, 기업가, 산업 대표자 및 정치적 지도자들이 아동의 학업 성취도 및 장래의 고용환경이나 중등 과정 후의 교육환경에서 그들에게 필요한 능력들을 공립학교가 제공해 주고 있는지에 대해 우려하기 시작하였다. 이를 바탕으로 인종, 민족, 수입, 장애 여부에 관계없이 모든 아동이 학년 수준이나 그보다 높은 수준에서 읽고 계산할 수 있도록 하는 교육적 표준을 높이게 하는 「아동낙오방지법(No Child Left Behind Act, 공법 107-110)」이 2001년 제정되었다. 「공법 107-110」은 전반적인 학업성취도는 학교구의 효율성을 평가하는 가장 중요한 요소이고, 교육기관들은 학생들의 학업성취를 매년 향상시켜야 한다는 것을 명시하고 있다.

학교가 표준에 근거한 책무성을 이행했다는 증거를 제공할 것을 기대하는 시대에 부응하여, 컨설턴트로 활동하는 교육 전문가들과 정신건강 전문가들은 학생들이 증거기반의 수업을 받고 교사들에게는 학생들의 성장과 교육 수준에 대해 알게 하고, 학생들의 행동적 · 정서적 요구를 다루고, 학생들 자신과 다른 아동들의 학습을 방해하지 않게 하는 중요한 팀 구성원들이 될 수 있도록 해야 한다. 또한 컨설턴트는 학생들의 행동, 정서 관리 및 학업적 기능의 향상을 객관적으로 측정할 수 있도록 하는 데 중요한 역할을 한다. 교사들이 하는 학생의 성취 향상에 대한 주관적인 평가는 비록 중요하기는 하지만, 행동 변화를 입증하는 데에는 충분하지 않다.

컨설테이션 과정을 따를 때, 교육 및 정신건강 지원 전문가들은 아동과 부모들의 욕구를 만족시켜 주기 위해 유대관계(예: 참조적 영향력)를 통해 설득을 활용한다. 그렇게 하면서 컨설턴트는 아동의 학업적·행동적 기능을 향상시키는 데 도움을 주는 증거기반 실무(evidence-based practices: EBP)를 활용하도록 고무할 수 있다. 예컨대, 요즘 교육장면에서 당면하는 걱정거리 중 하나는 학교가 EBP 를 실행하지 못한다는 것이다. 실패 이유 중 하나는 연구에서 비롯되고 관찰을 기반으로 한 개입이 학교 환경에서 실행하기 어렵다는 것, 즉 연구와 현장의 차 이다. 컨설테이션은 EBP의 활용을 증가시킬 수 있다. 이는 컨설테이션을 통해 컨설턴트가 가진 정보가 다른 학내 전문가들에게 전달되는 것을 촉진함으로써 가능하며, 또한 컨설턴트가 컨설티에게 훈련, 지도, 슈퍼비전을 제공하여 개입의 충실성을 높일 수 있기 때문에 개입의 복잡성에 기인하는 EBP 실행의 장애물을 제거함으로써 EBP 사용을 증가시킬 수 있다(Auster, Feeney-Kettler, & Kratochwill, 2006).

학교기반의 교육 및 정신건강 지원 전문가들이 학교 시스템 내에서 컨설테이션 과정을 사용할 수 있도록 교육하는 데서 대학 교수들은 컨설테이션을 뒷받침하는 다양한 이론을 가르쳐야 할 뿐만 아니라 효과적인 컨설테이션을 위해 필요한 능력들을 모델링해 주어야 한다. 현재까지 학교기반 정신건강 및 교육 전문가가 되기 위해 컨설테이션 기술을 연습하는 학생들에게 제공되는 모델링의 예나 훈련은 별로 많지 않다. 따라서 이 책은 전문직 종사자, 학생, 훈련자들이 다양한 수준의 실증적 증거와 함께 제시된 다양한 모델의 컨설테이션에 친숙해지도록 하는 데 목적이 있다. 더 나아가 개개인이 의뢰 문제, 나이, 성별, 학생의 특징, 교사의 특징, 학교, 교육 그리고 커뮤니티 시스템의 질에 따라 자신에게 가장 적합한 컨설테이션 이론과 모델을 선택하는 데 필요한 정보를 제공하는 데에도 목적이 있다.

　이 책은 정신건강 컨설테이션, 행동 컨설테이션, 사회인지이론 컨설테이션, 아들러 컨설테이션, 조직 및 시스템 컨설테이션 및 수업 컨설테이션과 같은 여러 학교기반 컨설테이션 접근에 대하여 응용적 조망을 제공한다. 컨설테이션은 단기적으로는 개별 학생의 학업적·행동적·사회적 기능을 향상시킬 수 있으며, 장기적으로 컨설티가 아동·청소년들에게 긍정적인 효과를 미치는 능력을 향상시키고 또 그렇게 함으로써 매년 학교구가 학생들의 성취도 향상을 입증할 수 있도록 돕는 등 학교구의 여러 목표를 달성하도록 돕는다는 점에서, 학교기반 교육 및 정신건강 지원 전문가들이 지원해야 하는 실무 활동이다. 끝으로, 행정관리자들은 학교심리사 및 다른 교육 및 정신건강 지원 전문가들이 전통적으로 서비스를 제공하는 방식에 대해서 편하게 여긴다는 증거가 있기는 하지만, 컨설테이션은 많은 수의 학생에게 시간과 비용 면에서 효과적인 서비스를 제공하는 수단이다. 이는 반박하기 어려운 매우 설득력 있는 주장이다.

이 책의 개요

　이 책은 교육 시스템 내에서의 컨설테이션에 관한 대학 강좌에서 사용될 수 있는 보조 도서 또는 사례연구서로서 개발되었다. 이 책은 여섯 가지 컨설테이션 모델의 이론과 실제를 살펴볼 뿐만 아니라 새롭게 학습한 컨설테이션 기술을 역할연기하는 데 활용할 수 있는 다양한 사례연구와 응용 연습활동을 포함하고 있다. 이 책은 특정 교재와 함께 사용하도록 개발되지 않았기 때문에 다른 다양한 컨설테이션 교재와 함께 사용이 가능하며, 자신의 컨설테이션 기술을 연습하거나 향상시키고자 하는 실무자들에게 유용한 자료로 활용될 수 있다.

각 장은 이론적 배경에서 시작해서 각 컨설테이션 접근의 이론적 가정, 특정 컨설테이션 이론을 성공적으로 사용하기 위해 습득해야 할 지식들을 다루고, 동시에 개별 컨설테이션 모델을 개관하고 있다. 각 장에서 주제를 다루는 방식이 다소 다르기는 하지만 각 컨설테이션 모델에서의 의사소통 유형과 과정, 컨설테이션 단계, 컨설턴트와 컨설티의 역할과 책임에 대한 정보 및 각 컨설테이션 이론의 효과성을 다룬 연구 결과들을 요약하고 있다. 각각의 컨설테이션 이론이 제시된 후 각 이론과 관련 있는 12개의 사례연구가 제시된다. 사례연구는 학생, 부모, 교육자 및 학교환경을 포함한 여러 가지 문제를 다루고 몇 가지 토의 문제를 제시한다. 다음 단락에서는 각 장을 간단히 요약하였다.

1장에서는 학교기반 컨설테이션을 개관하였다. 컨설테이션 단계와 과정, 컨설테이션 관계 형성을 위한 절차, 역할, 기술 및 컨설턴트의 특징을 간단히 논의하고, 학부모들과 의사소통할 때 고려해야 할 것과 다문화적 요소와 컨설테이션 과정, 윤리적·법적 고려사항들을 소개하였다. 그리고 대학에서 컨설테이션을 어떻게 가르칠 것인지 탐색하였으며, 이 책을 활용하여 컨설테이션을 가르치는 데 사용할 수 있는 권고사항을 제시하였다.

2장에서는 정신건강 컨설테이션(MHC)을 정의하고 학교 내에서 대인관계의 역동과 환경적 요소들에 대해 아는 것이 학생, 교사 및 학교 시스템에 미치는 영향을 개관하였다. 그리고 MHC의 이론적 가정과 더불어 의사소통 유형과 과정에 영향을 주는 요인을 개관하였다. 관계 형성, 평가절차의 실시, 개입의 선택 및 개입에 대한 추적 평가를 포함하는 MHC의 단계들을 정신역동적 및 환경적 관점에서 다루었다. 아울러 MHC에서 컨설턴트와 컨설티의 역할과 책임에 대한 정보와 학교기반 실무의 구체적인 사항들을 개관하였다. 마지막으로, MHC 실행의 효과와 장애물을 다룬 연구들을 소개하였고, 더불어서 정신건강 컨설테이션 실무의 관점에서 볼 수 있는 아동 기반/수준 문제, 가족 기반/수준 문제, 교육자 기반/수준 문제 및 시스템 기반/수준 문제들의 예를 제시하였다. 끝으로, 사례연구와 토의에 필요한 질문들을 제시하였다.

3장에서는 공동참여 행동 컨설테이션(conjoint behavioral consultation)을 포함해서 행동 컨설테이션(BC)을 논의하였다. 행동 컨설테이션 과정에서 언어적 의사소통의 중요성에 대한 정보도 포함시켰다. 공식적 진입, 효과적 관계 형성, 평가, 문제 정의 및 목표 설정, 개입 또는 개입전략 선택, 개입 실행, 개입 평가, 종료를 포함한 컨설테이션의 일반적 단계를 개관하였다. 덧붙여 BC 과정을 요약하고 컨설턴트의 역할과 컨설티의 특징, BC의 효과성, 행동 컨설테이션에서 아동 기반/수준 문제, 가족 기반/수준 문제, 교육자 기반/수준 문제 및 시스템 기반/수준 문제들의 예들과 토의에 필요한 질문을 제시하였다.

4장에서는 사회인지이론 컨설테이션 모델을 개관하였다. 사회인지이론의 기본 가정과 컨설테이션 과정에서의 동기의 역할을 소개하였다. 사회인지적 컨설테이션 모델의 과정과 특징, 컨설테이션 관계의 본질, 평가 과정, 문제의 진술과 목표 설정, 개입의 선택과 시행, 개입에 대한 평가와 모니터 방법을 다루었다. 마지막으로, 이 장에서는 토론에 필요한 질문들과 아동 기반/수준 문제, 가족 기반/수준 문제, 교육자 기반/수준 문제 및 시스템 기반/수준 문제와 관련 있는 예들을 제시하였다.

5장에서는 아들러 컨설테이션(AC)에 초점을 두고 컨설테이션 접근에서의 사회적 환경의 중요성을 다루었다. Adler에 따르면 적대감, 거부 및 무시와 같은 부적절한 환경은 아동들로 하여금 부적응과 심리적 장애를 반영하는 태도와 행동을 선택하게 한다. 이어서 AC의 기본적인 가정을 다루었다. 관계의 시작, 문제 평가, 목표와 개입의 설정 및 결과 분석을 포함한 AC 단계들을 개인적 · 환경적 관점에서 소개하였다. 아울러 AC에서의 컨설턴트와 컨설티의 역할과 책임, 학교기반의 예들을 개관하였다. 마지막으로, AC의 효과성과 AC를 적용한 사례들(아동 기반/수준 문제, 가족 기반/수준 문제, 교육자 기반/수준 문제 및 시스템 기반/수준 문제의 예)을 소개하고 각 사례연구 말미에는 토의를 위한 질문을 제시하였다.

6장에서는 조직 및 시스템 컨설테이션(OSC)의 역사와 이론적 근거를 소개하였다. 그리고 조직적 준비성, 실행 지지, 확산 단계를 포함한 조직의 발달과 변화를 다루었다. 여기서는 일반적인 OSC 모델 두 가지를 소개하였다. 조직발달 컨설테이션(ODC)과 개입지원 컨설테이션(IAC)이다. 문제 정의, 평가, 진단, 실행 기준 개발, 실행 기준의 측정과 평가를 포함한 ODC 단계들을 개관하였다. IAC에 대해서는 개인과 단체 접근, 컨설테이션과 자료기반 개입에서의 훈련, 리더십과 팀 멤버십, 자료 보관, 개입 허용, 진단적 개입, 과정 개입, 기술-구조적 개입, 개인 개입, 프로그램 평가와 책무성과 같은 다양한 문제를 논의하였다. 마지막으로, OSC 방법의 효용성을 지지하는 증거들을 소개하였다. 이 장은 논의를 위한 질문과 더불어 아동 기반/수준 문제, 가족 기반/수준 문제, 교육자 기반/수준 문제 및 시스템 기반/수준 문제들의 예를 포함하여 OSC로 접근 가능한 사례들을 포함하고 있다.

7장에서는 교사들이 학생의 학업적 문제 해결을 돕는 데 사용하는 수업 컨설테이션(IC)을 다루었다. 이 장에서는 학교환경 내에서의 IC의 사용에 대해서 소개하였다. 첫째, IC를 정의하고 학교에서 수업의 질을 향상시키기 위한 수업 컨설테이션을 논의하였다. 그리고 수업 컨설테이션의 기본 가정, 의사소통 유형 및 과정을 같이 개관하였다. 수업 컨설테이션에서 진입과 계약, 교육과정에 근거한 측정과 평가를 통한 문제 확인과 분석, 개입, 실행, 종료 및 문서의 기록을 포함한 수업 컨설테이션의 단계를 다루었다. 수업 컨설테이션 팀과 수업 컨설테

이션에서의 컨설티의 역할, 수업자문과 개인에 대한 반응모델 및 그와 관련 있
는 다문화적 문제들도 개관하였다. 마지막으로, 수업 컨설테이션을 실행하는 데
서 제기되는 장애물도 다루었다. 이 장은 아동 기반/수준 문제, 가족 기반/수준
문제, 교육자 기반/수준 문제 및 시스템 기반/수준 문제의 예들과 논의를 위한
질문과 IC 사례연구들을 포함하고 있다.

　마지막으로, 8장에서는 컨설테이션의 효과성을 다루었다. 각 컨설테이션 이
론과 실무의 효과성에 대한 데이터를 비교・대조하였다.

📖 차 례

제8장 **컨설테이션의 효과성 • 273**

제**1**장
도 입

1. 학교기반 컨설테이션의 필요성

학교에서 컨설턴트로 일하는 것은 정신건강 전문가나 교육 전문가가 맡을 수 있는 흥미롭고 보람된 역할 중 하나다. 학교가 미리 정한 표준에 비추어 그 책무를 다하고 있다는 증거를 보여야 하는 이 시대에, 컨설턴트는 학생들이 증거기반 실무(evidence-based practices)를 통해 유익을 얻고 교사들이 학생들의 발달적 및 교수적 수준에 대해서 잘 알고 있도록, 그리고 학생들의 행동적, 정서적 요구가 충족되어 그들 자신과 다른 학생들의 학습을 저해하지 않게 만전을 기하도록 팀의 한 멤버로서 중요한 영향력을 행사할 수 있다. 학교심리학 전문직의 미래에 관한 논문에서 Meyers, Meyers 및 Grogg(2004)는 전문인력 부족의 문제가 앞으로 더욱 심화할 것으로 보고하고 있다. 따라서 제한된 자원으로 최대한 많은 수의 학생에게 영향을 미칠 수 있는 서비스 전달 모델이 절실히 필요하다고 할 수 있으며, 더욱이 학생들의 학업적, 행동적, 정서적 문제를 예방하고 조기에 교정하는 데 초점을 맞추는 컨설테이션 같은 모델은 전문인력의 부족, 예산 제한, 서비스가 필요한 학생인구의 증가 등과 같은 시스템적 문제에 대한 해답을 제공한다.

학교기반 컨설턴트의 역할은 학교심리사나 컬리큘럼 전문가가 통합교육을 위한 교수방법의 변화 등 혁신적인 노력을 기울이는 데 도움이 될 수 있다. 학교기반 전문가들은 통합교육을 촉진하는 데 선제적인 노력을 기울이면서 컨설테이션을 활용하여 다른 교육자들에게 통합교육을 돕는 교수전략 개발과 그러한 전략들을 실천하는 것의 유익에 대해 알려 줄 수 있다(Farrell, 2006). 컨설테이션은 또한 학교심리사나 학교상담자 같은 교육지원 전문가들에게 잘 들어맞는데, 그들은 학생의 저조한 수행이나 문제행동의 원인을 학생의 내적 요인에서 찾기보다는 시스템적, 환경적, 교수적 요인을 분석하는 방향으로 나아가도록 돕는 역할을 하기 때문이다. 더욱이 컨설테이션은 학교 시스템에 만연해 있는 특수교육 서비스의 의뢰-검사-배치 사이클을 중단시킬 수 있으며, 교육자들이 중재반응모형(response-to-intervention models: RTI)에서 1군(Tier 1)과 2군(Tier 2)에 있는 학생들에게 성공적으로 서비스를 제공하는 데 도움을 줄 수 있고, 학생들이 그들의 교육적 요구를 만족시킬 수 있는 최소제한환경(least restrictive environment)에서 교육 프로그램을 받을 가능성을 높여 준다.

Bramlett과 Murphy(1998)는 다양한 전문직이 학교기반 자문에 기여했음을 주장하면서 협력과 학교기반의 팀 형성과 관련된 컨설테이션 이슈에 초점을 두는 특수교육 분야의 문헌들(Idol, Paolucci-Whitcomb, & Nevin, 1994)을 언급하였으며, 조직 혹은 시스템 수준의 변화와 각종 예방 노력에 관한 지역사회심리학 분야의 문헌(Juras, Mackin, Curtis, & Foster-Fishman, 1997)을 개관하였다. 유사하게, 학교심리학 분야에서 수업심리학 영역의 지식과 특수교육 분야에서 협력적 자문의 과정이 합쳐져 수업 컨설테이션(instructional consultation)이 나타났다(Rosenfield, 1995). 특수교육과 학교심리학 분야에서 협력적 문제해결은 부모와 교사가 "문제해결 과정에 적극 참여하고 의사결정에서 힘을 공유하는 과정" (Allen & Graden, 1995, p. 669)으로 주창되어 왔으며, 이에 대해서는 추후 이 장에서 다루어질 것이다.

　부가적으로, 컨설테이션은 학교심리사 같은 일부 교육 및 정신건강 지원 전문가들이 매우 만족스러워하고 즐기는 역할 중 하나임을 보여 주는 연구가 있다. 97명의 학교심리사를 대상으로 한 연구에서, 대부분의 응답자들은 컨설테이션, 전문성 개발, 네트워킹과 같은 직·간접적 개입에 더 많은 시간을 투입하고 평가, 다학제적 회의 및 행정 업무 등에는 더 적은 시간을 투입하기를 원하는 것으로 보고하였다(Brown, Holcombe, Bolen, & Thomson, 2006). 이와 같이 컨설테이션 활동을 보다 많이 하고 싶은 열망에도 불구하고, 학교심리사들은 그들의 업무시간 중 대략 11~20%의 시간만을 컨설테이션을 하며 보내는 것으로 추정되어 대부분의 시간을 컨설테이션에 사용하지 못하고 있음을 알 수 있다(Agresta, 2004; Bramlett, Murphy, Johnson, Wallingsford, & Hall, 2002).

　학교상담자와 사회사업가 같은 다른 교육 및 정신건강 전문가들이 컨설테이션 활동에 참여하며 경험하는 만족에 대해서는 혼합된 결과가 나타나고 있다. 예컨대, Protulipac(2004)은 학교심리사 대상의 연구에서 나타난 것과 유사하게 학교상담자들이 교사, 행정가, 부모들과의 컨설테이션 시간을 늘리고 싶어 했으며, 특히 지역사회 기관의 다른 상담사들과 컨설테이션하는 시간을 늘리고 싶다는 응답이 가장 많았다고 밝혔다. 그러나 학교심리사, 학교상담자, 사회복지사의 역할에 대해 조사한 다른 연구에서는 사회복지사와 학교상담자가 개인 및 집단 상담에 더 많은 시간을 할애하고 싶어 하며, 컨설테이션 시간은 줄이고 싶어 하는 것으로 나타났다(Agresta, 2004).

　학교기반 교육 및 정신건강 실무자들이 컨설테이션을 할 가능성을 줄이는 많은 장애물이 있는데 이에 대해서는 곧 논의할 것이다. 부가적으로, 학교기반 교육 및 정신건강 전문가들의 컨설테이션 활동은 학교장면에서 자신이 담당하도록 훈련받은 역할과 일치하는 방식의 컨설테이션을 제공할 경우 보다 바람직할 뿐 아니라 더 많이 활용될 수 있다. 예컨대, 특수교사에게 컨설테이션을 제공하는 데 관심이 있는 사회복지사는 학생의 기술을 강조하고 학생에 대한 교사의 공감과 이해를 강조하는 모델을 활용할 때 유익할 것이다. 그러한 접근은 교사로 하여금 심리사회적 관점에서 학생의 기능에 대해 이해하도록 도우며, 또한 새로운 평가 및 자기인식 기술을 습득하도록 도울 것이다(Drisko, 1993). 학교상담자들은 일반교사나 특수교사에게 컨설테이션을 통하여 포괄적, 발달적 생활지도 프로그램 교과과정과 같은 예방적 정신건강 접근을 활용하도록 도울 수 있을 것이며, 교육 면에서 아동과 그들 가족의 인권과 적법절차를 옹호하는 활동도 할 수 있다.

Meyers와 Nastasi(1999)는 일차예방, 위험경감, 조기개입, 치료의 네 범주로 표현될 수 있는 예방적 틀을 제시한 바 있는데, 이들은 모두 학교심리사뿐 아니라 학교사회복지사, 학교상담자가 개입의 목표로 삼을 수 있는 영역들이다. 더욱이 학교심리사들은 아동발달 및 양질의 교수법에 대한 지식을 활용하여 교과과정을 선택 및 조정하고 아동의 행동 및 정서적 문제에 대한 증거기반 실무 활동을 할 수 있다.

참고로, 교육 및 정신건강 지원 전문가들이 보다 많이 컨설턴트로서 일하지 못하는 데에는 아마도 몇 가지 이유가 있을 듯하다. 첫째, 특수교육 서비스의 수혜 자격을 결정하는 평가 업무는 여전히 교육 및 정신건강 지원 전문가의 많은 시간을 차지하며, 따라서 컨설테이션 활동에 이용할 시간을 제한하고 있다(Gilman & Gabriel, 2004). 둘째, 많은 행정가는 학교심리사 같은 교육 및 정신건강 전문가의 현재 역할에 대해 매우 만족하여 이들의 역할을 재정의할 필요성을 느끼지 못하는 듯하다(Gilman & Gabriel, 2004). 셋째, 학교장면에서 컨설테이션이 믿을 만하게, 혹은 충실하게 수행되고 있지 못하는지도 모른다. Bramlett 등(2002)은 "비록 학교심리학 문헌에서 행동 컨설테이션이 실증연구에 의해 가장 많이 지지되었지만(Bramlett & Murphy, 1998; Sheridan, Welch, & Orme, 1996), 많은 학교심리학 실무자는 이 모델을 원래 정의된 방식으로 실천하고 있지 않는 듯하다(Bergan & Kratochwill, 1990). 우리가 실시한 조사에서 많은 응답자는 행동 컨설테이션 문헌에서 기술하는 4단계 문제해결 모델(즉, 문제확인, 문제분석, 계획실행, 계획평가)을 고수하지 않는다고 하였다. 대다수의 컨설테이션 사례에서 개입의 평가는 실시되지 않고 있었다."(p. 331)라고 밝혔다.

컨설테이션에 할애하는 시간에 영향을 미치는 시스템적, 조직적 장애 요인들 또한 있어 보인다. 첫째, 넘쳐나는 검사 의뢰로 인한 시간 부족, 호의적이지 않은 조직 풍토와 학내 행정가들의 태도, 교실 내 구조적 문제, 자금 문제 등 서비스 전달 체계에서의 변화를 지원하거나 이러한 변화에 순응할 수 있는 학교의 능력 부족과 같이 학교기반 컨설테이션의 실행을 어렵게 하는 여러 제약 요인이 있다 (Bramlett & Murphy, 1998; Forman, 1995; Gutkin & Bossard, 1984; Martens & Witt, 1988). 둘째, 컨설턴트 관련 요인들도 있는데 컨설턴트의 전문성, 동기, 대인기술 등이 포함되며, 컨설티 관련 요인으로는 문제해결 기술, 학내 지위, 학급관리 기술, 부정적으로 보이는 것에 대한 우려, 자신감, 의사소통 기술, 컨설테이션의 성공에 영향을 주는 통제감 등이 포함된다(Bramlett & Murphy, 1998; Gutkin & Hickman, 1990). 셋째, 컨설티가 근무하는 학교 건물 내에 학교심리사가 근무하여 컨설테이션을 위해 쉽게 이용 가능한가와 같은 요인들이 학내 컨설테이션의 활용에 영향을 미친다(Bramlett & Murphy, 1998; Stenger, Tollefson, & Fine, 1992). 넷째, 행정적 요인으로, 가령 교장이 학교심리사의 역할에 대해 전통적인 관점에서 주로 검사와 배치의 역할만을 수행하기를 원한다면 컨설테이션이 수용되어 실행될 가능성이 줄어든다(Bramlett & Murphy, 1998). 이 책은 학교기반 정신건강 및 교육 전문가들이 다양한 종류의 컨설테이션을 수행하는 데 필요한 기술들을 배우도록 돕고, 방금 언급한 이러한 장애 요인들을 극복함으로써 특수교육서비스 수혜 자격을 결정하는 의뢰로 이어질 학생들의 많은 문제를 예방할 수 있게 하는 데 도움을 줄 수 있을 것이다.

2. 기본 용어

더 진행하기에 앞서 우선 이 책에서 사용되는 용어를 정의하는 것이 도움이 될 것이다. 컨설테이션 과정에 관여하는 사람은 컨설턴트, 컨설티, 내담자 이렇게 세 명이다. 보통 컨설턴트는 컨설티와 협력하여 내담자에게 간접 서비스를 제공한다(Brown, Pryzwansky, & Schulte, 2001). 학교기반 컨설테이션 실무에서 교육 및 정신건강 전문가(컨설턴트)는, 예컨대 교사나 교장(컨설티)과 직접 일하여 교사나 교장이 학생, 학교 및 가족과 일하는 기술을 개선하도록 돕는다. 즉, 컨설턴트는 컨설티와의 컨설테이션 관계를 통해 내담자에게 간접적으로 서비스를 제공한다. 비록 컨설테이션 모델이 다양하지만, 연구에 따르면 어느 특정 이론에 국한되지 않는 공통된 몇 가지 핵심 요소가 있다. 따라서 이 장의 다음 부분에서는 컨설테이션의 일반적인 정의, 컨설테이션에서의 힘의 기반, 학교기반 컨설테이션의 특징, 교사와 함께 일할 때 고려되어야 하는 문제, 개입 수용도에 대한 간단한 개관을 제시하고자 한다.

일반적으로 컨설테이션은 컨설티와 컨설턴트 간의 비위계적인 문제해결적 관계로 정의된다. 이러한 관계의 목적은 컨설티의 내담자(예: 학생, 학교, 보호자) 관련 기능을 향상시키는 것이며, 컨설티(예: 교사, 교장)의 기술을 향상시켜 장차 내담자에게 독립적으로 서비스를 제공할 수 있게 하는 데 있다(Caplan, 1970; Zins & Erchul, 2002). 따라서 컨설테이션은 간접 서비스로 개념화된다. 이는 교육 전문가 혹은 정신건강 전문가가 컨설티(예: 교사, 교장)에게 컨설테이션을 제공하여 내담자(예: 학생, 학교, 보호자)의 기능을 향상시킬 목적으로 실행되기 때문이다. 흔히 학교에서 학교심리사, 학교상담자, 사회복지사들은 교사 컨설티와 컨설테이션 관계를 통해 함께 일하는 가운데 학생의 학업, 행동 및 정서적 기능을 향상시키게 된다.

연구자들은 학생, 가족, 학교의 요구를 충족시키기 위한 예방적 접근으로 컨설테이션의 중요성을 강조해 왔다(Meyers et al., 2004; Zins & Erchul, 2002). 학교심리학 같은 전문직이 비록 전통적 관점에서는 개별화된, 의뢰기반의 서비스로 간주되어 왔을지 몰라도, 다른 교육 지원 전문직과 마찬가지로 학교심리학 실무를 개선하고자 하는 강한 움직임이 있으며, 여기에는 컨설테이션 같은 간접서비스의 제공이 포함된다(Graden, 2004; Meyers et al., 2004). 컨설테이션과 관련된 쟁점은 2002년에 열린 학교심리학의 미래에 관한 국제학술대회에서 비중 있게 다루어졌는데, 컨설테이션은 매우 중요하지만 아직은 과소 강조되어 온 학교심리사의 역할로 언급되었다(Cummings et al., 2004). 유사하게 370명의 학교심리사들을 대상으로 한 조사에 따르면, 이 조사에 참여한 사람들의 주된 책임은 평가였으며, 컨설테이션은 이에 부차적인 것으로 확인되었다(Bramlett et al., 2002). 컨설테이션은 간접서비스이지만, 예컨대 개입 후의 성과나 효능성 평가와 같이 직접서비스와 결합되어 제공될 수 있다는 점을 간과하지 말아야 할 것이다 (Zins & Erchul, 2002).

자주 인용되는 Zins와 Erchul(2002)의 저술에서 학교 컨설테이션은 "컨설턴트와 컨설티가 협조적 동반자 관계(cooperative partnership)를 형성하여 생태학적-행동적 원리에 기초한 호혜적, 체계적 문제해결과정에 참여하는 예방지향적인 심리적, 교육적 서비스를 제공하는 방법이며, 그 목표는 컨설티 시스템을 개선하고 역량 증진을 도모하여 학생들의 안녕과 수행을 촉진하는 것"(p. 626)으로 정의되고 있다. 컨설테이션 관계에서 컨설턴트의 힘을 강조하는 컨설테이션에 대한 다른 정의들(Caplan, 1970)과는 달리, 학교 컨설테이션에 대한 이러한 정의에서는 컨설턴트와 컨설티 간의 협력적인 문제해결이 강조되고 있다. 다음으로 컨설테이션에서 사용되는 힘, 곧 사회적 영향력(social power)의 기반에 관한 문헌을 검토해 볼 것이다.

French와 Raven(1959)은 처음으로 사회적 영향력을 대상자의 신념, 태도, 혹은 행동 변화를 유발하는 권위자의 경향성으로 정의하였다. 또한 사회적 영향력을 행사하는 사람이 가용한 자원을 활용함으로써 변화를 도모하는 능력이라고 기

표 1-1 Raven의 사회적 영향력의 기반에 대한 정의

사회적 영향력의 기반	정의
긍정적 전문가[b]	대상자가 권위자를 따르는 것은 그를 특정한 영역의 전문가라고 지각하기 때문이다.
부정적 전문가[a]	대상자가 권위자의 말과 정반대로 행동하는 것은 그가 자신의 이익만을 생각한다고 보기 때문이다.
긍정적 참조[b]	대상자가 권위자를 따르는 것은 권위자와 연관되거나 권위자처럼 되고 싶기 때문이다.
부정적 참조[a]	대상자가 권위자의 말과 정반대로 행동하는 것은 권위자와 연관되거나 권위자처럼 되고 싶지 않기 때문이다.
물리적 보상[c]	대상자가 권위자를 따르는 것은 그렇게 할 때 일종의 유형적 보상을 받을 수 있다고 지각하기 때문이다.
인간적 보상[b]	대상자가 권위자를 따르는 것은 그렇게 할 때 권위자에게 인정을 받거나 그가 좋아할 것이라고 믿기 때문이다.
물리적 강요[c]	대상자가 권위자를 따르는 것은 그렇게 하지 않을 때 권위자가 유형적인 벌을 부과할 수 있다고 지각하기 때문이다.
인간적 강요[c]	대상자가 권위자를 따르는 것은 그렇게 하지 않을 때 권위자가 자신을 인정하지 않거나 싫어할 것이라고 믿기 때문이다.
직접적 정보[b]	대상자가 권위자를 따르는 것은 권위자가 제공하는 정보가 자신에게 논리적으로 합당하기 때문이다.
간접적 정보[a]	대상자가 권위자를 따르는 것은 특정 조치가 다른 유사한 상황에서 얼마나 효과적인지 제삼자로부터 들은 적이 있기 때문이다.
공식적/합법적 지위[c]	대상자가 권위자를 따르는 것은 권위자가 특정한 지위를 차지하고 있기 때문이다.
합법적 호혜성[c]	대상자가 권위자를 따르는 것은 과거에 권위자가 대상자에게 무언가 긍정적인 일을 해 주었기 때문이다.
합법적 공평성[c]	대상자가 권위자를 따르는 것은 과거에 권위자가 한 수고를 보상하는 방법이라고 느끼기 때문이다.
합법적 의존성[b]	대상자가 권위자를 따르는 것은 권위자가 대상자의 도움 없이는 특정 조치를 취할 수 없다고 느끼기 때문이다.

[a] 이 영향력 기반은 대인영향력 척도(Interpersonal Power Inventory: IPI)에 포함되지 않음.

[b] 부드러운 영향력 기반

[c] 거친 영향력 기반

출처: "The Relationship between Gender of Consultant and Social Power Perceptions within School Consultation," by W. P. Erchul, B. H. Raven, & K. E. Wilson, 2004, *School Psychology Review, 33*, p. 584. Copyright 2004 by the National Association of School Psychologists, Bethesda, MD, www.nasponline.org. 출판사의 허락하에 전재함.

술하였다. French와 Raven은 그들의 사회적 영향력 모델에서 14가지 사회적 영향력의 기반을 제시하였다(〈표 1-1〉 참조). 사회적 영향력의 기반 중 하나로 '긍정적 전문가'가 있는데, 이 경우 대상자는 권위자를 특정 분야의 전문가로 인식하기 때문에 권위자가 말하는 대로 실행한다. 다른 예로 '부정적 전문가'가 있는데, 대상자는 권위자가 자기 자신의 이익만을 최대한으로 생각한다고 믿기 때문에 권위자가 말하는 것과 정반대로 실행한다(Erchul, Raven, & Wilson, 2004). 후속 연구들은 '거친' 영향력 기반(hard power bases)과 '부드러운' 영향력 기반(soft power bases)을 구분하는 2요인 모델이 존재함을 보여 주었다(Koslowsky, Schwarzwald, & Ashuri, 2001). 거친 영향력 기반은 강요나 지시적 방법을 사용하는 것과 같이 사람들이 영향력에 대해 생각할 때 흔히 생각하는 방법들이며, 부드러운 영향력 기반은 보다 미묘하고, 비지시적인 영향의 수단들을 포함한다고 할 수 있다(Erchul et al., 2004).

Erchul 등(2004)은 Raven(1993)의 사회적 영향력에 대한 모델을 활용하여 컨설테이션 동안의 학교심리사의 성별과 지각된 사회적 영향력 간의 관계를 검토하였다. 134명의 전국인증학교심리사(nationally certified school psychologist)를 대상으로 한 이 연구에서, 여성 학교심리사들은 남성 학교심리사에 비해 부드러운 영향력 기반이 교사에게 영향을 미치는 데 더 효과적인 것으로 지각하였다. 이러한 결과는 여성들은 다른 사람들과 상호작용할 때 남성들과는 다른 의사소통 양식을 사용한다는 점을 시사한다. 더욱이 여성 학교심리사들은 남성 학교심리사들에 비해 거친 영향력 기반 또한 보다 효과적인 것으로 평가하였다. 이러한 결과들은 여성 학교심리사들은 두 종류의 영향력 기반을 모두 효과적인 것으로 보는 경향이 있으나, 남성과 여성 학교심리사들 모두 교사에게 컨설테이션을 제공하는 데서 부드러운 영향력 기반을 더 효과적인 것으로 지각한다는 점을 보여 준다.

이러한 결과들은 컨설테이션 관계에서 초보든, 경험이 많은 컨설턴트든, 사회적 영향력과 의사소통 스타일(즉, 부드러운 혹은 거친 영향력 기반)이 미치는 영향을 고려해야 함을 강조한다. Erchul과 Chewning(1990)은 컨설턴트와 컨설티 간에 협조적 동반자 관계를 형성하는 것이 중요한 한편(Zins & Erchul, 2002), 이러한 과정에서 컨설턴트가 리더십을 발휘하는 것이 도움이 된다고 주장한다(Bramlett & Murphy, 1998). 연구자들은 컨설턴트가 컨설테이션 과정 동안 존중과 신뢰의 분위기를 형성하고 효과적인 면접 기법을 사용함으로써 '지시적(directive)'이면서 동시에 '협력적(collaborative)'일 수 있음을 제안한다. 이제 컨설테이션에서 영향력과 관련된 문제들을 살펴보았으므로, 다음으로 학교 컨설테이션의 과정을 설명하고자 한다.

학교 컨설테이션을 정의하면서 언급하였듯이, 학교 컨설테이션은 컨설턴트에 의해 주로 안내되지만 동시에 컨설티의 필요에 따라 지속적으로 조정되어야 하는 문제해결과정을 특징으로 한다. 따라서 컨설테이션 과정은 모든 참여자의 의견이 계속 투입되는 가운데 일련의 단계를 거쳐 체계적으로 진행된다. 컨설테이션에서 특히 강조되는 것은 임파워먼트(empowerment)의 개념이다. 이러한 틀에서 적절한 지원이 제공되면 컨설턴트는 현재의 상황을 개선할 수 있는 컨설티와 기타 참여자들이 보유하거나 개발 가능한 기술들을 인식하고 그 가치를 인정해야 한다(Rappaport, 1981). 좀 더 구체적으로는 컨설티가 역량을 갖추고 있더라도 문제를 독자적으로 해결하기에는 기술적 전문성이 충분하지 않을 수 있다. 이러한 경우 컨설턴트의 역할은 컨설티를 지원하고 격려(임파워먼트)하여 자신의 기술을 향상시킴으로써 미래의 문제를 독자적으로 해결할 수 있도록 준비시키는 것이다(Zins & Erchul, 2002). 컨설턴트는 컨설티와 함께 일하는 가운데 컨설티의 기술을 향상시키더라도, 궁극적으로 학생의 안녕과 기능에 지대한 관심을 갖는다. 즉, 학교 컨설테이션의 핵심적인 목표는 학생들의 기능을 향상시키고 안녕을 도모하는 것이다(Zins & Erchul, 2002).

컨설테이션의 문제해결과정은 다른 컨설테이션 패러다임과 유사하며, (1) 협조적 동반자 관계의 수립, (2) 문제 확인 및 분석, (3) 개입 개발 및 선택, (4) 개입 실행, 평가 및 추후 조치의 단계를 포함한다. 문제확인 단계에서는 교사 등의 컨설티를 면접할 때 따라야 하는 몇 가지 구체적인 세부단계가 있다. 면접은 5가지 영역, 즉 문제의 정의, 확인된 문제행동에 선행하는 결정 요인(선행사건) 확인, 행동의 유지 요인 확인, 환경 내 관련 요인 평가, 가용한 자원의 확인을 다룬다. 문제정의 단계 동안, 문제행동은 조작적으로 정의되어 행동이 보다 쉽게 측정될 수 있도록 한다. 또한 문제의 빈도와 지속시간과 강도와 심각성이 평가되도록 한다. 표적행동의 선행사건을 확인할 때는 시간적 및 상황적 선행사건이 고려되어야 한다. 그 후 컨설턴트와 컨설티는 표적행동을 개선할 가능성이 있는 잠재적인 긍정적 결과들과 문제행동을 유지하는 데 기여하는 부적절한, 부정적 결과들을 탐색한다. 이러한 결과들을 탐색한 후에는 교수법, 학교 일과, 학생의 행동이나 태도 등 다른 환경적 변인들이 평가되어야 한다. 끝으로, 학생의 강점과 또래 교수자 같은 잠재적 자원을 확인하여 성공 가능성을 높여야 한다(Peterson, 1968). 이후의 단계들에 대해서는 추후에 더 설명할 것이다.

　학교 컨설테이션에 참여하기 전에, 컨설턴트는 교사의 독특한 문제와 학생 문제 및 컨설테이션 과정에 대해서 교사가 어떻게 지각하는지 잘 알고 있는 것이 중요하다. 학생 문제의 원인에 대한 교사의 지각에 관해 연구한 Ysseldyke, Christenson, Algozzine 및 Thurlow(1983)는 교사들이 대다수 문제의 원인을 학생 내적인 요인에, 일부는 가정 요인에 기인한다고 생각하는 것을 발견하였으며, 오직 소수의 학생 문제의 경우에만 교사나 학교 변인과 관련짓는다고 보고하였다(Athanasiou, Geil, Hazel, & Copeland, 2002). 유사하게, Athanasiou 등(2002)도 그들의 연구에 참여한 교사들은 교실 내 어려운 문제들의 원인을 아동의 내적인 특성들에 돌린다는 점을 주목하였다. 따라서 학교심리사들에 비해 교사들은 심리치료나 학생이 문제와 문제의 해결에 대해서 책임을 맡도록 하는 것과 같이 학생을 직접 대상으로 하는 조치에 대해 더 호의적인 경향이 있다(Athanasiou et al., 2002). 요컨대, 교사들은 종종 학생들의 학업적 성취가 그들이 통제할 수 있는 범위 밖의 요인들에 의해 더 많이 영향을 받는 것으로 지각한다는 점을 연구들은 시사하고 있다.

교사와 함께 컨설테이션을 진행할 때, 학교기반의 컨설턴트는 교사가 사용하는 커뮤니케이션의 패턴에 주의를 기울이는 것이 매우 중요하다. O'Brien과 Miller(2005)는 교사들이 아동의 행동에 대한 그들의 설명을 객관적, 사실적, 비이기적인 것이라 묘사하더라도, 컨설티의 행동들은 실제로 문제행동의 원인을 '아동의 내부'에서 찾고자 한다는 점을 지적하였다. 따라서 컨설턴트들은 교사가 문제의 원인을 시스템적 혹은 환경적 요인에 더 귀인하도록 도울 수 있다.

역사적으로 교사들은 컨설테이션에 대해서 다소 모호한 입장을 취해 왔다. Alderman과 Gimpel(1996)은 교사들이 컨설테이션을 선호하는 방식의 서비스라고 평가하지 않으며, 학생들의 행동을 변화시키는 데 어느 정도의 효과만 있는 것으로 본다고 결론지었다. 그러나 다른 매개 요인들을 고려할 필요가 있다. 첫째, 교직 경력이 증가할수록 컨설테이션에 대한 관심이 감소한다. 둘째, 높은 수준의 문제해결 기술을 갖춘 교사들이 컨설테이션 서비스를 찾을 가능성이 크다(Stenger, Tollefson, & Fine, 1992). 셋째, 교사들이 컨설테이션을 하나의 개입으로 선택할 경우, 컨설테이션이 효과적이지 않다고 지각한다면 그들은 여전히 컨설턴트가 문제를 가진 학생에게 직접서비스를 제공하기를 원한다는 점이다(Tanner-Jones, 1997).

Athanasiou와 동료들(2002)은 학교심리사와 함께하는 컨설테이션 과정과 관련된 교사의 신념과 지각을 연구하였다. 교사들의 보고에 따르면, 컨설테이션 과정에 대한 그들 자신의 지각에 영향을 미치는 가장 중요한 요인 중 하나는 컨설턴트가 그들에게 들이는 시간의 양이었으며, 학교심리사가 제공하는 개입안과 관련된 정서적이며 구체적이고 실제적인 지원들을 가장 가치 있게 여기는 것으로 나타났다. 교사들은 그들 자신이 가지고 있는 우려를 표현하고, 생각을 함께 나누며, 구조화된 시간 동안에 만날 수 있도록 시간을 내 주는 학교심리사들이 그렇지 않은 학교심리사들에 비해 훨씬 신뢰할 만하다고 지각하였다. 어떤 경우에는 개입의 효과가 부족함에도, 교사들은 컨설테이션 과정을 긍정적인 것으로 지각하였다. 이들이 앞으로 컨설테이션에 또 참여하고 싶다고 선택한 경우, 가장 큰 이유는 학교심리사가 제공하는 지원이었다(Athanasiou et al., 2002).

　학교기반 컨설테이션에 대하여 교사가 저항하는 이유에 대한 연구에서 Gonzalez, Nelson, Gutkin과 Shwery(2004)는 학교심리사의 특성 관련 요인들, 학교장의 컨설테이션에 대한 지원, 개인적인 교수효능감, 교사−학교심리사 간의 유사성, 학급관리/훈육 효능감, 컨설테이션을 위해 가용한 시간의 적절성, 호혜적인 상호작용의 기회, 교사의 컨설테이션에 대한 이해 등은 성공적인 컨설테이션을 방해하는 통계적으로 유의한 변인이 아님을 발견하였다. 그러나 또한 이 연구에서 밝혀진 점은 학교 건물에서 충분한 양의 시간을 보내는 학교심리사들에 대해 교사들은 보다 접근 가능하며, 따라서 컨설테이션 서비스를 보다 많이 이용할 수 있을 것으로 본다는 점이다(Gonzalez et al., 2004). 이러한 결과는 컨설테이션 과정에서 컨설턴트−컨설티 관계가 핵심적인 요소임을 보여 준다. 특히 컨설티가 제시하는 문제를 이해하는 데 들인 시간과 학교심리사의 가용성은 컨설테이션 관계를 시작하거나 유지하는 데서 고려해야 할 중요한 요인임을 알 수 있다. 개입의 효과성은 학교심리사 같은 교육 및 정신건강 지원 전문가와 교사 간의 협력적인 전문적 관계를 형성하는 일에 비해 덜 중요할 수도 있는 것이다.

　또한 연구에 따르면 컨설티의 개입에 대한 수용도는 학교기반의 컨설턴트가 반드시 고려해야 하는 문제인데, 이는 협력적 학교기반 컨설테이션의 성공 여부가 부분적으로 컨설턴트가 제안한 개입을 교사가 얼마나 실행하는지에 달려 있기 때문이다(Truscott, Richardson, Cohen, Frank, & Palmeri, 2003). Jones와 Lungaro (2000)는 임의로 선택한 강화물에 비해 기능평가와 연계된 개입을 교사들이 더 수용 가능하다고 보는지를 연구하였는데, 행동의 기능평가와 연계된 개입이 유의하게 높은 처치 전 수용도 평가를 받았을 뿐 아니라 실제로 사용될 가능성도 컸다. 이러한 자료는 학교기반 컨설테이션에서 평가 정보를 활용하는 것이 매우 중요함을 보여 주며, 이는 교사들이 평가정보에 기초한 개입을 더 선호하기 때문이라고 이 연구자들은 가정하였다.

전통적으로 교육자들은 행동적인 개입보다는 인지적 및 협동적 개입들을 더 선호하는 경향이 있다고 알려져 있다. 그러나 수학 개입안에 대한 수용도를 비교하는 한 연구에서, 예비교사들과 학생들은 인지적 개입과 행동적 개입을 똑같이 수용 가능한 것으로 평가하는 것으로 나타났으며, 이는 예비교사들이 이미 교직 실무에 몸담고 있는 교사들에 비해 더 다양한 종류의 개입에 대해 더 개방적일 수 있음을 시사한다(Arra & Bahr, 2005). 이것은 중요한 발견으로 학교기반 컨설턴트들이 개입을 제안할 때 더욱 모험적이고 다양성 있게 접근하도록 고무하는 결과다.

Truscott 등(2003)은 합리적 설득(rational persuasion: RP)이라는 비즈니스 관련 문헌에서 제시되는 방법을 사용하여 제안된 개입에 대한 컨설티의 지각에 영향을 미치고자 하였다. RP는 개입 정보, 개입 결정이 중요한 이유, 개입에 대한 잠재적 반대 이유와 그러한 이유를 반박할 주장을 포함한다. 연구자들은 개입수용도, 효과성 지각, 실행을 위한 헌신도 평가에 미치는 RP의 영향이 일관되지 못함을 발견하였으며, RP의 긍정적 효과가 개입에 따라 달리 나타나는 것을 발견하였다. 이러한 결과들에 기초하여, 연구자들이 내린 결론은 학교기반 컨설턴트들이 도움이 되는 것 이상으로 RP에 많은 시간을 할애하지 말아야 하며, 시간이 너무도 많이 든다면 이러한 기법을 사용하지 말라는 것이다. 개입수용도는 컨설테이션 성공의 중요한 예측 요인이지만, 개입수용도, 충실도 및 효과성 간의 관계에 대해서는 후속연구가 많이 필요하다.

3. 컨설테이션 과정

대부분의 컨설테이션 모델은 문제해결의 틀 내에서 컨설테이션 과정에 포함된 매우 구체적인 스텝들을 아우르는 컨설테이션의 단계들을 특징으로 한다. 컨설테이션의 단계들은 일직선적 순서로 진행될 수도 있지만, 늘 엄격하게 그러한 방식으로 진행되지는 않는다. 오히려 컨설턴트와 컨설티는 관계의 질이나 개입 성과를 희생하지 않으면서 이후에 이전 단계를 다시 진행할 수도 있다(Brown et al., 2001). 3장의 '행동 컨설테이션'에 기술되었듯이 다음의 단계들은 많은 컨설테이션 모델에 사용되고 있으며, 독자들에게 이후의 장에 제시될 정보들을 위한 기반을 제공한다.

컨설테이션의 첫 단계는 공식적인 조직 내 진입(Brown et al., 2001)과 후속되는 컨설티와의 관계 형성이라는 주요 스텝을 포함한다. 컨설테이션 관계의 성질은 Zin과 Erchul(2002, p. 627)에 따르면 '협조적 동반자 관계'를 특징으로 한다. 컨설테이션을 제공하는 교육 혹은 정신건강 전문가와 교사는 서로 협조하며, 힘의 차이보다는 대등성을 특징으로 하는 비위계적인 관계 속에서 함께 일한다. 따라서 컨설턴트와 컨설티 모두 현재의 당면 문제 해결을 위해 독특한 관점에서 기여할 수 있다.

Rosenfield(2004)는 컨설테이션의 과정과 성과에서 커뮤니케이션의 중요성, 특히 대화에서의 커뮤니케이션의 중요성을 확인하였다. 효과적인 컨설테이션의 장애물은 종종 전문어나 특수용어들을 포함하는 언어장벽에 있다. 한 연구에서 다학제 팀의 전문가들은 긍정적 존중, 유동적 지능 등과 같이 특정 분야에서 통용되는 용어를 사용하는 것으로 나타났으며, 팀의 다른 멤버들은 이러한 전문용어들에 담겨 있는 고유한 가정들을 이해하거나 인식하지 못한 것으로 나타났다. 더욱이 팀 멤버들은 개인적인 특이 용어들을 사용하였는데, 이는 개인이 비공식적, 준전문적으로 사용하는 사회적 언어다. 이 연구를 수행한 Knotek(2003)은 컨설티 중심의 컨설테이션 전략을 사용하여 팀원들이 컨설테이션 과정에서 자신도 모르게 사용하는 전문어나 특수용어를 인식하게 함으로써, 팀의 협력적 문제 해결 능력을 촉진하였다. 그러한 장벽들은 〈표 1-2〉에 제시된 전략들을 통하여 다루어질 수 있다(Knotek, 2003).

컨설테이션의 평가 단계 동안에는 컨설티의 특성, 직접 및 간접 환경, 내담자의 특성이 현재의 의뢰 문제와 관련하여 검토된다. 이러한 세 영역은 문제행동

표 1-2 컨설티-중심 컨설테이션 전략과 관련된 담화의 예

컨설테이션 전략	담화 예
대등한 과정 수립하기 독립성 키우기	이 문제를 다룰 수 있는 시간이 충분히 있어요. Jose에 대해서 어떻게 생각하시는지 더 자세히 말씀해주세요.
명료화 질문과 지각을 확인하여 컨설티의 필요에 맞추기	선생님은 학생지원팀에 오셔서 Tracy의 행동에 대해 제일 화가 난다고 하셨어요. 그런데 가장 문제가 되는 점을 이야기하면서 읽기 문제에 초점을 두시네요. Tracy의 읽기 문제가 그렇게 좌절스러운 것은 무엇 때문이죠?
한 자세 낮추기	저는 그것에 대해서 준비된 답변을 가지고 있지 않아요. 학생에 대해서는 선생님께서 전문가이십니다. 나머지 분들은 이 문제를 어떻게 보세요?
요약 진술하기	지금까지 우리가 말한 것을 정리하자면, Juan은 거의 대부분 잘 행동하지만 월요일에는 가끔 문제를 보일 때가 있다는 점이죠.
지식 부족 다루기	Leroy의 산만함은 ADHD를 의미하지 않을 수도 있어요. 과제에 주의를 기울이거나 집중하는 데 어려움을 겪는 학생들에 대한 다른 대안적 설명들도 있지요.
기술 부족 다루기 '우리' 질문을 통해 문제를 함께 탐색하기	우리는 Mark가 이동시간 동안 어려움이 많다는 것을 알아요. 우리가 그 외에 비슷한 행동은 볼 때는 또 언제죠?
자신감 부족 다루기 희망을 불러일으키기	여러분들께서는 전에 이런 상황을 어떻게 극복하셨어요?
객관성 결여 다루기 내담자에게 언어적 초점을 맞춤으로써 연결 차단하기	Marsha 선생님, 선생님은 Chris가 읽고 쓸 수 없다고 하셨는데, 그가 만든 멋진 그림책에 대해서도 말씀하셨어요. 이 그림책에 대해서 좀 더 자세히 말씀해 주세요.
명료화 질문을 통하여 사례에 대한 대안적 관점을 탐색하기	지속적 묵독(sustained silent reading)동안 Sammi의 행동에 대한 다른 가능한 설명은 무엇인가요?

출처: Making Sense of Jargon during Consultation: Understanding Consultees' Social Language to Effect Change in Student Study Teams, by S. E. Knotek, 2003, *Journal of Educational and Psychological Consultation, 14,* p. 188.

의 정의와 분석에 영향을 미친다(Brown et al., 2001). 내담자, 컨설티 및 환경적 특성을 평가한 후에, 의뢰 문제의 성질이 보다 명확해진다. 연구에 따르면 문제정의 단계는 컨설테이션 과정에서 가장 중요하며, 성과를 가장 잘 예측한다(Bergan

& Tombari, 1976). 문제를 정확하게 정의하기 위해 컨설턴트와 컨설티는 의뢰 문제와 관련될 수도 있는 요인들(환경적 특성, 컨설티의 특성, 내담자의 특성)을 평가하는 데 시간을 들여야 한다. 문제에 대한 철저한 평가 이후에, 문제는 구체적이고 행동적인 용어로 정의되며 이에 수반되는 목표도 제시된다(Brown et al., 2001; Zins & Erchul, 2002). 이렇게 하는 동안 문제의 빈도, 지속시간, 강도에 관한 기저선 자료가 수집될 수 있다. 또한 행동의 선행사건과 문제행동을 유지시키는 결과들도 확인된다.

개입을 선택할 때, 문제를 해결하는 방식은 여러 가지라는 점을 기억하는 것이 중요하다(Katz & Kahn, 1978). 따라서 컨설턴트는 컨설티의 기술은 물론이고 컨설티가 개입전략을 쉽게 실행할 수 있는지도 고려해야 한다(Brown et al., 2001). 비슷하게 전략 수용도는 컨설티가 개입전략을 실행할 수 있다고 믿는 정도를 나타낸다. 연구에 따르면, 개입 수용도는 개입의 실제 실행 여부와 관련된다(Reimers, Wacker, & Koeppl, 1987). 더욱이 교사 같은 컨설티들은 실행하기 쉽고, 시간 효율성이 높으며, 부자연스럽지 않으면서 효과적인 개입을 선호하는 경향이 있다(Elliot, 1988; Witt, 1986; Witt, Elliott, & Martens, 1984).

컨설테이션 과정의 실행 단계 동안에는 개입을 실행하는 데서의 각 참여자의 역할과 책임을 검토하는 것이 도움이 된다. 그 밖에 이 단계에서 다룰 문제로는 잠재적인 강화 자극 확인하기, 개입을 실행할 시간과 요일 정하기, 각 사람의 책임을 기술하는 문서 작성하기 등이 포함된다(Brown et al., 2001; Zins & Erchul, 2002). 개입안을 실행한 이후에는 개입의 효과성이 평가되어야 한다. 또한 일반화, 점진적 개입 축소, 후속조치 등의 문제들도 논의되어야 한다. 컨설테이션 관계의 종결은 컨설테이션 과정을 개시할 시점에 논의되어야 한다. 종결은 보통 수립한 목표가 컨설티나 내담자에 의해 달성되었다고 컨설턴트와 컨설티가 동의할 때 이루어진다. 연구자들은 컨설테이션 관계를 조기 종결해야 하는 특정한 이유들을 확인해 왔다. 그 결과, 컨설테이션이 기대한 대로 진전되지 못했거나(Gallessich, 1982) 즉각적인 개입이 필요한 심각한 문제가 발생한 경우(Caplan,

1970) 조기 종결이 필요할 수도 있다.

진입에서 종결까지 컨설테이션 과정에서의 각 스텝은 좋은 성과를 내고, 처치 충실성과 컨설티 만족도를 높이는 데 매우 중요하다. 이러한 전 과정을 통해 컨설턴트와 컨설티의 관계가 강조되며, 그 관계는 전 과정에서 가장 중요한 측면 중 하나다. 좋은 관계 속에서도 일관되게 성공적인 성과가 보장되지 않을 수 있지만, 좋은 관계가 형성될 때 컨설티가 장차 컨설턴트에게 도움을 청할 가능성이 크다. 다음 단락에서는 컨설턴트의 역할과 특성이 제시될 것이며, 이어 컨설테이션 과정에서의 테크놀로지의 역할을 논의할 것이다.

학교심리사, 상담자, 사회복지사 등 많은 전문가가 컨설테이션을 제공하지만, 성공적인 컨설턴트가 되기 위한 실무자로서의 특성을 상술하는 연구는 많지 않다. 일부 연구자들은 효과적인 컨설턴트와 관련된 핵심적 특성을 확인하였는데, 여기에는 자기 및 타인 인식(Caplan, 1970), 다문화적 민감성(Arrendondo et al., 1996), 좋은 대인관계 기술이 포함된다. Richardson과 Molinaro(1996)는 전통적인 유럽중심적 가치 체계를 가진 컨설턴트들이 불식간에 자신의 가치를 컨설티에게 주입할 수 있는가를 논의하였다. 따라서 컨설턴트는 그들 자신의 문화적 편견, 인종, 의사소통 양식 등에 대한 인식이 어떻게 그들이 제공하는 컨설테이션의 효과에 영향을 주는지 이해할 필요가 있다.

다문화적 인식과 이해에 더하여, 효과적인 컨설턴트는 컨설테이션 관계에 영향을 미치는 특정 기술을 갖추고 있다. 컨설테이션 과정의 진입 이전 및 진입 단계에서는 컨설턴트의 적절한 자기이해가 필수적이다. 구체적으로 컨설턴트는 그 자신의 강점, 약점 및 컨설테이션 기술을 정확히 분석할 수 있어야 한다. 자신의 기술을 이용하는 컨설턴트의 능력은 컨설턴트가 내담자에게 유익을 줄 수 있을 것이라는 점을 컨설티가 확신하게 하는 데 도움이 된다. 끝으로, 컨설턴트는 내부인사든 외부인사든 간에 마케팅 기술 혹은 자신의 서비스가 유익할 수 있는 사람들을 설득하는 능력을 갖추어야 한다(Kurpius & Fuqua, 1993; Kurpius, Fuqua, & Rozecki, 1993).

Rogers(2000)는 효과적인 컨설테이션에 필요한 6가지의 교차문화적 역량을 산출하였는데, 여기에는 (1) 자신과 타인의 문화 이해, (2) 교차문화적 의사소통 및 대인 기술, (3) 컨설테이션에 내재된 문화적 의미, (4) 질적 방법의 이용, (5) 문화 특정적 지식 획득, (6) 통역자를 이해하고 함께 일하는 기술이 포함된다. 학교 기반의 컨설턴트는 외국어로서 영어를 배우는 중인 영어학습자들(English-language learners; ELL)과 관련된 구체적인 쟁점들을 알고 있어야 한다. 이러한 쟁점들에는 이용 가능한 일반 프로그램 옵션, 이중언어 교육 프로그램과 관련된 연구, 문화적·언어적으로 다양한 컨설티와 내담자와 관련된 컨설테이션 실무를 위한 지침이나 권고사항 등이 포함된다.

Wizda(2004)는 컨설턴트의 가장 중요한 역할 중 하나는 점점 증가하고 있는 다양한 집단의 요구를 충족할 수 있는 학교 역량의 증대를 돕는 것이라고 주장한다. 이 주제에 대하여 좋은 저술을 집필한 Ochoa와 Rhodes(2005)는 이중언어 교육의 문제를 다루는 학교기반의 컨설턴트는 해당 학교 특유의 쟁점과 자원에 대해서 잘 알고 있어야 함을 강조한다. 특히 컨설턴트는 학생의 교육력, 언어적 배경, 현재 언어숙달도, 제2언어 습득 과정에 대한 지식뿐 아니라 문화특정적 커뮤니케이션 양식, 부모의 역할에 대한 기대, 교사의 역할에 대한 기대, 가족의 문화변용(acculturation) 수준, 부모의 균형적 참여를 방해하는 요인들(예: 부모의 영어 기술) 등과 같이 부모의 욕구와 요구에 대해서 잘 알고 있어야 한다. 또한 컨설턴트는 교사들의 구체적인 기술 및 요구(컨설티가 자신의 역할을 수행하는 데 필요한 기술과 요구, 이중언어 교육 관련 쟁점, 판결사례, 연방법)와 함께 학생 특유의 기술과 요구, 프로그램 옵션, 프로그램 참여의 잠재적 방해 요인, 학생에게 맞는 프로그램 조정 등에 대해서도 잘 알고 있어야 한다(Ochoa & Rhodes, 2005).

가정과 학교 간에 가치와 기대가 불일치하는 것은 문화적으로 다양한 학생들이 흔히 힘들어하는 문제로 컨설턴트는 이에 주목할 필요가 있다. LaRoche와 Shriberg(2004)는 컨설턴트가 가정과 학교 간의 관계를 검토하고 다양한 배경 출신의 학생들이 가지고 있는 일반적인 문화적 가치에 대해서 교사들을 교육하는 것이 매우 중요하다고 강조한다. 예컨대, 라틴아메리카계 아동과 가족들이 미국의 학교 시스템에 적응하는 과정에서 직면하는 어려움들에 더하여, 흔히 빈곤, 차별, 열악한 주거환경, 영어유창성 부족 등의 문제로 고군분투하는 점을 교육자들은 인식할 필요가 있다. 특히 컨설턴트는 다양한 배경을 가진 아이들을 성공적인 삶으로 이끄는 변인들과 그 과정에 대해서 정보를 제공하는 연구들을 꼭 검토할 필요가 있으며, 문화적으로 민감한 부모 참여 전략을 개발하고 실행하도록 노력할 필요가 있다. 부모가 자녀교육의 파트너로 초대되고 그것을 지원하게 될 때, 다양한 배경 출신의 아이들은 이러한 노력에 의해 그들 삶의 많은 환경 가운데 더 좋은 지원을 받게 된다(LaRoche & Shriberg, 2004).

효과적인 컨설턴트가 되기 위해 필요한 또 하나의 기술은 훌륭한 대인관계 기술을 활용하여 컨설티와 관계를 형성하는 능력이다. Brown 등(2001)은 좋은 컨설턴트-컨설티 관계를 형성하기 위해 필요한 구체적인 대인관계 기술을 제시하였다. 이러한 기술에는 적극적 경청 기술, 컨설티의 인종적/민족적 배경에 맞추어 조정하는 능력, 컨설티가 저항하는 것인지 자신의 문화적 배경과 관련된 적절한 행동을 보이는 것인지 판단하는 능력, 문화적 배경이 관계 안에서 느끼는 힘의 지각에 어떻게 영향을 미칠 수 있는지 이해하는 능력, 컨설테이션 관계에서 컨설티의 개인적인 어려움을 논의하기보다는 뚜렷하게 내담자에게 초점을 맞추고 유지하는 기술 등이 포함된다.

Srebalus와 Brown(2001)은 다른 문화적 배경을 가진 사람들과의 관계 형성을 촉진하는 몇 가지 지침을 제안한다. 그들은 시선 접촉을 유지하는 데서 나타나는 문화적 차이를 논의하며, 컨설턴트가 시선 접촉을 피하거나 최소화하는 사람들을 존중해야 한다고 제안한다. 특히, 아시아계 미국인과 원주민 미국인들은 직접적인 시선 접촉이 한동안 이루어질 때 이를 무례한 것으로 생각한다. 따라서 이러한 문화적 배경을 가진 사람들과 일할 때, 시선 접촉을 어느 정도로 할지를 고려하는 것이 중요하다. 시선 접촉 외에도 대인 간 거리와 관련된 문화적 차이도 있다. Srebalus와 Brown(2001)은 만일 컨설티가 그들이 편안하게 느끼는 개인적 거리를 확보하기 위해 가까이 다가오거나 거리를 두는 경우가 있다면 컨설턴트는 이동하여 거리를 조정하기보다는 이전 위치에 머무를 것을 제안한다. 문화적 집단에 따라 비언어적 의사소통 방식에도 차이가 있다. 따라서 컨설턴트는 컨설테이션 진행 시 자신의 비언어적 의사소통(가령, 끄덕이기, 미소 등) 방식이 미치는 영향을 인식하고 있어야 하며, 필요에 따라 그러한 방식을 조정해야 한다. 끝으로, 컨설턴트는 모든 문화집단과 일할 때 적극적으로 경청해야 한다. 그렇게 할 때 언어적 및 비언어적으로 전달된 내용에 대해서 피드백하고 그것을 이해한다는 것을 나타낼 수 있다.

　　Meyers 등(2004)은 소통과 협력, 정보의 공유를 촉진하며 컨설테이션 과정을 돕고 예방적 목적을 증진하는 데 도움이 되는 테크놀로지의 역할을 논하였다. 학교 시스템에서 예산 부족은 늘 문제지만, 많은 학교에서 전산 및 네트워크 기술에 투자함으로써 특정 분야의 전문가와 화상을 통한 원격회의식 컨설테이션이 가능해지고 있다(O'Neill, 2001). 기술의 발전은 온라인 커뮤니티를 통한 컨설테이션을 촉진할 수 있다. e-포럼은 한 예로 이것을 통해 개인이 질문을 올리고 전국적으로 혹은 국제적으로 유명한 전문가들이 논평을 달아 서로 소통할 수 있다. 더욱이 컴퓨터와 네트워크는 기록을 보관하고, 컨설테이션 일정을 공유하며, 교육 현황에 대한 자료를 분석하거나, 진행 중인 내담자 중심, 컨설티 중심 혹은 시스템 중심 컨설테이션에 대한 정보를 공유하는 데 도움이 될 수 있다(Meyers et al., 2004). 컨설테이션에서 테크놀로지를 사용하는 것과 관련된 한 가지 쟁점은 잠재적인 윤리적 위반, 특히 비밀 보장과 관련된 문제를 고려하는 것이 중요하다는 점이다. 다음 절에서는 이러한 윤리적 문제들을 간단히 살펴보고자 한다.

4. 컨설테이션 과정에서의 윤리적 고려사항

다양한 이유에서 컨설테이션 과정에서 유의해야 하는 윤리적 문제를 논의할 필요가 있다. Fuqua와 Newman(2006)은 조직에서 윤리와 도덕의 역할을 논하면서 컨설테이션 과정뿐 아니라 컨설턴트가 잠재적인 도덕적 문제를 무시함으로써 조직에 도덕적으로 부정적인 영향을 끼치거나, 그러한 문제들을 인정하거나 논의를 촉진함으로써 조직에 긍정적인 영향을 미칠 수 있다고 제안하였다. 도덕적 문제들이 컨설테이션 맥락 내에서 적절히 다루어지지 않는다면 결국 조직의 기능에 영향을 미칠 수 있다. 각 전문직은 자체적인 윤리적 표준을 마련하고 있지만, 여기서는 심리학 분야에서 만들어진 것을 검토함으로써 모든 교육 및 정신건강 전문가들이 그러한 문제점들을 고려하는 데 필요한 기초 지식을 제공하고자 한다.

미국심리학회(APA)에서 정한 심리학자의 윤리적 원칙과 행동강령(APA, 2002)은 컨설테이션 서비스를 포함하는 심리학 실무에 관한 법적, 윤리적 지침을 제공하고 있다. 이 문서는 심리학자들의 컨설테이션을 포함한 그들의 역할 기능에서 윤리적 원칙을 적용하도록 도움을 준다. 따라서 컨설테이션 관계에서 이러한 윤리적 지침을 고려해야 한다.

일반 원칙

컨설테이션에 적용되는 APA 윤리강령의 일반원칙은 선행과 무해성, 신의와 책임, 정직, 정의, 인권과 품위의 존중을 포함한다. 첫 번째 원칙인 '원칙 A: 선행과 무해성'은 심리학자가 우선적으로 해를 끼치지 말아야 하며 내담자를 보호하고 안녕을 확보할 것을 요구한다. '원칙 B: 신의와 책임'은 심리학자가 약속을 이행하고, 법적인 책임을 다하며, 적절한 관계를 유지하는 등 신의를 실천할 것을 규정한다. 이 원칙은 또한 심리학자가 자신의 업무에서 유능성을 유지하고 필요한 경우 다른 전문가로부터 도움을 받을 것을 주장한다. 세 번째 원칙인 '원칙 C: 정직'은 심리학자가 정직하게 의사소통하고, 약속을 지키고, 절도, 속임수, 사기를 삼가는 등 심리학적 활동에서 정직성을 유지할 것으로 요구한다. '원칙 D: 정의'는 내담자가 공정하고 평등하게 서비스에 접근할 수 있도록 심리학자가 조치할 것을 요구한다. 컨설테이션에서 컨설턴트는 컨설티의 요구를 충족할 기법 혹은 접근을 선택해야 한다. 끝으로 마지막 원칙인 '원칙 E: 인권과 품위의 존중'은 심리학자가 인종, 성, 연령, 민족, 문화 등 문화적 및 개인적 차이를 존중할 뿐 아니라 사생활과 비밀 보장을 유지할 것을 말한다. 이러한 원칙들은 컨설턴트가 컨설티와 내담자의 복지를 항상 인지하고 있어야 한다는 점에서 컨설테이션 관계에서 중요하다.

유능성　윤리적 표준인 유능성은 심리학자가 유능성을 갖춘 영역 내에서만 서비스를 제공할 것을 요구한다. 심리학자는 우선적으로 해를 끼쳐서는 안 된다. 따라서 컨설턴트는 자신이 유능성을 갖춘 범위에서만 서비스를 제공해야 한다. 가령, 학교 컨설테이션에 대한 훈련을 거의 혹은 전혀 받지 못한 컨설턴트는 학업적인 어려움에 대하여 교사가 아동 내적 요인에 원인을 돌리는 것을 인정하면서도 재지시하는 역할에 대해 적절하게 준비되지 못했을 것이다. 그렇다면 컨설턴트는 자신이 교육받고 훈련받은 범위 밖에 있는 컨설테이션 서비스는 제공하지 말아야 한다.

비밀 보장　윤리적 표준인 사생활과 비밀 보장은 심리학자가 비밀 정보를 보호할 의무가 있다는 점을 진술하고 있다. 컨설턴트는 컨설테이션 관계를 시작할 때부터 비밀 보장과 비밀 보장의 한계를 설명해야 한다. 이렇게 함으로써 컨설턴트와 컨설티가 공유한 정보는 비밀로 남게 되며, 내담자가 즉각적인 위험에 노출된 상황처럼 어떤 상황에서는 비밀 보장이 지켜지지 않을 수 있음을 컨설티가 인식할 수 있다. Meyers 등(2004)은 또한 전문가들이 컨설테이션 과정에서 이

메일을 활용하거나 파일 저장매체 등을 사용함에 따라 비밀 보장에 어려움이 발생할 수도 있음을 인식하고, 파일을 암호화하거나 방화벽을 설치하는 등 개인정보를 보호할 수 있는 조치를 취할 것을 당부하였다.

사전고지에 의한 자발적 동의   Scholten, Pettifor, Norrie 및 Cole(1993)이 제기한 쟁점 중 하나는 특수교육 평가에 의뢰하기에 앞서 학생의 문제를 다루기 위해 수행된 컨설테이션에서 사전고지에 의한 자발적 동의를 얻는 부분에 관한 것이다(Zins, Curtis, Graden, & Ponti, 1988). 학생 내담자와 접촉하는 시간의 양에 따라 사전고지에 의한 자발적 동의가 필요할 수도, 그렇지 않을 수도 있다. Scholten 등(1993)은 부모의 동의 없이는 어떠한 형태로든 학생 문제에 관여하는 것을 금할 경우 비공식적 문제해결이 억제될 수 있으며, 학생 내담자에게 최선의 이익을 가져다주지 못할 수도 있다고 주장한다. 예컨대, 학급 내 한 학생을 관찰하거나 특정 학생에 대한 문제해결을 위한 회의를 개최하는 것에 대해 부모의 동의를 요구하는 것은 필요하지 않을 수 있다. 컨설턴트와 아동 간에 직접적인 접촉이 없기 때문이다. 그러나 그들은 또한 교육 및 정신건강 컨설턴트는 잠재적인 윤리적 딜레마와 그러한 문제들을 어떻게 피하거나 교정할 수 있는지 체계적으로 검토하는 훈련을 꼭 받아야 한다고 주장한다(Scholten et al., 1993).

여기에 제시된 선행과 무해성, 신의와 책임, 정직, 정의, 인권과 품위의 존중, 유능성 및 비밀 보장을 포함한 윤리적 표준들은 일반적으로 컨설테이션을 제공하는 심리학자들에게 적용된다. 2002년 출간된 윤리강령에는 컨설테이션 서비스를 위한 직접적인 지침이 포함되어 있지 않다. 그러나 이 윤리강령은 컨설테이션을 포함하는 심리학자의 일상적인 업무에서 적절한 윤리적 행동을 위한 일련의 원칙과 표준을 제공하고 있다. 심리서비스로서의 컨설테이션은 내담자를 보호하고 비밀 보장, 존중 및 품위를 유지하기 위해 윤리적 지침들을 따라야 한다. 전반적으로, 윤리강령은 컨설턴트로부터 서비스를 받는 사람들을 보호하는 동시에 컨설턴트에게는 일련의 따라야 할 절차를 제시한다.

5. 대학의 양성과정에서의 컨설테이션 실무 훈련

학교심리학, 학교상담, 학교사회사업, 특수교육과 같이 교육 및 휴먼 서비스 분야의 대학원 양성과정 프로그램들은 컨설테이션을 그들의 학생들에게 점점 많이 가르치고 있다. 이는 학교 시스템이 법적 의무사항(예: 최소제한환경 배치, 「특수교육법」 준수 등)을 잘 이행하도록 돕고, 전형적인 교실 내에 계속해서 다양해지고 있는 학생들의 요구를 만족시키기 위해서는 이들이 컨설테이션을 잘 제공해야 한다고 인식되기 때문이다(Riley-Tillman & Chafouleas, 2003). 모든 학생의 교육적 요구를 만족시키기 위해서는 학교 시스템 내에서 쉽게 가용하지 않은 전문성이 필요할 수 있다. 더욱이, 그러한 지식이 가용하더라도 관련 분야(예: 학교심리학, 학교상담, 학교사회사업 등)의 서비스 제공자들은 바쁜 스케줄이나 비일관된 용어의 사용, 다양한 전문 분야와 관련된 서로 다른 훈련 경험 및 배경 등으로 서로 소통하고 협력하는 데 어려움을 경험할 수 있다. 그럼에도 컨설테이션은 아동의 요구를 충족하기 위해 교육 실무와 프로그램을 수정하는 데 도움이 되는 효과적인 수단이기 때문에 학교 시스템 내에서 가치 있는 활동으로 간주된다(Bramlett & Murphy, 1998).

의학과 같은 다른 분야에서는 컨설테이션이 오랫동안 활용되어 왔다. 의사들은 외부 전문가로서 학교 시스템에 오랫동안 컨설테이션을 제공해 왔다(예: Caplan, 1970). 오늘날 앞 문단에서 언급한 다양한 요구에 반응하여 대부분의 학교기반 교육 및 정신건강 지원 전문가들(예: 학교심리사, 학교상담자, 학교사회복지사 등)은 컨설테이션을 그들의 전문적 역할과 책임의 하나로 보고 있다(Shullman, 2002). 외부 컨설테이션이든 내부 컨설테이션이든 학교 내에서 혹은 학교를 상대로 실무 활동을 하는 전문가들에게 컨설테이션은 중요한 기술이라는 점은 널리 동의되고 있는 듯하다(Conoley & Conoley, 1991). 학교에서의 컨설테이션 서비스의 필요성에 대해서는 뚜렷한 지지 근거가 있지만(Meyers et al., 2004), 컨설테이션 기술을 누가 갖추어야 하며, 컨설테이션을 가르치는 교육과정에 어떤 모델이 포함되어야 하는지, 이러한 기술들을 학생들에게 어떻게 가르치고, 모범을 보여 줄 것인지에 대해서는 아직 합의가 부족하다. 다음 절에서는 컨설테이션을 어떻게 가르칠 것인지의 문제를 다루고자 하며, 아울러 학교기반 컨설테이션을 가르치는 데 이 책을 어떻게 활용하면 좋은지 안내하고자 한다.

6. 컨설테이션 가르치기

지난 20~25년간 학교심리학은 학교장면에서 일하는 교육 및 정신건강 전문 실무자를 양성하는 대학원 과정에서 컨설테이션 훈련이 필요하다는 관점을 널리 수용한 분야 중 하나였다. 이어 제시하는 연구들은 학교심리사의 컨설테이션 훈련에 초점을 맞춘 것이다. 그러나 여기서 내리는 결론은 다른 교육 전문직이나 정신건강 전문직 분야의 학생들에게도 분명히 적용될 수 있다.

2004년에 Anton-LaHart와 Rosenfield는 전국학교심리사협회(NASP)로부터 얻은 목록에 기초하여 104개의 학교심리학 훈련 프로그램을 대상으로 조사연구를 실시하며 그들의 프로그램에서 교수되는 컨설테이션 모델을 모두 언급하도록 요청하였다. 응답한 프로그램의 절반 이상(63%)이 두 가지 이상의 컨설테이션 모델을 가르치고 있었으며, 대부분의 프로그램(91%)은 행동 컨설테이션, 절반 이상의 프로그램이 정신건강 컨설테이션(59%), 수업 컨설테이션(53%), 조직 컨설테이션(52%) 관련 기술을 가르치는 것으로 보고되었다. 가장 빈번하게는(96%) 컨설테이션 동안 그들의 의사결정을 안내하도록 단계에 기초한 모형이 제시되었다. 강의실에서의 수업시간은 컨설테이션 이론, 컨설테이션의 내용, 개입안 개발 등의 내용을 논의하는 데 할애되었다.

두 번째 컨설테이션 과목이 개설된 프로그램에서는 심화된 개입안 개발, 진전 모니터링, 과정 유지 기술 등이 강조되었다. 컨설테이션 과목에서 교수 시간이 가장 적게 할애된 영역은 커뮤니케이션(0~20%)과 다문화적 역량(0~10%)인 것으로 나타났다(Anton-LaHart & Rosenfield, 2004). 이 연구의 표본이 모든 학교심리학 훈련 프로그램을 대표하지는 않지만, 대략 65%의 프로그램이 NASP의 인가를 받은 프로그램이었으며, 학교심리사가 되려고 준비하는 학생들에게 컨설테이션은 반드시 필요한 역량이라고 보고 있었다. 이러한 데이터는 훈련 프로그램이 컨설테이션 기술을 어떻게 가르치고 있는지 보여 준다.

　학교심리사가 되려는 훈련 과정에 있는 학생들에게 가르쳐야 하는 컨설테이션 모델의 수와 유형은 오랫동안 쟁점이 되어 왔다(Anton-LaHart & Rosenfield, 2004). 일부 교수자들은 학생들이 하나의 모델을 체득하도록 함으로써 하나의 컨설테이션 이론을 깊이 있게 이해하는 데 초점을 두는 것이 최선이라고 믿는다. 반면 다른 교수자들은 여러 컨설테이션 접근에 대해서 훈련을 받는 것이 학생들에게 유익하다고 보는데 그렇게 할 때 실제 현장에서의 실무에 더 잘 부합된다고 여기기 때문이다(Anton-LaHart & Rosenfield, 2004; Meyers, 2002; Tindal, Parker, & Hasbrouk, 1992). 여러 컨설테이션 모델에 대하여 공부한다고 하더라도 교수자는 자신의 수업에 어떤 모델을 포함시킬지 선택해야 한다.

(1) 컨설테이션 교수를 위한 제안

　학생들에게 컨설테이션을 가르치고자 할 때, 대학의 교수자들은 학생들이 습득해야 하는 지식뿐 아니라 성공적으로 컨설테이션을 진행하는 데 필요한 자질에 대해서 고려해야 한다. 예컨대, 학생들은 체계적인 문제해결에 대한 지식을 갖추고 이를 적용할 수 있어야 하며, 문제를 증거기반의 개입과 연계시킬 수 있어야 한다(Alpert & Taufique, 2002; Bramlett & Murphy, 1998; Davis, 2003; Meyers, 2002). 학교장면에서 교육 및 정신건강 전문가가 되기 위해 훈련 중인 학생들이 갖추어야 하는 자질에는 자기반성, 자기평가 능력, 만족스러운 사회성 기술과 의사소통 기술 등이 포함된다(Bramlett & Murphy, 1998; Davis, 2003; Meyers, 2002; Sandoval & Davis, 1984; Tindal et al., 1992). 흔히 역할연기가 교실에서 사용할 수 있는 핵심적인 교수기법인 반면, 현장에서는 실습사례에 슈퍼비전을 제공함으로써 학생들은 슈퍼비전하에서 컨설테이션 기술을 발휘할 기회를 얻게 된다.

이러한 포괄적인 전제조건들 외에, 컨설테이션을 가르치는 방향은 다양하다. Meyers(2002)는 컨설테이션에서 초기 기술개발을 강조하여 초보자를 준비시키는 데 필수적인 과목에 대해 기술하였다. 첫째, 예비 컨설턴트들은 간접서비스의 범위, 특히 컨설테이션의 과정이 예방에서부터 1차, 2차, 3차 개입 프로그램에 이르는 서비스를 개발할 잠재성이 있음을 이해할 필요가 있다(Meyers, 2002). 둘째, 훈련 중의 컨설턴트는 제공되는 컨설테이션의 수준을 인식할 필요가 있다(예: 내담자 중심, 컨설티 중심). 끝으로, Meyers(2002)는 문제해결전략이 체계적으로 실행되어 중요한 스텝들이 생략되는 일이 없도록 해야 함을 강조한다.

단계에 기초한 체계적인 컨설테이션 과정을 가르치는 것은 종종 컨설테이션에서 최상의 실무라고 여겨진다. 그러나 실제 학교장면에서 실행되는 컨설테이션 과정이 단계에 기초한 실무와 일치하지 않음을 보여 주는 연구가 적어도 2편있다(Doll et al., 2005; Tindal et al., 1992). 따라서 이러한 권고사항이 유효한 것인지에 대해서는 더 연구될 필요가 있다. 앞서 논의한 지식 및 자질에 더하여 학생들이 이론을 실무에 잘 연결 짓는 것이 중요하다(Meyers, 2002). 사실 대부분의 연구자들과 훈련자들은 직접교수와 실습활동을 병행할 것을 주창하고 있다(Bramlett & Murphy, 1998; Davis, 2003; Gutkin, 2002; Meyers, 2002; Sandoval & Davis, 1984; Shullman, 2002; Tindal et al., 1992). 실습경험에는 교수자가 적절한 기술을 모델링하고, 학생에게 컨설테이션 시나리오에 따라 역할연기를 한 후 이어 실무 현장에서 실습할 기회를 제공하는 것이 포함되어야 한다.

이러한 권고사항들 외에도, Davis(2003)는 리더십 기술이 학생들이 컨설테이션을 성공적으로 수행하는 데 핵심적인 기술이라고 주장한다. 학생들은 학교의 조직적 구조와 의사소통, 보고 위계체계 등 학교환경에 자신이 익숙해지는 것부터 시작해야 한다. 또한 수업의 활동들은 리더십 기술의 발달을 촉진해야 한다

(Davis, 2003). 예컨대, 교수자는 컨설테이션의 한 측면을 상술하는 연구논문을 학생들에게 임의로 할당할 수 있다. 그러고 나서 각 학생이 연구논문에 대해서 30분간 토의를 촉진하도록 요구할 수 있을 것이다. 상호작용의 목표는 단지 논문의 내용을 요약하는 것이 아니라, 급우들과의 대화를 격려하는 것이다. 이러한 활동에서 요구되는 것은 학생들이 다른 성원들과 협력적인 노력을 기울이는 것인데, 이는 컨설턴트에게 요구되는 대표적인 기술이다. Davis(2003)는 또한 상호작용을 녹화하여 학생 컨설턴트에게 피드백을 제공하는 데 활용할 것을 권고하고 있다. 이러한 수업활동은 매우 역동적이다. 교수자가 녹화물 재생을 멈추고 피드백을 제공하거나 관찰자가 또래에게 서면 피드백을 제공하도록 하여 건설적인 논평을 구성할 수 있다. Davis(2003)는 학교상담자의 훈련자 관점에서 쓰고 있지만, 그의 제언이 다양한 학교기반 전문가(학교심리사, 학교사회복지사 등)에게도 적용될 수 있을 것으로 보고하고 있다.

끝으로, Sandoval과 Davis(1984)는 윤리적인 문제들을 어떻게 다루는지 학생들에게 잘 가르치는 것이 중요하다고 강조한다. 예컨대, 컨설턴트와 컨설티 간의 어려움들을 어떻게 다루는지 학생들에게 가르칠 것을 제안한다. 즉 대인 간 갈등이 일어날 때 내담자에게 서비스를 제공할 목적의 컨설테이션 관계를 어떻게 발전시키고 유지하는가? 2장에서 자세히 기술한 정신건강 컨설테이션을 활용하여, 왜 컨설테이션을 통해 취한 조치가 좋은 성과를 가져왔는지 학생들에게 질문할 수 있을 것이다. 반영적 피드백을 연습함으로써 컨설턴트는 윤리적 딜레마 상황을 포함하여 잠재적으로 어려운 상황에 대하여 의사결정을 하는 능력을 향상시킬 수 있을 것이다.

(2) 컨설테이션을 가르칠 때 고려할 맥락적 요인들

컨설테이션 과정의 맥락적 문제를 이해할 것을 요구하는 여러 연구가 있다. 이러한 연구들은 아이들을 위한 긍정적인 사회적 변화를 다루는 세부적인 부분들뿐 아니라 광범위한 사회적 환경의 현실 또한 고려할 것을 요구하고 있다. 이러한 노선의 연구는 개인적 수준에서 제공하는 것으로 컨설테이션 서비스가 사실은 복잡하며 시스템(가령, 학교, 법적 요구사항 등)에 의해 반드시 영향을 받는다는 점을 보여 준다. Riley-Tillman과 Chafouleas(2003)는 컨설테이션 과정에서 개입을 개발할 때 사회적 영향력을 고려할 필요성을 논의하였다. 그들에 따르면, 오직 사회적 환경의 맥락 속에서만 효과적인 개입이 개발될 수 있다고 주장하였다. 구체적으로 그들은 현재 교실 시스템에 극적인 변화를 가져오는 것은 거부되거나 잘 실행되지 않을 수 있음을 경고하였다. 따라서 훈련 프로그램들은 증거기반의 개입에 대한 지식기반을 구축하도록 가르칠 뿐 아니라 개입의 효과성에 영향을 미칠 수 있는 사회적 요인들에도 비중을 두어야 한다.

Kress, Norris, Schoenholz, Elias 및 Seigle(2004)은 아동중심적인 사회정서 학습의 중요성을 강조하며, 현재의 교육적 표준[예: 「아동낙오방지법(No Child Left Behind)」]이 학업적 문제에만 초점을 둘 뿐 사회정서 발달의 영역에서 교수를 제공하도록 유도하지 않는다고 설명한다. 이 연구자들은 컨설턴트가 교육과정 매핑(curricular mapping)을 통하여 학업적 학습과 사회정서 학습 간의 중첩을 예시할 것을 제안한다. 교사들에게 기술이 중첩되는 것을 보여 주는 목적은 교육과정이 학업성취뿐 아니라 사회정서적 발달에 미치는 영향을 극대화하기 위함이다(Kress et al., 2004). 교육과정 맵핑의 예는 〈표 1-3〉에 제시되어 있다. 교사와 함께 사용할 수 있는 빈 양식은 〈표 1-4〉에 제시되었다.

Gutkin(2002), Klein과 Harris(2004)는 컨설테이션 훈련이 컨설턴트가 개인(즉, 교사)과 잘 일하도록 가르치는 것을 넘어, 집단(즉, 교사팀, 가족, 지역사회 기관)과 함께 일하는 문제에도 초점을 맞추어야 함을 강조한다. 이것은 교실과 지역사회의 요구에 초점을 두는 순회 컨설테이션(Kelley, 2004; Klein & Harris, 2004)을 가능하게 하겠으나, 컨설턴트가 집단과정을 촉진하고 집단 의사결정의 역동을 이해하도록 훈련될 필요가 있음을 의미한다(Gutkin, 2002; Shullman, 2002). 컨설테이션에서 집단역동에 초점을 맞출 것을 지지하는 사람들은 집단 컨설테이션이 특히 학교에 있는 아동의 문제를 해결하기 위해 가족의 역할을 다루는 데 특히 중요

표 1-3 교육과정 매핑 계획 양식

영역	학년 (수준)	교육적 표준 (주 표준 활용)	기술 (표준이 달성되었음을 보여 주는)	사회정서적 기술 (아동의 요구를 만족하도록 맞추어진)
영어 언어	K-4	공식적이거나 비공식적인 소집단 혹은 대집단 장면에서 지시를 따르는 것을 배운다.	질문하기 반응하기 경청하기	주장성 창의성 호혜적 커뮤니케이션 기술
수학	6~8	숫자, 숫자를 나타내는 방식, 숫자들 간의 관계, 수 체계를 이해한다.	양적 관계를 나타내기 위해 비율을 이해하고 사용한다.	개인적인 가치와 관심을 전체적인 관심과 비교하고 대조한다. 다른 사람의 가치와 관심을 전체적인 관심과 비교하고 대조한다. 집단 간의 유사성과 차이에 주목한다.
글쓰기	8~11	설득적 글쓰기	확실하며 정교화된, 적절히 인용된 증거를 포함시킨다. 명확히 진술된 입장이나 견해를 포함시킨다. 독자의 흥미를 개발한다. 독자의 우려나 주장을 예상하고 대응한다.	당신의 감정과 경험을 설명한다. 삶의 경험에서 개인적인 이야기가 어떻게 도출되었는지 이해한다. 다른 사람을 사귄다. 다른 사람을 존중한다. 조망수용 능력과 공감 기술을 보인다.

주: 이것은 특별한 교육과정을 필요로 하지 않는다. 강조된 사회정서적 기술은 아동의 요구에 맞추어질 수 있다.
출처: Kress, Norris, Schoenholz, Elias, & Seigle(2004)에서 인용.

표 1-4 교육과정 매핑 계획 양식

영역	학년 (수준)	교육적 표준 (주 표준 활용)	기술 (표준이 달성되었음을 보여 주는)	사회정서적 기술 (아동의 요구를 만족하도록 맞추어진)

하다고 주장한다. 이는 아동, 특히 유아기 아동이 학교에서 성공적으로 수행하는 데 영향을 미칠 수 있는 것이 가족의 사회적 맥락이기 때문이다(Kelley, 2004; Klein & Harris, 2004). 다른 연구자들은 훈련 프로그램에서 집단 컨설테이션을 흔히 가르치는 것은 아니므로, 부적절한 훈련이 좋지 않은 성과로 이어질 수 있는 바, 학생들에게 그러한 형태의 컨설테이션에 참여하도록 권고하지는 말아야 한다고 주장한다(Wilson, Gutkin, Hagen, & Oats, 1998).

(3) 훈련을 컨설티에게 확대하기

Kelley(2004)는 컨설티(즉, 교사)가 컨설테이션 과정에 대해 더 훈련을 받아야 한다고 주장한다. 즉, 컨설턴트의 기술을 개발하는 데에만 초점을 두기보다는 아이들과 함께 일하면서 도움을 요청하고 받는 컨설티의 능력을 향상시키는 노력도 기울여야 한다. Kelley(2004)는 이것이 교사 및 다른 교직원들이 공동으로 참여하는 훈련 회기와 같이 컨설턴트 및 컨설티 훈련 프로그램 간의 협력을 통하여 달성될 수 있다고 말한다.

Welch 등(1992)은 교육행정, 교육연구, 특수교육, 학교상담, 학교심리학 분야의 교수팀이 가르치는 학제적인 컨설테이션 강좌의 유익에 대해 논한다. 이 연구에서 Welch 등(1992)은 다양한 분야의 대학 교수들이 가지고 있는 집합적 지식을 합병한 강좌를 개발하였는데, 이는 다양한 역할을 담당하는 학내 교직원들이 직면하는 상충되는 도전들을 강조하기 위함이었다. 이러한 강좌의 목표는 시스템 내의 여러 역할을 넘나드는 기능적 문제해결력의 증진이었다. 팀 문제해결, 변화이론, 역할이론, 갈등해결이 이 과목에서 다루어졌다. 이 연구자들은 고등교육에서 이와 같은 학제적인 프로그램을 실제로 실행하는 것은 대부분의 프로그램에서 그러한 것보다 훨씬 복잡하고, 비용집약적이라고 결론지었다. 또한 일반교사, 행정가들이 이해하는 역할과 이와 관련된 도식은 수정하기가 쉽지 않았다(Welch et al., 1992).

유사하게 Harris와 Zetlin(1993)은 일군의 현장 교사들을 대상으로 대학 강좌를 제공하였다. 이 강좌는 다양한 학생들이 재학하고 있는 도심 지역의 한 학교 내 교직원들 간에 컨설테이션을 통한 협력을 증가시키려는 노력의 일환으로 제공되었다. 현장의 실무 교사들은 그들의 학교에서 다양한 행정적, 인사 관련 변화에 직면하였으며, 외부 컨설턴트를 위한 자금은 거의 없었다. 이 강좌의 내용은 평가에 대한 일반적인 정보, 영재아 및 특수아 판정, 교수 전략, (특히 비주류언어를 사용하는) 학생들의 임파워먼트 촉진, 사회성 기술 발달을 돕고 자존감을 증진하는 방식의 훈육 등이 포함되었다. 교수자는 현장 교사들에게 수업의 내용이 그들의 일상적인 실무에 어떻게 적용되는지 기록하게 하였다. 교사들은 또한 교수자의 감독하에 개입을 개발 및 실행하고 모니터하였다. 연구자들이 내린 결론은 이와 같은 노력들을 진지하게 경험하는 것이 교사가 보고하는 긍정적 결과를 얻는 데 핵심적이었다는 점이었다(Harris & Zetlin, 1993). 구체적으로는, 강좌에서 여러 활동의 범위와 속도를 정하는 교사의 능력이 성과에 대한 소유의식을 높였다는 점이다. 이러한 결과는 이와 같은 훈련이 컨설테이션의 주요 목표 중 하나, 즉 컨설티가 개입의 실행에 대한 책임을 맡게 된다는 점을 달성하는 방법으로 사용될 수 있음을 지지한다는 점에서 중요하다.

Welch 등(1992)과 Harris와 Zetlin(1993)의 연구결과를 비교할 때, 경험 많은 교사들은 컨설테이션 과정에 대한 훈련을 통해 실제 현장의 문제들에 직면하여 더 많은 유익을 얻을 수 있었다. 확고한 결론을 내리기에는 아직 증거가 부족하지만, 이러한 연구들은 컨설테이션을 효과적으로 가르치는 것이 얼마나 복잡한지를 보여 준다.

(4) 현장기반 슈퍼비전

학생들의 현장 경험이 역할연기 경험보다 낫다는 점에 대해서는 일반적으로 동의되고 있지만, 컨설테이션 배치를 어떻게 하는 것이 좋은지, 슈퍼바이저를 선택하는 기준은 무엇인지, 컨설턴트가 사용하는 기술을 어떻게 평가할지 등 실제적인 부분을 안내하는 연구는 매우 부족하다(Alpert & Taufique, 2002). Cramer와

Rosenfield(2003)는 컨설테이션 기술의 발달을 슈퍼비전하는 과정에 대한 연구가 거의 없음을 지적하면서, 슈퍼바이저 지원을 어떻게 제공하며 비계를 사용하여 강점에 기초한 피드백을 어떻게 제공하는지 등을 포함하여 슈퍼비전을 필요로 하는 유형의 기술들을 가르치기 위한 발달적 틀을 제안하였다. 기본적으로, 초보 컨설턴트는 구조화된 슈퍼비전 회기, 기술 향상을 위한 구체적인 전략 제언 및 컨설테이션 과정에 관한 구체적인 세부 지도를 필요로 한다. 컨설턴트의 역량이 향상됨에 따라, 컨설턴트는 자신의 슈퍼비전 요구에 대해 더 많은 책임을 맡을 수 있다. 끝으로, 상급 학생들은 그들이 전문성을 갖춘 영역과 아직 부족한 영역의 기술을 스스로 모니터할 수 있을 것이다.

(5) 문화적 고려사항

앞서 기술한 조사 연구에서 보고된 것처럼 훈련 프로그램에서 다문화적 지식과 기술 개발을 위해 할애되는 실제 교수 시간은 매우 제한적임에도 이러한 훈련이 더 많이 이루어져야 하고 고무되어야 한다는 점에 대해서는 합의되고 있다(Anton-LaHart & Rosenfield, 2004). Ingraham(2000)은 다문화적 · 교차문화적 학교 컨설테이션에서 요구되는 인식의 유형을 기술하였다. 여기에는 (1) 자신의 문화와 그것이 타인에게 미치는 영향을 이해하는 것, (2) 다른 문화를 존중하고 가치 있게 여기는 것, (3) 문화집단 내의 개인차와 많은 사람에게 나타나는 다문화적 정체성을 이해하는 것, (4) 컨설테이션 과정에서 라포를 형성하고 유지하기 위한 접근을 포함하는 교차-문화적 의사소통, (5) 현저한 문화적 차이를 이해하고 이러한 차이를 넘어 어떻게 소통하는지를 이해하는 것, (6) 컨설테이션에 참여하는 문화적 맥락과 개입의 적절성을 이해하는 것 등이 포함된다. Ingraham(2000)은 다문화적 이슈에 대해서 잘 배우기 위해서는 공식적 · 비공식적 방식으로 계속되는 전문성 개발이 필수적이라고 결론짓는다. 더욱이 개인이 피드백과 문화적 지침을 적극 추구할 때 깊이 있는 학습이 가능하다. 〈표 1-5〉는 컨설턴트의 다문화적 인식을 높이기 위해 Ingraham(2000)이 권장하는 출판물이다.

표 1-5 다문화 학교 컨설테이션에서 컨설턴트 학습과 개발을 위한 8가지 영역과 이를 지지하는 문헌

1. 자신의 문화(인종, 민족, 사회경제적 맥락, 문화접변 등)에 대한 이해

Arredondo et al., 1996; Brown, 1997; Gibbs, 1980; Harris, 1996; Ingraham & Tarver Behring, 1998; Lynch & Hanson, 1998; Parsons, 1996; Pinto, 1981; Ponterotto et al., 1995; Ramirez et al., 1998; Sue & Sue, 1999; Tarver Behring & Ingraham, 1998

2. 자신의 문화가 타인들에게 미치는 영향에 대한 이해

Arredondo et al., 1996; Gibbs, 1980; Ingraham & Tarver Behring, 1998; Lynch & Hanson, 1998; Ramirez et al., 1998; Sue & Sue, 1999; Tarver Behring & Ingraham, 1998

3. 다른 문화를 존중하고 가치 있게 여김

Arredondo et al., 1996; Harris, 1996; Henning-Stout & Brown-Cheatham, 1999; Ingraham & Tarver Behring, 1998; Lynch & Hanson, 1998; Pinto, 1981; Ponterotto et al., 1995; Ramirez et al., 1998; Soo-Hoo, 1998; Sue & Sue, 1999; Tarver Behring & Ingraham, 1998

4. 문화집단 내의 개인차와 많은 사람이 가지고 있는 중다 문화적 정체성에 대한 이해.

Ingraham & Tarver Behring, 1998; Leong, 1996; Pedersen, 1994; Sue et al., 1996; Sue & Sue, 1999; Tarver Behring & Ingraham, 1998

5(a). 교차문화적 커뮤니케이션

Arredondo et al., 1996; Brislin & Yoshida, 1994; Cushner & Brislin, 1997; Lynch & Hanson, 1998

5(b). 컨설테이션을 통하여 라포를 발달시키고 유지하기 위한 다문화적 컨설테이션 접근

Gibbs, 1980; Harris, 1996; Ingraham & Tarver Behring, 1998; Ramirez et al., 1998; Tarver Behring & Ingraham, 1998

6. 문화적 현저성을 이해하고 현저한 차이를 어떻게 넘어설지에 대한 이해

7. 컨설테이션의 문화적 맥락에 대한 이해(지배적 문화, 학교나 지역사회의 문화)

Leong, 1996; Soo-Hoo, 1998; Sue et al., 1996; Parsons, 1996; Pinto, 1981

8. 컨설티와 내담자에게 적절한 다문화적 컨설테이션과 개입

Barnett et al., 1995; Ingraham & Tarver Behring, 1998; Lynch & Hanson, 1998; Ramirez et al., 1998; Soo-Hoo, 1998; Tarver Behring & Ingraham, 1998

출처: Ingraham, C. L. (2000). Consultation through a multicultural lens: Multicultural and cross-cultural consultation in schools. *School Psychology Review, 29,* 320-343. (Copyright 2000 by the National Association of School Psychologists, Bethesda, MD. www.nasponline.org. 출판사의 허락하에 전재함.)

7. 이 책을 어떻게 사용할 것인가

이상의 개관은 체험적 기회와 슈퍼비전을 병행한 훈련이 컨설테이션의 전문적 실무를 개발하기 위해 필요함을 보여 준다. 이 책은 차세대 학교기반 교육 및 정신건강 컨설턴트의 훈련을 돕기 위해 집필되었다. 이 책의 사례들은 특정 이론적 지향을 염두에 두고 컨설테이션을 배우는 학생들이 이론을 실무로 연계하는 기술들을 개발하도록 돕기 위해 제시되었다(Dinkmeyer & Carlson, 2006; Meyers, 2002). 우리는 이 책의 사례연구들이 훈련 중인 컨설턴트들로 하여금 실제 현장 경험에 앞서 그들의 능력에 보조를 맞추어 정보를 개념화하고 처리하는 능력을 키우도록 도울 것이라 믿는다. 또한 슈퍼비전이 필요한 부분을 인식하고, 슈퍼바이저의 지원 가운데 전문성 개발을 지속할 수 있는 틀을 개발하도록 도울 것이다.

이 책에 제시된 사례들은 해당 장에 제시된 이론적 모델이 잘 적용되는 실례들을 보여 주기 위해 선정되었다. 각 사례에 대한 정답은 제시되지 않았다. 필자들은 이론적인 틀이란 단지 실제 상황에서 발견되는 유동적인 역동을 안내할 수만 있다고 믿기 때문이다. 대신 필자들은 각 사례의 두드러지는 특성을 보여 주기 위한 수단으로 각 이론에 잘 부합하는 질문을 제시하였다. 따라서 학생들은 창의성을 발휘하여 각 사례에 대해 적극 토의할 것을 권하며, 교수자는 과학적, 임상적 전문 지식을 제공하고, 사례와 관련하여 각 이론적 지향과 관련된 통찰을 제공하길 바란다. 우리는 이 책의 사례들이 진정한 문제기반의 학습 활동을 제공하는 데 기여할 수 있기를 희망한다. 이 책에 제시된 모든 사례는 완전히 혹은 부분적으로 실제 사례에 기초하고 있다. 그러나 사례에 등장하는 모든 아동과 가족의 개인정보는 보호되었다.

🖊 요 약

　이 장에서는 다양한 학문 분야가 컨설테이션의 연구와 실무에 기여한 점을 간단하게 기술하였다. 교육 및 정신건강 지원 전문가들이 컨설테이션 실무를 선호한다는 점과 컨설테이션을 실행하고자 하는 그들의 열망을 높이기 위한 제언들도 제시하였다. 컨설테이션 활동을 하는 데 장애가 되는 요인을 논하였으며, 컨설테이션에 대한 일반적인 정의를 제시하였고, 학교 컨설테이션의 실무와 관련하여 사회적 영향력의 기반, 학교 컨설테이션의 특징, 교사와 협력하는 것과 관련된 쟁점, 개입수용도 등의 주제를 다루었다. 또한 컨설테이션 과정, 곧 공식적 진입과 이와 관련된 정보, 효과적인 관계를 형성하는 데 사용하는 평가, 문제 정의 및 목표 설정, 개입안 혹은 전략 선택, 이러한 개입안과 전략의 실행 및 성공 여부 평가, 컨설테이션 관계의 종결에 대해서 간단히 설명하였다. 컨설턴트의 역할에 대해 설명하였으며, 자기인식, 다문화적 민감성, 대인관계 기술 등 컨설턴트의 특성에 대해서도 설명하였다. 컨설테이션에서의 테크놀로지 관련 이슈를 간단히 검토하였고, 컨설테이션 과정에서 고려해야 하는 윤리적 문제 또한 개관하였다. 이어 대학에서 컨설테이션을 가르치는 문제를 다루었으며, 이 책을 사용하여 컨설테이션을 가르칠 경우의 활용방안에 대해서도 제언하였다. 이 책에 제시된 컨설테이션의 과정과 컨설턴트와 컨설티의 역할을 포함하여 컨설테이션의 용어와 핵심 개념은 이후의 장에서 제시되는 특정 컨설테이션 모델에 적용될 수 있는 틀을 제시한다. 이제 다음 장부터는 이러한 이론적 접근과 관련된 몇 가지 대표적인 컨설테이션 모델과 이 모델을 적용하는 활동을 접하게 될 것이다.

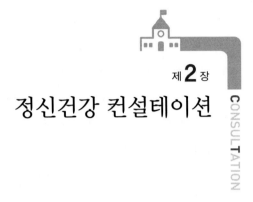

제**2**장
정신건강 컨설테이션

1. 개 요

　정신의학자인 Gerald Caplan은 컨설테이션의 중요성을 주장한 최초의 정신건강 전문가로 알려져 있다(Brown, Pryzwansky, & Schulte, 2001, 2006). 2차 세계대전 이후 그는 이스라엘에 있는 아동지도센터에서 일하면서, 보육 관련 종사자들이 이민 아동들에게 전통적인 치료를 제공하는 것보다는 아동 돌봄 서비스를 제공하는 사람들을 지원함으로써 더 많은 아동을 돌볼 수 있고 더 폭넓은 아이들의 문제를 다룰 수 있다고 주장했다(Caplan, 1970; Caplan & Caplan, 1993). Caplan의 작업은 정신건강 컨설테이션(Mental Health Consultation, 이하 MHC)이라 불리어 왔는데, 이 용어는 학교 시스템을 포함해 다양한 맥락에서 사용되고 있다.[1]

　MHC는 보육 종사자들이 정신건강 관련 증상이나 장애를 다루는 데서 어려움을 해결하도록 돕기 위해 기술적인 전문성(technical expertise)을 제공해 준다. 개인적인 요구가 일상의 기능을 방해할 수 있기 때문에 컨설테이션 서비스는 그러한 요구에 부응함으로써 정신건강과 관련된 문제를 예방할 수 있다. Caplan은 아이와 양육자의 개인적 요구가 아이의 기능에 어떻게 영향을 미치는지에 관심을 두었다(Caplan, 1970, 1974). 그는 성인들이 아이의 환경에서 중요한 부분을 차지한다고 말한다. 이러한 관점에서 보면 비효과적이거나 정신적으로 문제가 있는 성인들은 아이들에게 부정적인 영향을 줄 수 있다. 따라서 Caplan의 모델에서는 개입을 계획할 때 사회적 환경과 대인관계의 심리역동적(interpersonal psychodynamic) 관점을 고려하는 것이 중요하다.

아이들의 사회적 환경은 다양한 유형의 양육자들에 의해 영향을 받는다. Caplan(1970)은 양육자 집단이 문제를 예방하고 아이들의 정신건강을 증진시키기 위해서는 효과적인 사회적 환경을 제공할 수 있도록 협력하는 방안을 모색할 필요가 있다고 말한다. 다시 말해, 적절히 지지적인 사회적 환경이 제공될 때 아이들은 효과적인 대처를 하게 되고 그 결과 적응적인 행동은 늘어날 것이며 심리적인 문제는 줄어들 것이다.

양육자의 개인 심리가 아이들에게 영향을 준다는 사실을 강조한다는 점에서 MHC는 다른 종류의 컨설테이션과 구별된다. Caplan(1974)은 양육자의 성격이 그들의 전문적 기능을 방해할 수 있으며, 때로는 아이들을 대상으로 효과적으로 일할 가능성을 낮출 수 있음을 지적했다. 구체적으로 그는 양육자들이 자신이 기술이 없고 좌절을 경험한 영역에서 자주 의뢰를 하는 경향이 있었는데, 그들은 자신이 가진 강점들을 배제하고 이러한 약점들에만 초점을 두고 있다고 지적하였다.

양육자들은 관리하기 어려운 행동들을 맞닥뜨릴 때마다 계속해서 같은 종류

---

1) 저자인 Brown 등(2001, 2006)은 MHC를 기술하고 주창한 학교심리학 분야의 리더였다. 이 장의 몇 부분은 이러한 저자들의 저술에서 발췌된 것이므로 상세한 내용을 보려는 독자들은 그들의 원저술을 참고하기 바란다.

의 문제(예: 학습 문제 혹은 공격성)로 도움을 구했다. Caplan(1974)은 다음과 같은 방법을 통해 양육자들의 기능을 향상시킬 수 있었다. (1) 그들이 의뢰하는 문제들을 이해하고 그것에 대처할 수 있도록 훈련시키는 것, (2) 객관적인 시각에서 아이들이 겪는 어려움에 대한 그들의 조망을 넓혀 주면서 그들의 어려움을 공감적으로 들어 주는 것, (3) 아이들을 진료실에 데리고 오게 하기보다는 그들 자신의 환경적 맥락에서 컨설티에게 지지를 제공하는 것(Caplan, Caplan, & Erchul, 1994)이다. 양육자들이 가지고 있는 대인관계의 심리역동적 이슈들과 사회적 맥락을 동시에 다룸으로써 이들은 더 나은 의사소통과 기능을 보여 줄 수 있었다. 이러한 발견은 임상장면에서 아이들에게 단지 처치를 제공하는 것보다는 학교 시스템에서 교사와 아이들에게 컨설테이션을 사용하는 것이 바람직하다는 점을 보여 준다(Conoley & Conoley, 1991). 최근 연구결과에 따르면 MHC 모델에서 강조된 요소들로부터 유익을 얻지 못하는 학교 팀들(school teams)은 컨설테이션을 제대로 활용하지 못하며 아이들에 대해서도 부정적인 결과를 얻는 것으로 나타났다(Doll et al., 2005).

2. 정신건강 컨설테이션의 정의

Caplan(1970)은 컨설테이션을 두 사람 사이의 자발적, 비위계적 관계로 정의하였는데, 양자는 모두 각자 자신의 전문성 영역이 있으며 MHC에서는 그중 한 사람이 정신건강 전문가라고 하였다. 이러한 관계에서는 컨설티가 문제를 정의하고, 그 문제는 외부 자원으로부터의 특수한 지식이 필요한 정신건강 영역에 속하는 것이어야 한다. MHC는 내담자의 정신건강 기능을 향상시키기 위해 사용되는데, 이를테면 내담자가 공식적인 정신장애 진단을 받았거나 독특한 성격 특징을 지니고 있다거나, 혹은 근무 상황에서의 대인관계 측면이 다루어질 필요가 있는 경우에 사용될 수 있다. 제공되는 권고안은 파악된 고충에 맞추어져 있으며 내담자에게 지지를 제공할 책임이 있는 컨설티에 의해 그 권고안이 수용될 수도 있고 거부될 수도 있다.

Caplan(1970)에게 컨설테이션의 중요한 목적은 미래에 있을 수 있는 유사한 문제들에 대해 더 효과적으로 대처할 수 있도록 컨설티의 기능을 향상시키는 데 있다. Caplan은 컨설티에게 주어진 권고안은 컨설티의 직무수행을 향상시키는 것을 목표로 한다는 데 명확한 입장을 취한다. 향상된 직무수행을 통해 컨설티의 안녕감을 증진할 수 있고 컨설테이션은 자연스럽게 치료적 경험이 된다. 그는 컨설티를 대상으로 직접적인 치료적 개입을 해야 한다고 주장하지는 않는다. 하지만 Caplan은 컨설티의 정서가 그의 기능을 방해할 수 있다는 점을 인정하는데, 이것이 바로 흔히 주제 간섭(theme interference)이라고 불리는 문제다. 주제 간섭은 근본적으로 객관성이 결핍된 것으로 후반부에서 자세히 다룰 문제들의 네 가지 주요한 원인 중 하나인데, 현재의 내담자에 대한 컨설티의 감정이 그가 유사하다고 인식하는 사람과의 이전 경험에서와 유사한 패턴을 보이는 현상이다. 이러한 상황에서는 무의식적 수준에서 작용하는 어떤 주제가 내담자를 객관적으로 보는 컨설티의 능력을 방해하며 컨설티의 효과성에 부정적인 영향을 미친다. 컨설티의 주제 간섭을 다루기 위해 Caplan은 내담자의 실제적 기능 (actual functioning)에 초점을 둔다. 바로 이러한 간접적인 방식으로 컨설티의 대인관계 심리가 컨설턴트에 의해 다루어진다. 컨설턴트는 컨설티의 심리역동적인 이슈가 그의 사회적 환경과 관련되기 때문에 이러한 이슈를 다루는 것이다.

3. 정신건강 컨설테이션의 가정

전술한 바와 같이, MHC의 주요한 가정은 내담자의 기능을 변화시키기 위해 개인적인 심리역동과 사회환경적 요인들의 상호작용이 변화되어야 한다는 것이다. 이 가정의 강점은 그것이 내담자의 행동에 대한 다양한 설명과 다중양식적

(multimodal) 개입의 기회를 제공해 준다는 점이다.

MHC에서는 개입을 효과적으로 실행하기 위해 외부 전문가(컨설턴트)와 내부 전문가(컨설티) 사이의 파트너십이 가장 중요하다고 가정한다. 기술적인 전문성이 중요하지만 자신의 환경에 맞게 지식을 효과적인 개입으로 전환시킬 수 있는 사람은 바로 컨설티다. MHC에서는 컨설티가 개입을 실행하는 데 적극적이기 때문에 그들이 새로운 기술을 배우게 된다. 따라서 컨설턴트는 컨설티의 이러한 학습을 촉진해야 하는 책임이 있다. 새로운 학습은 컨설티가 유능하고 자신의 업무와 관련된 문제를 독립적으로 해결할 수 있다는 메시지를 전한다. 물론 기술만 가지고 새롭게 학습된 정보를 사용할 수 있는 것은 아니다. 이전에 언급한 바와 같이, 컨설티의 부적응적 대인관계 기능(예: 주제 간섭)은 자신이 알고 있는 혹은 획득한 기술의 사용을 방해한다. 이러한 경우에 컨설턴트는 컨설티의 기술을 효과적으로 적용하는 데 방해가 되는 대인관계 장애를 다룸으로써 새로운 학습을 촉진한다.

4. 어려움을 일으키는 요인에 관한 가정

컨설티의 어려움은 4가지 요인에서 비롯된다고 가정하는데, 이 요인은 (1) 지식의 부족, (2) 기술의 부족, (3) 확신의 부족, 그리고 (4) 객관성의 부족이다(Caplan, 1963). 컨설티가 지식이 부족한 경우, 이것은 보통 정신건강 문제가 자신의 어려움에 기여하는 역할을 제대로 이해하지 못해서다. 지식을 증진하기 위한 목적으로 교육적인 정보를 제공하는 것은 MHC의 핵심적인 요소인데, 예를 들어 컨설티가 자신의 경험 범위 밖에 있는 문화집단의 내담자와 작업하는 것을 돕기 위해 활용되어 왔다(Ingraham, 2000, 2004).

기술의 부족은 컨설티가 문제는 이해하고 있지만 적용된 해결책이 그 문제를 다루는 데서 만족스럽지 못할 때 발견된다. 컨설테이션에서 기술 부족의 문제를 다루는 것은 어려운 일이다. 필요한 기술이 컨설티가 자신의 전문적 역할을 수행하는 데 원래 필요한 것이 아닐 가능성이 크기 때문이다. 만약 그 기술이 컨설티가 개발하기에 적합한 것이라면 컨설테이션은 컨설티가 필요한 전문성을 획득할 수 있도록 돕기 위해 활용될 수 있다. 이것은 컨설티와 동일한 분야에 있는 멘토에 의해 가장 잘 이루어질 수 있다.

확신의 부족은 컨설티가 자신이 가지고 있는 기술로 해결이 가능한 문제를 직면하고 있지만, 적절한 기술을 성공적으로 적용할 수 있을지 확신하지 못할 때 일어난다. 여기서 다시, 확신은 컨설티 자신의 전문적 분야를 통해 개발해야 한다. MHC에서는 컨설턴트가 컨설티의 지금-여기에서의 경험을 지지해 주고, 확신의 정도를 높이기 위해 컨설티 자신의 전문적 분야 내에서 멘토를 찾을 수 있도록 돕는다.

객관성의 부족은 이전에 설명한 주제 간섭의 예에서 언급되었다. 주제 간섭은 현재의 내담자에 대한 컨설티의 감정이 그(녀)의 과거 경험에 의해 형성된 경우에 나타나는데, 이러한 과거 경험은 내담자나 상황에 대한 컨설티의 기대에 무의식적으로 영향을 미친다. 이러한 형태의 주제 간섭이 일어날 때, 예를 들면 이전의 부정적인 경험에서 비롯된 컨설티의 기대는 사전에 결정된 것이다. 따라서, 예컨대 희망이 없다는 감정은 현 상황의 맥락에서 문제해결을 방해할 수 있으며, 그 감정의 영향으로 부정적인 자기충족적 예언이 나타나게 된다. 이러한 주제 간섭 문제를 다룰 필요가 있다는 점은 Caplan이 수 년 동안 자신의 저술에서 강조한 점이다.

Caplan(1970)은 총 5가지 형태의 객관성 문제에 대해 기술하였는데, 모두 전문적인 거리(professional distance)를 잃어버린 경우다. 주제 간섭 외에 전문적 거리를 잃어버리는 것의 나머지 4가지 예는 (1) 컨설티가 내담자와 직접적, 개인적 관련성을 느낄 때, (2) 컨설티가 내담자나 상황을 동일시하여 자신의 관점을 잃어버리게 되는 경우, (3) 마치 컨설티 자신이 내담자의 경험을 하는 것처럼 컨설티의 감정과 기대가 내담자에게 무의식적으로 옮겨질 때, (4) 성격적인 수준의 왜곡이 있는 경우 등이다.

위의 예 중 앞의 세 가지는 업무 관련 문제 중 모두가 인정하는 문제가 되었는데, 그 핵심은 컨설티가 내담자에 대해 과도한 공감을 하게 되면 경계가 없는 관계로 빠지는 위험을 맞을 수 있다는 점이다. 성격적인 수준의 왜곡은 예를 들어 컨설티의 완벽에 대한 욕구와 같은 성격 요인이 질서를 무시하는 내담자와 작업하는 그의 능력을 방해할 때 일어난다. Caplan(1970)은 객관성의 상실이 컨설테이션을 요청하는 가장 흔한 이유가 된다고 말한다. 사례에 따라 차이가 있긴 하지만, 컨설턴트의 질문, 관찰 및 행동 등은 컨설티의 대인관계 문제를 해결하기 위해 지지를 제공함과 동시에 주어진 상황에 일정한 거리와 객관성을 심어 주는 데 목적을 둔다.

5. 컨설테이션 과정

Caplan(1970)은 컨설테이션 과정에서 환경(기관 혹은 개인)과 내담자 및/혹은 컨설티의 대인관계 심리역동과 관련된 욕구를 동시에 고려한다. 관계 수립, 사정 절차 수행, 개입방법 선택, 결과에 대한 추후 평가 등은 모두 대인관계 심리역동과 환경에 영향을 미친다. Caplan(1970)이 상이한 형태의 컨설테이션 사례들을 구분하긴 하지만, 그 과정 자체는 근본적으로 동일하며 수정된 MHC 모델에서도 계속해서 사용된다.

(1) 관계 수립(Relationship Building)

관계 수립은 라포(rapport)를 형성하고 자신을 신뢰할 만한 접촉자로 확립시키기 위해 일련의 상호작용을 필요로 하는 작업이다(Caplan, 1970). 컨설턴트의 상호작용은 (1) 공감, (2) 자신과 타인의 감정에 대한 인내, (3) 체계적이고 객관적인 정보 수집을 통해 타인의 행동을 이해할 수 있다는 전제를 인정하는 것과 같은 특징들을 지닌다. Caplan(1970)은 컨설턴트가 조직의 가장 높은 지도부를 만남으로써 일을 시작한다고 말한다. 지도부와의 회동은 의사결정이 어떻게 내려지는지와 같은 지지 구조(support structures)와 공식적이고 기능적인 의사소통 라인, 그리고 기금과 자원이 어떻게 분배되는지 등을 명확하게 이해할 수 있는 기회를 제공한다. 지도부와의 동의안은 보통 공식적인 문서인데, 동의안에는 역할과 책임이 명시된다(Caplan & Caplan, 1993).

컨설티와의 관계는 MHC 과정에서 가장 중요한 요소다. 컨설티가 자신이 겪고 있는 문제에 대해 개방적이고 컨설테이션 과정에 적극적으로 참여하는 것과 같은 좋은 관계 없이는 컨설테이션이 진전될 수 없다.

나아가 Caplan(1970)은 컨설턴트와 컨설티 간의 모든 의사소통은 비밀 보장이 되어야 한다고 생각한다. 비밀이 유지되어야 할 필요성에 대해서는 지도부와의 사전 의사소통은 물론 컨설티와의 사전 논의에서도 명백하게 진술되어야 한다. 또한 상호작용은 비판단적이어야 하며, 컨설턴트는 상사/부하 역할로 가는 것을 막으면서 관계의 동등함을 유지하기 위해 노력해야 한다.

(2) 사정(Assessment)

MHC에서 컨설턴트는 독립적으로, 가끔은 은밀하게(Brown et al., 2006) 내담자의 문제를 부추기는 컨설티와 조직의 요인들을 평가하여 컨설테이션 과정에 영향을 미친다. 탐색 질문을 통해 컨설턴트는 컨설티가 문제를 어떻게 생각하고 있는지에 대해 보다 잘 이해할 수 있다. 그다음으로 컨설테이션 과정에 필요한 의사결정에 도움을 받기 위해 컨설턴트와 컨설티는 함께 어떤 자료를 수집해야 하는지를 결정하게 된다.

(3) 개입(Interventions)

다음으로 컨설티는 개입방법을 생각해 내고, 선택하며, 선택한 개입을 실행하는 책임을 수행한다. 개입에서 컨설턴트가 하는 유일한 역할은 대인관계 측면에서 컨설티가 갖는 문제를 다루는 것이다.

(4) 추수 활동 및 평가(Follow-up and Evaluation)

MHC에서 컨설턴트는 개입의 성과에 대한 피드백을 구할 뿐만 아니라 컨설테이션 서비스를 향상시키려는 목적으로 컨설테이션 경험에 대한 피드백을 구하기도 한다. Caplan(1970)은 간접 서비스를 평가하는 데 어려움이 있음을 인정하면서도, 문제에 대한 컨설티의 인식, 기술의 일반화(적용) 가능성, 내담자에게 바람직한 결과의 성취 등의 측면에서 변화가 있었는지를 평가해야 한다고 주장했다.

6. 학교에서의 정신건강 컨설테이션

수 년에 걸쳐 Caplan은 정신건강의 관점에서 컨설테이션의 중요성을 공식화하고 그 중요성에 대한 인식을 증진시키기 위해 노력했다. 그의 노력은 매우 성공적이어서 American Academy of Child and Adolescent Psychiatry(AACAP, 2005)에서 그의 아이디어를 기본으로 하여 학교에서의 정신과적 컨설테이션을 위한 실행 기준을 확립하였다. Caplan의 초기 저술(예: Caplan, 1970; 1974)에서 사용된 많은 기술적 용어(technical terms)는 오늘날 사용되는 언어에 부합하도록 수정·보완되었으며 이러한 변화 중 두 가지는 학교에서 수행되는 컨설테이션 과정에 아주 중요한 영향을 미쳤다.

첫째, 협력(collaboration)이라는 개념은 학교에서 컨설테이션의 기능적 실행(functional implementation)을 촉진하기 위해 추가되었다. 정신건강을 위한 협력에서는 컨설테이션 과정의 모든 측면에 대해 공동의 책임이 있다(Pryzwansky, 1974). 예를 들어, 학교 내부의 팀들은 자신들의 시스템 내부의 전문가가 제시한 컨설테이션 조언을 수용할지 거부할지를 결정할 자유가 없다는 현실을 생각해 보라.

이에 대해 Caplan, Caplan과 Erchul(1995)은 정신건강을 위한 협력이 컨설테이션의 개념을 확장하고 있다는 데 동의하면서 협력이 컨설테이션을 보완하는 것으로 보았으며, 또한 그것이 학교에서의 MHC를 대체할 수 있다는 점을 인정하였다. 오늘날 학교는 외부(예, 정신과 의사, 경찰, 성직자)와 내부(예, 상담자, 사회복지사, 학교심리사) 컨설턴트들과 함께 일한다. 그 결과, MHC와 정신건강 협력 모델이 모두 실제로 행해지고 있다(Conoley & Conoley, 1991). 〈표 2-1〉에 MHC와 정신건강 협력 모델의 차이점을 제시하였다.

둘째, Meyers, Brent, Faherty와 Modafferi(1993)는 컨설티 변인들이 간접적으로뿐만 아니라 직접적으로도 다루어져야 한다고 주장한다. 그들은 교사 자신의 권위 갈등, 의존성, 분노와 적대감, 혹은 학생이나 상황에의 동일시 등에 대해 직접 질문, 직면, 지지를 사용할 것을 권고한다(Meyers et al., 1993). 컨설티는 내담자가 겪는 문제에 자신이 어떤 역할을 하고 있음을 인식하지 못하기 때문에, 앞서 언급한 문제를 간접적으로 다루다 보면 컨설티를 조종하게 될 수 있다. Caplan 등(1995)은 협력이 사용된다면 컨설티의 욕구를 보다 직접적으로 다루는 것이 가능해진다고 하였다. 그들은 강요의 목적으로 조종하는 것은 MHC에서 허용되지 않지만, 간접적인 조종은 자신들의 대인관계적인 문제를 인식하지 못하는 사람들을 돕기 위해 윤리적으로 적절하다는 점을 분명히 하였다(Caplan et al., 1995).

1995년의 고찰에서 Caplan 등은 30년 동안 지속되어 학교에 적용이 가능한 MHC의 9가지 유용한 측면을 강조하였다. 그들은 컨설턴트가 다음의 사항들을 지속적으로 수행해야 한다고 주장하였다. (1) 개인과 환경 간의 상호 관련성에 초점 맞추기, (2) 역할과 책임을 정의하기 위해 공식적인 계약을 사용하기, (3) 비위계적인 관계를 맺기, (4) 주제 간섭과 같은 컨설티의 문제를 다루기, (5) 컨설티가 가진 문제의 근본적인 원인을 강조(예, 통찰 치료)하지 않기, (6) 컨설티의 문제에 대해 간접적으로 접근하기, (7) 컨설티의 자각을 증진시키기 위해 컨설테이션 과정을 체계적으로 성찰하기, (8) 내담자, 교사, 학교 간의 광범위한 상호관계에 초점을 맞추기, (9) 컨설테이션 기술을 직접적으로 가르치기다.

표 2-1 | 정신건강 컨설테이션과 정신건강 협력 간의 핵심적인 차이 비교

차원	정신건강 컨설테이션	정신건강 협력
컨설턴트의 위치	조직의 외부	조직의 내부
심리서비스의 형태	일반적으로 내담자 접촉 없이 간접적으로 이루어짐	직접 및 간접 서비스를 결합하며 내담자 접촉을 포함
컨설턴트-컨설티 관계	동등하고 비위계적인 관계를 취함	조직 내의 지위 및 역할 차이와 위계적 관계의 가능성을 인정함
컨설티의 참여	자발적 참여를 취함	자발적 참여를 취하지만, 강제적 참여 가능성을 인정함
작업 관계의 형태	가끔 컨설턴트와 컨설티를 포함하는 양자적 관계	일반적으로 여러 협력자를 포함하는 팀 위주
관계 내 의사소통에 대한 비밀 보장	비밀 보장을 가정하며 비밀 보장의 한계를 초기 계약 과정에서 명시할 수 있음	조직의 현실과 팀원들 간 적절한 정보 공유가 실제로 필요하기 때문에 비밀 보장을 자동으로 가정하지는 않음
컨설턴트의 조언을 수용 혹은 거부할 컨설티의 자유	있음	협력자의 전문성이 일반적으로 팀에 의해 받아들여지므로 자유롭다고 보기 어려움
사례/프로그램의 성과에 대한 컨설턴트의 책임	없음	전반적인 성과에 대해 책임을 동등하게 공유하며 사례/프로그램의 정신건강과 관련된 측면에 대해 주로 책임을 짐

출처: "Caplanian Mental Health Consultation: Historical Background and Current Status," by G. R. Caplan, R. B. Caplan, and W. P. Erchul, 1994, *Consulting Psychology Journal, 46*, p. 7. Copyright 2007 American Psychological Association. 저자의 허락하에 전재함.

표 2-2 | Caplan과 Caplan의 수준, 대상, 목표에 따른 컨설테이션 분류

	내담자 중심의 사례	컨설티 중심의 사례	프로그램 중심의 행정	컨설티 중심의 행정
수준	사례	사례	행정	행정
대상	내담자	컨설티	프로그램	컨설티
목표	내담자의 행동을 변화시키는 것	내담자에 대한 서비스 제공에서 컨설티의 수행을 향상시키는 것	프로그램을 더 효과적으로 전달하는 것	프로그래밍에서 컨설티의 수행을 향상시키는 것

출처: *Psychological Consultation and Collaboration in Schools and Community Settings* (3rd ed.), by A. M. Dougherty, 2000, Belmont, CA: Wadsworth, (p. 238). Copyright 2000 by Wadsworth, a division of Thomson Learning. 저자의 허락하에 전재함. www.thomsonrights.com.

학교에서의 MHC의 형태

Caplan(1970)의 원저술에서는 두 가지 광범위한 컨설테이션의 종류를 구별하고 있다. 하나는 사례 컨설테이션(case consultation)으로 내담자의 문제나 정신건강 관련 요구를 다루는 것이고, 다른 하나는 컨설티 중심 컨설테이션(consultee-centered consultation)으로 컨설티의 요구에 초점을 두는 것이다. 〈표 2-2〉에는 Caplan과 Caplan이 만든 수준, 대상, 목표 측면에서의 컨설테이션 분류체계를 요약하였다. 사례 컨설테이션의 경우, 컨설턴트들이 특정한 사례(예: 아동)나 행정적 문제(예: 아동이 참여하는 프로그램)를 해결하기 위한 전략을 짜는 데 자신들의 전문성을 사용한다. 이와 유사하게, 컨설티 중심 컨설테이션에서는 컨설턴트가 특정한 사례에서 컨설티의 문제해결 기술(예: 간섭을 다루는 것) 혹은 행정적 문제(예: 시스템 내에서의 문제)를 개선하기 위해 작업한다.

Caplan의 저서는 Alpert(1976), Meyers(1973, 1995), Meyers, Parsons와 Martin(1979)에 의해 확장되었는데, 이들은 아동 중심, 시스템 중심, 교사 중심의 컨설테이션을 구별하는 학교기반 모델을 개발하였다. 이러한 개념들은 Caplan이 원저술에서 제시한 아이디어와 일치하며, 학교 내의 팀들이 고려할 수 있는 유용한 조직적 도구들이다(Meyers, 1995). 아동이 기능하는 학교 시스템과 지역사회를 통해 모든 아동에게 서비스를 제공해야 한다는 요구가 증가할 뿐 아니라 아동에 대한 서비스가 제공되어야 한다는 요구가 늘 존재하기 때문이다.

아동 중심(사례) 컨설테이션은 MHC의 최초 형태인데, 컨설턴트와 컨설티는 특정한 아동 혹은 특정한 집단의 학업이나 행동 문제에 초점을 맞춘다. 이들은 고위험군 아동들이거나 이미 특수교육 요건이나 장애 상태로 추가적인 교육적 장치가 요구되는 집단이다. 사실 제한적이지 않은 환경에서 특수교육을 받을 권리가 있는 아이들에게 서비스를 제공해야 한다는 법적 의무 때문에 정신건강 관련 요구가 있는 아동들을 일반 교실에 두는 경향이 있는데, 그 결과 그러한 서비스를 제공하는 교사나 학교 및 지역사회 시스템들을 지원하는 MHC 서비스에 대한 요구가 생겨났다. 이러한 아동들의 요구는 때로는 복잡해서 몇몇 연구자들

은 효과적인 학교와 클리닉 중심의 서비스를 위해 MHC와 행동 컨설테이션을
결합해야 한다고 주장하였다(Conoley & Conoley, 1991).

시스템 중심(행정) 컨설테이션은 학교 환경의 전반적 개선, 조직의 변화, 모든
학생에게 도움을 주기 위해 설계된 예방 프로그램에 초점을 맞춘다(Kerr, 2001).
학교는 폭넓은 개선을 이루어 내기 위해 외부 지역사회의 기관과 연계하는데
(AACAP, 2005), 가정-학교의 연계 방안(Bramlett & Murphy, 1998), 폭력 예방 프로
그램(Astor, Pitner, & Duncan, 1996), 그리고 위기 대응팀(Kerr, 2001) 등이 그 예다.
프로그램은 유치원부터 대학에 이르기까지의 모든 학생에게 이용 가능하다
(Knotek, 2006). 보다 최근에는 이러한 형태의 컨설테이션이 공중 보건 문제로 확
대되고 있는데, 정신적 건강과 신체적 건강을 위한 개입을 통합하는 추세다
(Nastasi, 2004).

교사 중심 컨설테이션은 오늘날 학교에서 가장 널리 사용하는 형태의 컨설테
이션이다. 이 형태의 컨설테이션은 학생을 다루는 데 어려움을 겪는 교사(컨설
티)의 문제에 초점을 둔다. Caplan(1970)의 모델과 동일하게 연구자들은 학생들
의 요구를 더 잘 이해할 수 있도록 지원을 받는 교사들은 학생들에게 더 다양한
형태의 지지를 제공해 줄 수 있으며, 학교에서 더 나은 사회적 환경을 조성해 주
어(Achinstein & Barrett, 2004) 결국 아동들의 적응력(resiliency)을 증진시킨다는 점
을 보여 준다(Benard, 2004). 학생들의 성과를 향상시키기 위해 학교 시스템은 교
사들(컨설티)에게 영향을 주는 대인관계의 심리역동과 사회적 환경에 초점을 두
어야 한다.

MHC가 학교에서 활용되어 오는 동안 심지어 대인관계와 관련된 요구가 뚜렷
할 때에도 이를 무시할 정도로 아동들의 학업 문제에 관한 컨설테이션 요청이
가장 빈번하였다(Hanko, 2002). 심지어, 이러한 편협한 학업 중심 경향은 특별 행
동 프로그램(Jacobson, 2005)과 군사학교(Horton, 2005)와 같이 아동들이 대인관계
문제를 가장 두드러지게 경험하는 곳에서도 발견되었다. Farouk(2004)는 교사들
의 대인관계 심리역동과 관련된 문제가 학교 문화와 그 문화 내의 하위집단에 의

해 영향을 받아 결국 학생들의 학습에 영향을 준다고 주장하였다. 하지만 실제로는 대인관계 문제의 파급력이 대부분 평가절하되고 있으며(Hargreaves, 1994), 대인관계와 환경적 요구 간의 상호작용을 고려하는 컨설테이션이 활용되고 있지 않다(Farouk, 2004; Hanko, 2002).

7. 정신건강 컨설테이션의 효과성

컨설테이션 과정의 성과를 검토한 연구는 많지 않다. 그마저도 대부분의 연구가 MHC에 초점을 두고 있지 않다. MHC의 활용에 대한 메타연구를 수행한 연구자들은 이 접근법이 컨설티와 내담자 모두에게 긍정적인 효과를 보인다는 점을 발견하였다(Medway & Updyke, 1985). 하지만 또 다른 연구자들은 이 연구들이 MHC의 순수한 예가 아니라고 주장하였다(Gutkin & Kurtis, 1990). Sheridan, Welch과 Orme(1996)은 Medway와 Updyke(1985)의 연구 이후에 출판된 효과성 연구(efficacy studies)를 검토하면서 MHC의 긍정적인 효과를 발견하였다. 하지만 Sheridan 등(1996)은 이러한 연구들에서 제공된 컨설테이션이 사실상 MHC만이라고 보기 어렵다고 하였다. 현재로서는 MHC의 효과성을 지지하는 실증적 증거는 거의 없다고 볼 수 있다(Brown, Pryzwansky, & Schulte, 2006; Gutkin & Kurtis, 1999).

MHC 옹호자들은 상담 모델에서만큼이나 컨설테이션 모델에서 대인관계 변인의 변화를 측정하는 것이 어렵다고 주장한다. 다시 말해, 대인관계 문제는 주관적이기 때문에 추론 없이 측정하기가 어렵다는 것이다. 실증주의자에게는 컨설턴트 영향의 결과로 파생된 행동 변화를 측정하기 위해 영향 자체에 의존해야 하는 것 자체가 문제다. 측정과 연구결과의 명료성을 향상시키기 위해 무선적 임상 실험(randomized clinical trials)을 사용하여 연구를 수행하라는 강력한 권고는 그러한 연구결과를 실제에 적용할 수 없다는 점에서 설득력을 잃고 있다.

이 연구자들은 대인관계 및 사회적 맥락의 중요성을 강조하면서, 정제된 표본들(sanitized samples)을 객관적으로 비교하는 것은 다양한 집단에 적용할 수 있는 정확한 해석을 제공하는 것을 어렵게 한다고 결론 내렸다(Henning-Stout & Meyers, 2000). 또 다른 연구자들은 측정되어야 할 점이 간접적 효과가 아니라 컨설턴트-컨설티 관계의 질(quality)이라고 주장한다. 예를 들어, 컨설턴트와의 양질의 관계는 교사의 기능을 향상시키는 것으로 보고되고 있다(Bostic & Rauch, 1999).

MHC에 수정을 가해야 할 필요가 있다는 점 때문에 실증적인 지지를 찾기는 더욱 어려워진다. 문화와 다양성(diversity)이 컨설테이션 경험과 관련되기 때문에 이들의 역할을 고려하는 연구자들은 MHC와 다른 컨설테이션 모델들이 다양한 집단에 사용될 때에는 상당한 정도의 수정이 필요했다는 점을 발견하였다(Behring, Cabello, Kushida, & Murguia, 2000).

8. 정신건강 컨설테이션의 장애물

대인관계와 관련된 심리역동을 다루는 것이 MHC의 강점이긴 하지만, 이러한 점이 대학에서 MHC를 가르치는 데에 방해가 되기도 한다(Larney, 2003). 많은 훈련 프로그램이 역동 지향적인 기술을 가르치지 않고 있으며(Hanko, 2002), 심지어 심리역동적인 측면을 다루는 기술은 학교심리사들에게도 가치 있는 것으로 여겨지지 않고 있다(예: Watkins, 2000). 요컨대, 교사들에게 학생들의 대인관계 문제뿐 아니라 자신의 대인관계 문제가 갖는 영향력을 이해하도록 가르치는 것은 여전히 큰 숙제로 남아 있다(Hanko, 2002).

9. 정신건강 컨설테이션 사례들

Danny는 Any Middle School 7학년에 다니는 12세 남학생이다. 그는 쌍둥이 남매 Linda와 어머니 Lydia와 함께 살고 있다. 그의 부모는 별거 상태이며, 어머니는 자신과 남편이 조용한 논쟁 속에 이혼을 준비 중이라고 말한다. Danny의 아버지인 Greg는 새로운 여자 친구인 Candy를 데리고 일주일에 한 번 방문한다.

Danny와 Linda는 원래 세쌍둥이인데 분만 과정에 문제가 있어 그중 하나는 살아남지 못했다. 27주 만에 조산해서 Danny는 체중 감소와 호흡 곤란 문제로 입원해야 했다. 유아로서의 그는 까칠한 아이였는데 이는 미발달된 신경 시스템 때문이라고 한다. 2세 무렵에는 여전히 과도한 움직임을 보이긴 했지만 까칠한 성격은 나아졌다고 한다. 그의 진료기록을 보면 서혜부 탈장(inguinal hernias)에 대한 기록이 뚜렷이 나타나 있는데, 이것은 태어난 지 2개월경 성공적으로 치료가 되었다.

Danny의 교육은 사립 유치원에서 시작되었고, 당시 시험 성적을 보면 그의 학습 기술은 정상 범위에 있었다. 1학년 때 Danny는 Any School District에 있는 공립학교로 전학을 갔다. Danny의 어머니에 따르면, Danny와 Linda는 이 시기에 분리불안을 겪긴 했지만 시간이 지나면서 자연스럽게 해결되었다고 한다.

Danny는 사교적이지는 않지만 친구관계를 만들어 유지하고 있다. Danny는 학교에서 인기 있는 치어리더인 Linda(그의 쌍둥이 남매)의 친구들과 종종 어울린다. Danny의 어머니는 그가 Linda나 또래들과 비교해 민감하고 때로는 지나치게 감정적이며 눈물이 많다고 한다. 그리고 별거와 이혼 조정 과정이 Linda와 자신보다 Danny에게 더 부정적인 영향을 미치고 있는 것 같다고 한다. Danny의 어머니는 조심스럽게 "우리는 실망감을 느끼지만 적응하고 있다."고 말한다. 하지만 그녀는 또한 Danny가 거의 모든 주제에 대해 집에서나 학교에서 눈물을 보인다고 덧붙인다. Danny의 아버지 역시 어머니와 마찬가지로 그의 지나친 민감성을 염려한다.

Danny가 눈물을 자주 보인 것은 그의 부모가 별거하기 이전인 약 1년 전에 시작되었다고 한다.

논의할 문제

1. 어떤 점에서 이 사례가 MHC에 적합한가?
2. 대인관계 및 환경적 문제가 무엇인지 말해 보라. 이 둘 간의 상호작용이 있는가? 있다면 그것이 의미하는 바는 무엇인가?
3. 어머니, 아버지, 학교와 각각 함께 다루어야 할 문제가 무엇인가?
4. 어떤 의사소통 스타일이 필요하겠는가?

MHC / 학생 사례 2

Jamal은 겸상 적혈구성 빈혈(sickle-cell anemia)을 앓고 있는 10세 소년으로, Next Elementary School의 4학년 학생이다. 군의 대령인 Michael Warner는 Jamal과 그의 누나 Tonika의 홀아버지다. 아이들의 어머니는 3년 전 교통사고로 사망했고, 이후 대령은 이 지역으로 전출되었다. 잦은 승진으로 대령과 그의 가족은 Jamal이 유치원을 다니기 시작한 이후 네 번이나 이사를 했다. 현재 가족은 곧 없어질 것이라는 소문이 돌고 있는 군 기지에서 함께 살고 있는데, 올해 하반기에 다시 이사를 갈 것이다. 안정된 아이 양육이 계속 문제였는데, 아버지는 자신이 Jamal을 돌보는 데서 Tonika에게 너무 의존하고 있다고 생각한다.

겸상 적혈구성 빈혈은 유전자 검사를 통해 확인할 수 있는 선천성 혈액 질환이지만, Warner 가족은 그런 검사를 받지 않았다. 하지만 Jamal이 태어나고 얼마 안되어 그들은 그 질병의 상세한 내용에 대해 전해 들었다. 겸상 적혈구성 빈혈은 체내 산소 운반을 돕는 적혈구의 단백질인 헤모글로빈에 영향을 주어 비정상적인 세포를 만듦으로써 몸에서 산소를 빼앗고 혈관이 막히게 하는 질병이다. 혈류가 막히는 부위에서는 엄청난 통증이 느껴진다. 빈혈은 적혈구가 급격히 감소하여 그 수가 정상 수준 이하로 떨어지는 것이다. 적혈구 수가 지나치게 줄어들면 쉽게 피로해지고 감염에 대한 면역에 문제가 생긴다. 겸상 적혈구성 빈혈이 있는 10대들의 경우, 성장이 더디고 사춘기가 다른 아이들에 비해 늦게 찾아온다. 또한 이 질환은 정서적 고통과 관련성이 있으며 격렬한 운동에 의해서도 유발될 수 있다.

올해 Jamal은 몇 차례 증상을 경험했고 그 결과 잦은 결석을 해야 했다. 이 시기에 교사들은 병원과 집에서 조정되고 모니터링 되는 수업(instruction)을 포함한 가정교육을 Jamal에게 제공하였다. Jamal은 통증 조절을 위해 보건교사의 도움을 받는다. 하지만 보건교사와 다른 교사들은 모두 Jamal의 또래관계에 대해 염려하고 있다. Jamal에게는 이 학교가 낯설기도 하고 신체활동의 제약과 잦은 입원 및 결석으로 또래들과 어울릴 기회가 제한되어 있다. 그의 아버지는 Jamal에게 친한 친구가 없다는 것을 알고 있으며, 이러한 문제에 대해 학교와 상의할 준비가 되어 있다.

> **논의할 문제**
>
> 1. 어떤 점에서 이 사례가 MHC에 적합한가?
> 2. 교사와 보건교사는 누구와 일을 할 것인가?
> 3. 어떤 의사소통 스타일이 필요하겠는가?
> 4. 당신은 컨설테이션의 성공 여부를 어떻게 측정할 것인가?

MHC / 학생 사례 3

Jaqill은 Alternative Education School에 다니는 15세 여학생이다. 올해에는 교사가 그녀의 부모와 연락하거나 만나지는 않았지만, Jaqill은 학교에 잘 다니면서 추가적인 교육장치(accommodations)를 통해 B와 C 학점을 유지하고 있다. 부모 둘은 모두 약물 사용력이 있으며 감옥을 드나들곤 했다. 그녀의 아버지는 크랙 코카인을 거래하는 것으로 의심받고 있다. Jaqill의 학교기록은 불완전하지만, 그녀는 주의력결핍 과잉행동 장애(ADHD), 적대적 반항 장애(ODD)와 양극성 장애라는 진단을 받았으며, 이에 상응하는 정서장애라는 교육적 분류에 속해 있었다. 현재 그녀는 Trazodone(진정제/항우울제), Zyprexa(양극성 장애를 치료하는 것으로 보고되는 비전형적 항정신병 약물), Depakote(정서 안정제)를 처방받고 있다. 그녀가 이러한 약물처방에 순응적인지는 모르는 상태다.

최근 Jaqill을 지켜본 교사들은 그녀의 정서 상태가 나빠졌다고 보고한다. 그녀는 심각하고 광범위한 수준의 부정적 정서와 부적절감을 호소하고 있다. 사회사업가는 그녀의 부모가 약물 사용으로 경찰에 연행되어 현재 재판을 기다리고 있는데 상당한 기간의 징역형을 받을 것이라는 소문이 있다고 말해 주었다. 그녀의 할머니는 Jaqill이 자신의 집에 머무는 것을 반대하고 있어 Jaqill은 집 없는 청소년들을 위한 위기 안정 시설에 수용될 가능성이 있다.

> **논의할 문제**
>
> 1. Caplan의 기준으로 볼 때, 어떤 형태의 컨설테이션이 사용될 것인가?
> 2. 대인관계 및 환경적 문제가 무엇인지 말해 보라. 이 둘 간의 상호작용이 있는가? 있다면 그것이 의미하는 바는 무엇인가?
> 3. 고려해야 할 컨설티 이슈가 있는가? 교사, 사회사업가, 학교행정가가 Jaqill의 부모를 만나 어떤 경험을 할지 예상해 보라. 이것이 문제가 되겠는가? 당신은 그것을 어떻게 알겠는가?
> 4. 컨설티가 특정한 개입을 실행하는 데 대한 책임을 지는 것이 왜 중요한가?

MHC / 가족 사례 1

Regina는 최근 들어 이전에 보이지 않던 행동을 보이기 시작한 12세 여학생이다. 구체적으로는 학교에 반복해서 늦고, 지각한 이유를 설명할 때 공상적인 이야기를 꾸며 내기 시작했다. 예를 들면, 그녀는 최근에 욕실 문이 완전히 용접된 상태로 잠겨서 학교로 도망쳐 올 수밖에 없었다고 말했다. 최근 몇 주 동안은 사람들이 그녀를 집까지 따라온다며 힘들다고 얘기했다. Regina의 담당 교사들은 그녀의 어머니와 연락이 닿지 않았으나, 자동응답기에 예수님께서 전화를 한 사람이 가족과 연락이 닿기를 원하신다는 이상한 종교적 메시지가 녹음되어 있다는 점을 알게 되었다.

Regina를 면담하고 난 후, 당신은 그녀의 어머니가 오랜 기간 조현병을 앓아 왔으며 최근에 투약을 중단하면서 다시 증상이 악화되고 있음을 알게 되었다. 어머니의 병세가 어떠냐고 묻자 Regina는 피부가 핼쑥하고 창백해졌으며, 탈모가 심하고, 자신을 따라다니는 남자들이 있다는 의심이 강해졌다고 설명했다. Regina는 자신이 어머니를 너무 사랑하며, 가끔은 따라다니는 남자에 대한 어머니의 얘기가 맞을지도 모른다고 생각한다고 말했다. 사실 밤늦게 돌아다니는 정체불명의 차가 동네에 있긴 했다. 어머니의 심리적 고통에 연민을 보이며, Regina는 자신이 어머니가 신뢰하는 유일한 사람이라는 점에 자부심을 느낀다고 말한다. Regina에게 다른 가족구성원들에 대해 물으면 그녀의 할머니가 가까이 산다는 점을 알게 될 것이다. 당신은 Regina의 이야기를 확인해 줄 수 있는 할머니와의 만남을 계획한다. 할머니는 Regina가 어머니와 단 둘이서만 집에 머무는 점에 대해 걱정을 하는데, 위험하기 때문이 아니라 Regina가 어머니의 행동을 모방하는 것 같기 때문이다.

논의할 문제

1. 이 사례는 협력 사례(collaboration case)로 적합한가? 그렇다면 왜 그런가?
2. 컨설턴트는 누구와 일하게 될 것인가?
3. 교사는 누구와 일하게 될 것인가?
4. 고려해야 할 컨설티 이슈가 있는가? 어머니가 학교 시스템에 대해 어떤 경험을 하게 될지 예상해 보라. 이것이 문제가 되겠는가? 당신은 그것을 어떻게 알겠는가?

MHC / 가족 사례 2

Danielle은 Caring High School에 다니는 17세 고등학생이다. 그녀는 어머니가 직장 때문에 다른 주로 이주한 이후 줄곧 혼자 아파트에서 생활하고 있다. 그녀의 어머니는 Danielle이 믿을 만한 이웃집에 머물도록 할 계획이었으나, 상품절도 혐의와 통금시간 위반으로 그 집에서 쫓겨나게 되었다. 그 이웃이 수시로 Danielle이 잘 지내는지를 점검하지만 법정 출두를 위해 법적 양육자가 필요한 상황이기 때문에 자신이 어떤 역할을 해 줄 수 있는지에 대해 확신이 없는 상태다.

Danielle은 그녀가 신뢰하는 음악 과목 담당 여교사와 아주 가깝게 지내는데 그 교사는 Danielle의 반 친구의 어머니다. 그 교사는 Danielle이 보호관찰 때문에 수행해야 하는 지역사회 봉사 자리를 찾는 데 도움을 주었으며 가끔은 Danielle이 식사를 하지 못했을 때 자신이 일하는 음식점에서 저녁식사를 제공해 주기도 했다. Danielle이 늘 마른 편이긴 했지만, 그 교사는 최근 들어 Danielle이 상당한 체중감소를 보이고 있다는 점을 알아차렸다. 또한 Danielle이 살고 있는 아파트가 음식점 종사자들의 24시간 파티 장소로 변질되고 있는 것 같았다. Danielle을 돌봐 주던 이웃 사람은 수차례 Danielle이 아파트에서 성 행위를 하는 것을 발견했다. Danielle이 완전히 엇나가는 것을 두려워하여 그 이웃 사람과 음악 교사는 그녀의 어머니에게 연락을 취하게 되었고, 당신은 Danielle을 돕기 위해 할 수 있는 모든 방안을 강구해야 한다.

논의할 문제

1. 어떤 점에서 이 사례가 MHC에 적합한가?

2. Caplan의 기준으로 볼 때, 어떤 형태의 컨설테이션이 사용될 것인가?

3. 대인관계 및 환경적 문제가 무엇인지 말해 보라. 이 둘 간의 상호작용이 있는가? 있다면 그것이 의미하는 바는 무엇인가?

4. 고려해야 할 컨설티 이슈가 있는가? Danielle의 어머니가 음악 교사와 이웃을 만나 어떤 경험을 하게 될지 예상해 보라. 이것이 문제가 되겠는가? 당신은 그것을 어떻게 알 수 있는가?

MHC / 가족 사례 3

Patterson 부인은 자신의 아들인 Dave가 다니는 학교 교장에게 연락하여 자신의 아들이 천식을 앓고 있다고 하였다. 그녀는 Dave가 다른 사람들의 부정적인 말투 때문에 증상이 악화되는 희귀한 종류의 천식을 앓고 있다고 말한다. Patterson 부인은 학교 버스 운영 직원에게 버스 운전기사가 등하교 때 Dave에게 늘 친절한 말투를 사용해 줄 것을 요청하는 내용의 신경과 의사가 쓴 편지를 보여 주었다. Patterson 부인은 버스 운전기사가 성질이 고약하고 투덜거리며 부정적인 감정을 보이는 말을 사용한다고 느끼고 나서는 점점 걱정이 늘어났다.

학교장은 Dave의 학교기록에서 어떤 의료 문서도 찾을 수가 없었다. 그가 특수교육 교사들과 얘기해 보았는데, 그들은 Dave가 특수교육을 받고 있지 않다고 말했다. 컨설테이션을 받은 이후 사회사업가는 Patterson 부인이 수많은 의사에게서 받은 서류들을 가지고 와서 Dave의 의료 문제에 대해 이야기한 적이 많은데, 사실 어떤 서류도 신빙성이 없었다고 말한다.

논의할 문제

1. 컨설턴트는 누구와 일할 것인가?
2. 학교장은 누구와 일할 것인가?
3. 고려해야 할 컨설티 이슈가 있는가? 어머니가 학교장을 만나 어떤 경험을 할지, 이것이 문제가 될 것인지를 예상해 보라. 당신은 그것을 어떻게 알겠는가?
4. 어떤 의사소통 스타일이 필요하겠는가?

MHC / 교육자 사례 1

Randy는 Concerned Elementary School 1학년에 다니는 7세 학생이다. 교사에 따르면 그는 행동 통제에 어려움을 보이며 집중력에도 문제가 있다. 구체적으로는 관심 끌기 행동, 요란한 감정 폭발, 교사의 지시에 대한 논쟁적이고 적대적인 행동 등을 보인다고 한다.

Randy의 어머니는 그가 이전에는 학교 다니는 것을 좋아했고 행동 문제도 거의 보이지 않았다고 한다. 하지만 그녀는 학교가 '처벌의 장소'이고 '아무것도 잘못된 것이 없는데도 모든 사람이 집에 있는 날 괴롭힌다'고 생각하고 있다.

기록을 보면, Randy의 어머니는 임신기간 중 출혈성 전치태반으로 임신 37주 차에 응급 제왕절개 수술을 받았다. 산모의 출혈 속에 4파운드 2온스의 저체중으로 태어난 Randy는 치료를 위해 특수 의료시설로 이송되었다. 그는 안정을 되찾자 과잉 활동과 가만히 있지 못하는 문제를 보이기 시작했다. 2~3세경에 그는 과잉활동 증상에 대해 리탈린(Ritalin)을 처방받았다. 하지만 이 약물치료는 그의 어머니에 의해 중단되었다. 투약 기간에 오히려 과잉활동 경향이 심해졌기 때문이라고 한다.

학교에서 Randy는 유치원과 1학년을 다니던 지난 2년 동안 행동 수정 계획에 따라 교육을 받았지만 별 효과는 없었다. 과거에 Randy는 교사와의 1대1 교육을 포함한 보충 수업을 받았는데, 이러한 도움 덕분에 교육과정을 적절히 소화할 수 있었다. 그는 긍정적인 피드백을 좋아하고 '너무 지나치게 관심' 받기를 원하며, 교사가 느끼기에 다른 아이들과 충분히 교류하지 않는다.

Randy의 어머니는 그가 사회적으로 전형적인 보통 아이라고 한다. 그녀는 학교에서 '과잉활동'을 보인다는 점은 인정하지만 집에서는 그렇지 않다고 확신한다. 그녀는 이러한 차이를 "그가 다른 아이들 때문에 부추겨진 것"이라고 설명한다. 교사들은 Randy가 다소 미성숙하고 성인 및 또래 관계에서 1대1의 관심을 요구한다고 말한다. 그는 다른 사람들과 나누고 협력하는 데 어려움을 겪고 있으며 긍정적이든 부정적이든 자신이 원하는 행동을 멈추는 데 어려움을 보이면서 집요하게 자신의 요구를 주장하는 편이다.

논의할 문제

1. Caplan의 기준으로 볼 때, 어떤 형태의 컨설테이션이 사용될 것인가?
2. 대인관계 및 환경적 문제가 무엇인지 말해 보라. 이 둘 간의 상호작용이 있는가? 있다면 그것이 의미하는 바는 무엇인가?
3. 고려해야 할 컨설티 이슈가 있는가? 교사가 어머니를 만나 어떤 경험을 할지 예상해 보라. 이것이 문제가 되겠는가? 당신은 그것을 어떻게 알겠는가?
4. 어머니, 교사, 학교와 각각 어떤 이슈들을 다룰 필요가 있는가?

MHC / 교육자 사례 2

Nick은 고기능 자폐(HFA)로 진단받은 16세 남학생이다. 그의 인지 능력은 평균 범위에 있으며, 언어 기술은 비교적 손상이 없는 상태다. 그는 화용론 측면에서 언어적 어려움을 겪는데, 그의 추론은 지나치게 구체적이다.

학교에서는 Nick에게 그의 사회적 발달을 도와주는 보조 교사가 있어 사회적 상호작용을 할 때는 그의 도움에 의존한다. 그는 또래들의 의도를 파악하기 위한 노력의 일환으로 그들의 말투와 신체적 언어를 이해하기 위해 애쓰며, 실제로 또래들의 표정을 읽는 데 어느 정도의 진전을 보였다. 하지만 이 영역의 거의 모든 기술은 교사와 보조교사의 지원을 통해 촉진되었으며, 스스로 할 수 있는 능력 면에서는 그다지 진전을 보이지 않았다.

Nick은 최근 어머니가 돌아가시고 난 후 현재 외조부모인 Tom과 Clair와 함께 살고 있다. 그는 Local Affluent High School에 다니는데, 새로 생긴 버스 정류장에 대해 불만이 있다. Nick은 영화에 나오는 대사를 반복하는 경향이 있으며, 과거에는 정형화된 손 흔들기 행동을 보였는데 이러한 행동은 억압(suppression)을 위해 학습된 것이었다. 최근 손 흔드는 행동이 다시 시작되었다. 그는 이러한 정형화된 행동에 대한 자각을 보이기 시작하고 그 행동의 빈도가 늘고 있다는 점을 인정하고 있으나, 그것을 다시 보이는 것에 대해 불만감은 표시하지 않았다.

Nick의 외조부모는 그의 신체적, 언어적 반복행동이 점점 심해져 Nick이 잠을 제대로 자지 못할 정도라고 말한다. 그들은 자신들도 딸(Nick의 어머니)의 죽음에 대한 애도 감정을 해결하지 못하고 있다고 하면서, Nick의 문제에 대해 자신들이 할 수 있는 것이 없다고 말한다. Nick의 교사와 보조교사는 앞으로 Nick과 어떻게 작업해 나아갈지에 대해 확신이 없다. Nick의 모든 의사소통은 오로지 영화 대사의 반복에 관한 것이며 그 이상에 대해서는 교사들과 이야기를 하지 않는다. 구체적으로 교사들은 학교에서 Nick의 사회적 발달을 위한 지도를 다시 시작하기 위해 자폐 증상이나 상실 및 애도의 이슈를 다루어야 하는지 알고 싶어 한다.

논의할 문제

1. Caplan의 기준으로 볼 때, 어떤 형태의 컨설테이션이 사용될 것인가?
2. 컨설턴트는 누구와 일하게 될 것인가?
3. 고려해야 할 컨설티 혹은 시스템 이슈가 있는가? 누가 Nick에 대한 조력의 책임을 맡아야 하는지에 대해 교사와 보조교사가 각각 어떻게 서로 다른 관점을 보일지 예상해 보라. 이것이 컨설테이션 관계의 특성에 어떤 영향을 미치는가?
4. 교사와 Nick의 외조부모와는 각각 어떤 이슈들을 다룰 필요가 있는가?

MHC / 교육자 사례 3

Max는 개인적, 사회적, 적응적 발달에서 지연을 보인다는 평가결과를 받은 이후, 3세 때부터 Young Kid Institute에 다니고 있는 5세 아동이다. 그의 치료 계획에는 Max가 행동 관리와 독립적인 자기조력 기술을 필요로 한다는 점이 나타나 있다. 치료 과정에서 Max는 일상생활에서의 말하기와 언어 사용 및 행동에 대한 개입을 통해 변화를 보였다. 구체적으로 말하자면, Max는 현재 스스로 옷 입기, 혼자 용변 보기, 자신의 욕구를 표현하기 위한 언어 사용하기 등을 할 수 있다. 하지만 그는 의사소통, 또래관계, 협상 기술, 다단계의 지시 따르기, 자신을 표현하기 위해 신체적 혹은 언어적 공격행동을 하는 대신 적절한 언어 사용하기 등에서는 계속해서 문제를 보이고 있다.

Max는 현재 학령기에 가까워지고 있어 그가 교육적 환경에서 무언가를 얻을 수 있도록 이미 획득한 것들은 유지하고 추가적으로 필요한 것들이 무엇인지를 명료화하기 위한 전환 서비스(transition services)를 필요로 한다. 교사는 Max가 과거에는 소리를 지르고 자신을 표현하기 위해 자주 신체적 공격행동을 사용하는 아이였는데, 지금은 가끔 신체적인 공격행동을 보이긴 하지만 자신을 표현하기 위해 언어적인 공격행동을 더 많이 사용하는 아이로 변했다고 말한다. 교사는 Max가 현재 강화물에 의해 즉각 만족감을 얻는 편이긴 하지만 언어적 칭찬에 더 많이 반응하고 있다고 덧붙인다. 그녀는 Max가 기대되는 수준에서 학습하며 적절한 학업적 진전을 보이고 있고, 행동이나 주의력에 문제가 있음에도 개념을 이해하는 데는 어려움을 보이지 않는다고 말한다. 학교기록을 보면, Max의 청취 및 시력은 정상 범위에 있는 것으로 나타났다.

Max의 어머니는 임신 기간에는 특별한 문제가 없었다고 말한다. 그녀는 수면장애 때문에 주치의의 권유로 클로노핀 0.5밀리그램을 계속해서 사용하고 있었다. 그녀는 분만 과정에서 탯줄이 Max의 어깨를 감싸고 있어 그의 심장박동이 느리게 나타났다고 말한다. 출산은 특별한 의료적 조치 없이 끝났음에도 Max의 어머니는 Max가 분만과정에서 산소 부족 문제를 겪었다며 걱정을 한다. 그렇지만 발달 지표들은 1세 때까지는 정상 범위에 있었다. 1세경에 Max는 쉽게 진정시키기 어려운 아이였고, 2세 때에는 자신의 욕구를 표현하기 위해 몸짓을 사용하는 등 언어적 기술 발달에서 지연을 보였다. 타인을 향한 Max의 공격행동(예: 때리기, 물기, 침 뱉기, 발로 차기)은 늘어났고, 그는 점점 자학적이고 시끄러운 소리와 신체적 접촉에 지나치게 민감해졌다. Max의 어머니는 당시 Max가 감각통합장애라는 진단을 받았다고 말한다. 이러한 증상들은 그가 3세가 될 때까지 계속되었으며 점점 심해졌다.

그는 또한 부모님이 자신의 행동에 대해 부적절하게 제지한다고 생각이 들면 복수와 응징의 행동을 보이기 시작했고, 점차 모든 성인에 대해 반항적인 행동을 보였으며, 자신의 행동에 대해 무생물체(예: 담요)를 탓하기 시작했다. Max가 3세가 되었을 때 남동생 Ryan이 태어났는데, 이 일로 그의 증상들이 더 악화되었다고 한다. 예를 들어, Max의 행동은 포악한 수준으로 나빠졌다. (1) 베개로 어린 동생을 질식시키거나, Ryan이 침대에 있을 때 그의 눈과 코에 샴푸를 붓거나, 그를 때리고 꼬집거나, 2세인 어린 조카를 매달거나 목을 조르는 등 다른 사람을 공격하고, (2) 이웃의 기니피그를 마루나 계단에 던지거나, 가끔은 고양이의 털을 뽑거나 눈을 찌르거나 욕조의 물속에 집어넣는 등 동물을 학대하는 행동을 빈번히 보였다.

당시 Max는 주의력 관련 문제로 애더럴(Adderall)을 처방받았는데, 그의 부모에 따르면 이 약 때문에 그가 더 안 좋아져서 떼를 쓰는 행동(tantrums)이 엄청난 격노 수준으로 바뀌어 팔과 다리를 마구 흔들고, 꼬집고 무는 등의 행동을 보였다고 한다. Max는 도망가 버리겠다거나 집을 태우거나 무너뜨려 버리겠다고 위협하고, 학교에 가지 않고 어머니를 바보라고 부르며 자신은 어머니를 증오한다고 말하기도 한다. 때때로 Max는 미안하다며 자신이 스스로 통제가 되지 않는다고 말한다. 부모는 그의 사과가 자신의 파괴적인 행동에 대해 괴물이나 담요를 탓하던 이전의 행동과는 질적으로 다르다고 말한다.

그의 극단적이고 폭발적인 행동, 신체 접촉과 시끄러운 소리에 대한 민감성, 말하기나 언어 기술에서 적절한 진전을 보이지 않는 것, 스스로 용변 보는 행동이 발달적으로 지연되는 문제 등으로 Max는 여러 종류의 심리적, 신경학적 평가를 받아왔다. 현재 그는 주의력결핍 과잉행동 장애(ADHD)-과잉행동형, 적대적 반항 장애(ODD), 표현적 언어장애 등의 진단을 받고 있다.

유치원으로의 전환을 돕는 팀은 Max에게 교육적으로 필요한 것들을 상의하기 위해 만났다. 그들은 Max와 다른 학생들, 교사 모두에게 성공적인 교실 경험을 만들기 위해 어떻게 하는 것이 좋겠느냐며 당신의 의견을 구해 왔다. Max의 부모는 지지적이며 그에게 필요한 것을 충족시키기 위해 열심히 노력한다.

논의할 문제

1. 어떤 점에서 이 사례가 MHC에 적합한가?
2. 대인관계 및 환경적 문제가 무엇인지 말해 보라. 이 둘 간의 상호작용이 있는가?
   있다면 그것이 의미하는 바는 무엇인가?
3. Caplan의 기준으로 볼 때, 어떤 형태의 컨설테이션이 사용될 것인가?
4. 당신은 컨설테이션의 성공 여부를 어떻게 측정할 것인가?

MHC / 시스템 사례 1

　Maria는 City High School의 베테랑 과학 교사다. 올해 들어 교직원들은 학교 근처에서 범죄조직의 활동이 늘어나는 것을 보아 왔다. 10월에는 학교에 다니지 않던 이웃의 한 소년이 범죄 조직과 관련된 사고로 총격을 받았다는 보도가 있기도 했다. 학교에 다니는 경쟁관계에 있는 범죄조직원들 간의 긴장이 좀처럼 수그러들 기미를 보이지 않고 있다. 가장 큰 걱정거리는 학교에 무기를 가져오는 학생의 수가 많다는 점이다. 지난달에는 학교 경비원들이 학교 주변에서 숨겨 둔 무기 2개를 찾아냈다. 오랫동안 학교에서 근무해 온 Maria는 학교에서 일하는 사람들로부터 교사들에게 공식적으로 보고된 내용과는 다른, 사건의 자세한 내막을 듣게 되었다.

　다른 교사들과 함께 Maria는 교장에게 학교의 안전 절차에 대한 평가를 요청했다. 행정가들은 자신들이 관할 교육구에서 요구하는 모든 의무사항을 따랐으며 학교는 안전한 것으로 판단하고 있다고 말했다. 자신들의 안전에 대해 두려워하는 교사들은 관할 교육구가 스트레스 관리 훈련 비용을 댈 것을 요청했다. 또한 몇몇 교사는 당신에게 자신들이 스트레스에 대처할 수 있도록 도움을 달라고 부탁했다.

1. 어떤 점에서 이 사례가 MHC에 적합한가?

2. Maria는 누구와 일하게 될 것인가? 컨설턴트는 그녀의 역할이 무엇이라고 생각할
   것인가?

3. 고려해야 할 컨설티 혹은 시스템 이슈가 있는가? 학교 행정가가 안전에 관한 의
   무사항들이 성공적으로 이행되고 있다는 점을 교사들에게 알리는 것이 어떻게 교
   사들의 두려움을 증가시킬 수 있는지 예상해 보라. 이것이 컨설테이션 관계의 특
   성에 어떤 영향을 미칠 것인가?

4. 컨설티가 특정한 개입을 이행하는 데 대해 책임을 지는 것이 왜 중요한가?

MHC / 시스템 사례 2

Cecelia는 Conservative High School 10학년에 재학 중인 16세 여자 운동선수다. 조용한 성격인 그녀에게는 육상팀에서 함께 훈련을 받는 소수의 친구들이 있다. 그녀가 학교 외부에서 열리는 육상대회에 참여하기 위해서는 학점이 중요하기 때문에, 그녀는 자주 공부를 하며 많은 사회적 활동에는 참여하지 않는다. 여학생 무리에서는 Cecelia가 동성애자일지도 모른다며 데이트를 하는 데 무관심한 것이 성적 정체성 때문이라고 수군댄다. 처음에는 Cecelia에 대한 자신들의 인상에 대해 이야기가 시작되었는데, 이것이 점점 부풀려져 그들 사이에서 반복적인 이야기 화제가 되었고, 자신들의 의심을 증명할 증거를 수집하기 위해 그들은 Cecelia를 따라다녔다.

소문은 급속도로 퍼져 남자인 육상 코치가 Cecelia의 행동을 관찰할 수 없는 라커룸에서 Cecelia가 옷을 갈아입도록 허락한 것에 대해 염려하는 부모들이 코치에게 전화하기 시작했다. 팀 동료들은 Cecelia를 돕기 위해 힘을 합치고 싶지만 자신들의 성적 정체성도 의심받지 않을까 두려워 침묵하고 있다. Cecelia의 부모는 그녀에게 이 문제가 고등학생들의 불장난과 같은 것이며 결국은 지나갈 것이라 생각하

고 "잘 참고 넘어가라"며 Cecelia를 다독인다. 아무런 지지를 받지 못한다고 느끼는 Cecelia는 사람들이 자신에 대해 얘기할까 봐 지나치게 걱정하기 시작한다. 그녀는 체중 감소를 보이기 시작하고 코치와 부모에게 심리적 고통을 호소한다. 말을 하기 시작하면 울어버리지 않을까 두려워 그녀는 학교 친구들과 어울리지 않는다. 그녀의 가까운 친구들은 코치에게 도와달라고 한다. 육상 코치는 당신에게 도움을 요청한다.

> **논의할 문제**
>
> 1. 어떤 점에서 이 사례가 MHC에 적합한가?
> 2. Caplan의 기준으로 볼 때, 어떤 형태의 컨설테이션이 사용될 것인가?
> 3. 어떤 의사소통 스타일이 필요하겠는가?
> 4. 컨설티가 특정한 개입을 이행하는 데 대해 책임을 지는 것이 왜 중요한가?

MHC / 시스템 사례 3

Fredrick은 다른 주의 작은 사립 학교에서 Highly Competitive School의 6학년으로 막 전학을 온 12세 남학생이다. Fredrick은 언어기반 학습 장애라는 진단을 받았다. 그는 언어발달 지연 때문에 4세 때부터 초기 개입 서비스를 받고 있으며, 읽기 능력에 문제를 보여 2학년 말부터는 언어 서비스 중 하나로 읽기 교육(reading support)을 추가로 받고 있다. 읽기 기술 측면에서 지속적으로 적절한 진전을 보이고 있음에도 Fredrick은 자신에 대해 매우 부정적으로 평가하고 있다. 그는 자신의 부적절한 모습들을 열거하며, 자신이 'ㄹ' 'ㅌ' 'ㅣ' 발음을 명확하게 하지 못해서 다른 사람들이 자신의 말을 이해하기 어려워한다고 말한다. 그는 자신을 자주 '멍청하다'고 말하며, 그의 좌절은 점점 분노 폭발로 나타나기 시작한다. 낮은 자존감과 함께 가족력이 있는 우울 증상이 나타나는 것을 걱정하여 그의 부모는 Fredrick의 사회적, 정서적 발달에 대해 상의하기 위해 교장을 만났다.

Fredrick의 언어 및 독서 교사와 얘기를 나눈 후, 교장은 Fredrick이 상담자나 정서적 지지 교사(emotional-support teacher)를 만나서 얻을 것이 없을 것 같다며 걱정스럽게 말한다. 그는 상담자는 1주일에 하루만 건물 내에 있고, 정서적 지지 교사는 Fredrick과 무엇을 해야 할지 알지 못할 것이라고 한다. 또한 교장은 Fredrick이 힘들어하고 있긴 하지만 결국에는 그 힘든 과정이 그에게 득이 될 것이고 그는 그 과정을 통해 무언가를 배우게 될 것이라 생각한다. 교장은 Fredrick이 오히려 과잉보호를 받을까 봐 염려하고 있으며, 학교에서는 부모가 말하는 문제와 관련해 Fredrick에게 특별히 문제가 없다고 보고 있다.

논의할 문제

1. 어떤 점에서 이 사례가 MHC에 적합한가? 그렇지 않다면, 이것은 협력 사례인가?
2. 고려해야 할 컨설티 이슈가 있는가? 부모가 교장을 만나 어떤 경험을 할지 예상해 보라. 이것이 문제가 되겠는가? 당신은 그것을 어떻게 알겠는가? 교사들이 교장을 만나 어떤 경험을 할지 예상해 보라. 이것이 문제가 되겠는가? 당신은 그것을 어떻게 알겠는가?
3. 특정한 개입을 실행하는 데서 책임은 어떻게 나뉠 것인가?
4. 당신은 컨설테이션의 성공 여부를 어떻게 측정할 것인가?

요 약

이 장에서는 학교 시스템에서의 MHC 활용에 대한 정보를 제시하였다. 첫째, MHC의 정의를 제시하였고 그다음으로 대인관계 역동과 환경적 요인들이 어떻게 아이들과 교사들, 학교 시스템에 영향을 미칠 것인지에 대한 지식을 쌓는 것이 왜 중요한지를 설명하였다. MHC의 기저 가정들과 함께 MHC의 의사소통 패턴과 과정에 영향을 주는 요인들을 검토하였다. 관계 수립, 사정 절차, 개입

방법의 선택, 그러한 개입에 대한 추후 평가와 같은 MHC의 단계들을 역동적 관점과 환경적 관점에서 제시하였다. MHC에서 컨설턴트와 컨설티의 역할과 책임에 관한 정보와 학교기반 실무(school-based practice)를 위한 세부사항들을 검토하였다. 마지막으로, MHC의 실행을 방해하는 요인들을 살펴보았다. 다음 장에서는 행동 컨설테이션과 이 접근이 활용될 수 있는 사례에 대해서 살펴볼 것이다.

제 **3** 장
행동 컨설테이션

1. 도 입

　내담자인 학생 개개인의 기능을 향상시키기 위해 교육 담당자 및 정신건강 지원전문가들은 컨설티(교사)와 협력적으로 작업해야 하는 '행동 컨설테이션 (Behavioral Consultation, 이하 BC)'을 일반적으로 사용한다. 행동 컨설테이션은 행동주의이론에서 유래된 것으로, Watson(1930)과 같은 심리학자들은 추론 가능한 것만을 대상으로 하기 때문에 오로지 직접적으로 관찰 가능하고 측정 가능한 것만을 연구하였다. 그렇게 함으로써 그들은 정신 상태라든지 인지 등과 같은 요인들은 연구대상에서 배제했다. 더 최근 들어, 신행동주의자인 Bandura(1977b, 1978)는 BC 기법들을 확장하여 사회인지이론을 발전시켰다. 사회인지이론의 범위가 너무나도 광범위하기 때문에, 별도의 장(제4장)에서 사회인지이론 컨설테이션에 대한 이론을 다룰 예정이다.

행동주의 원리에 입각할 때, BC에서 가장 주목할 만한 예가 Bergan(1977)의 조작적 행동 모델이며, Bergan과 Kratochwill(1990)은 이 모델을 확장시켰다. BC 모델에 따르면, 컨설턴트들은 체계적이고 조직적인 문제해결 방식을 사용하도록 되어 있다. 즉, 컨설턴트(교육 담당자나 정신건강 전문가)와 교사(컨설티)는 협력하여 문제를 인식하고 정의하며, 분석하게 된다. Akin-Little, 그리고 Delligagtti(2004)는 정신건강 전문가나 교육 전문가가 교사에게 미래의 행동 문제를 관리할 수 있는 전략들을 학습할 수 있도록 도와주는 경우 BC의 방식이 본래 예방적일 수 있다고 하였다. 그러나 BC는 교사가 아동이나 청소년의 즉각적인 행동 문제에 대처하도록 돕는 데 주로 사용된다.

BC에 몇 가지 모델이 있지만(Brown, Pryzwansky, & Schulte, 2001), Sheridan과 Kratochwill(1992)의 공동참여 행동 컨설테이션(CBC)과 Bergan과 Kratochwill (1990)의 조작적 행동 모델이 이 가운데 가장 널리 알려진 동시에 경험적으로도 지지된 BC 모델이라 할 수 있다. 그 밖의 BC의 다른 모델들로 행동수정을 이용한 Tharp와 Wetzel(1969)의 컨설테이션 모델, 조작적 심리학 이론에 근거한 Piersel (1985), Russell(1978), 그리고 Keller(1981)의 컨설테이션 모델, Bandura(1977b)의 사회학습이론 모델 등이 있다. CBC와 BC 간에 유사성이 있으므로, CBC에 대해 간략하게 설명하고 나서 이후 BC의 과정에 대해 자세히 살펴볼 것이다.

2. 공동참여 행동 컨설테이션

공동참여 행동 컨설테이션(Conjoint Behavioral Consultation: CBC, Sheridan & Kratochwill, 1992)은 컨설티로서 부모와 교사가 공동으로 참여하는 컨설테이션의 한 형태로, 학생의 학업적, 사회적, 행동적 기능에 관한 우려점들을 다룬다. 연구에 따르면, CBC는 불안장애(Auster, Feeney-Kettler, & Kratochwill, 2006), 학업 문제 (Galloway & Sheridan, 1994), 사회기술 부족(Colton & Sheridan, 1998), 사회적 위축

(Sheridan, Kratochwill, & Elliot, 1990), 비합리적인 두려움(Sheridan & Colton, 1994) 등과 같은 아동 및 청소년들의 다양한 장애의 간접적 치료에 효과적인 것으로 나타났다. CBC의 네 가지 중요한 목표는 다음과 같다. (1) 현 문제를 해결하는 데 대해 책임감을 공유하기, (2) 아동, 가족, 학교 간에 대화를 증진하기 (3) 현 문제와 관련된 광범위한, 실제적 정보를 얻기, (4) 아동, 가족, 학교 교직원의 기술 향상시키기(Sheridan & Colton, 1994)다. 따라서 학교 장면에서의 CBC 사용은 교실은 물론 가정환경 모두에서 그들이 기능할 수 있도록 돕기 때문에 학생들에게 긍정적으로 영향을 미칠 수 있다.

CBC의 문제-해결 단계는 BC에서 사용된 것들과 유사하다. 컨설테이션 과정의 첫 번째 단계는 공통된 문제를 인식하는 것이다. 이 단계에서 컨설턴트와 컨설티(예: 부모, 교사)는 아동에 대한 자신들의 우려점을 확인하고, 현 문제에 영향 미치는 환경 요인들을 알아내며, 목표를 정한다. 또한 진척을 점검하는 과정이 필요하다.

컨설테이션 과정의 두 번째 단계는 공동으로 문제를 분석하는 단계로, 일반적으로는 첫 만남 이후 몇 주 뒤에 이루어진다. 이 단계 동안에 현 문제에 대한 기초자료가 수집되고 분석된다. 이 단계에서 아동 행동에 대한 기능적인 분석이 행해지는데, 이를 통해 아동 행동에 대한 원인을 파악하거나 행동을 유지시키는 요인들에 대해 더욱 잘 이해할 수 있다. 컨설턴트와 컨설티는 이전에 수립한 목표를 재검토하며, 행동 분석, 관찰 등의 기능적 분석 과정에서 수집된 정보들을 토대로 하여 필요하다면 목표를 조정한다.

세 번째 단계는 공동 치료 수행 단계로, 이때 치료적 개입과 모니터링이 이루어진다. 컨설턴트는 필요한 경우 컨설티에게 교육을 제공할 수 있다.

CBC의 마지막 단계는 공동 치료의 평가다. 컨설턴트와 컨설티는 치료 목표가 달성되었는지를 점검하여 개입의 효과성을 평가한다(Gortmaker, Warnes, & Sheridan, 2004; Sheridan & Colton, 1994).

3. 행동 컨설테이션

1977년에 Bergan은 조작적 학습 이론을 포함한 BC 모델을 제안하였다. 이후 1990년에 Bergan과 Kratochwill이 컨설테이션에 대한 Bergan의 초기 모델을 확장시켜, 현재 가장 잘 알려진 동시에 경험적으로도 지지된 이론 가운데 하나가 되었다. 이 모델은 컨설테이션 과정에서의 체계적인 문제해결과 행동 기법 사용 등과 같은 행동심리학 이론에 기반을 두며, 행동 컨설턴트는 컨설테이션 과정 동안 이러한 기법들을 사용하게 된다.

Bergan과 Kratochwill(1990)은 컨설테이션을 컨설턴트와 컨설티 간의 간접적인 문제해결 과정으로 정의하고 있다. 이 모델에서 컨설턴트는 컨설티와 소통하는 가운데 현재 제시된 문제와 관련하여 심리학적 원리들을 활용한다. 대화를 나누는 동안 언어적 구조화 기법을 사용함으로써 컨설티가 컨설턴트가 제안한 개입안들에 대해 수용할 가능성을 높인다. 컨설턴트의 역할은 본래 구조화되어 있고 그 성질상 지시적인 반면, 컨설티는 내담자의 문제를 설명하고 궁극적으로는 내담자의 행동이 변화할 수 있도록 적극적으로 개입하는 역할을 맡는다. 이 모델의 이러한 측면은 그 성질상 다소 논쟁이 되고 있는 부분으로, 이는 컨설턴트는 컨설티가 자신들의 제안이나 개입을 받아들일 수 있도록 안내하고 강화하기 위하여 언어적으로 구조화된 기법들을 사용하기 때문이다(Brown et al., 2001).

1) 행동 컨설테이션 관계에서의 언어적 대화

Bergan과 Kratochwill(1990)은 컨설테이션 관계에서의 대화의 중요성을 강조하고 있다. 컨설테이션 과정에서 컨설턴트의 주된 목표는 현 문제에 관련된 정보들을 모으는 것이다. 더 나아가, 컨설턴트는 컨설티가 표현하는 문제에 주의를 기울이면서 필요한 경우 과정을 안내하기도 한다. 컨설턴트는 다음 일곱 가지 하위 범주와 관련된 구조화된 질문을 통해 컨설티로부터 사실에 기반을 둔 정보를 얻게 된다. (1) 배경 환경, (2) 행동이 일어난 장소, (3) 행동의 특성, (4) 내담자의 구체적인 특성, (5) 관찰한 특성, (6) 이전의 개입전략, (7) 문제해결에 필요한 부수적인 정보 유형이 그것이다. 이러한 정보를 통해 내담자의 문제와 환경적 변인 사이의 상호작용을 이해할 뿐 아니라, 내담자의 현재 기능을 잘 이해할 수 있다.

첫 번째 하위 범주로, '배경 환경'은 가령 내담자가 2년 전에 출석을 잘 했는지를 교사에게 직접 질문하는 것과 같이, 내담자의 현재 문제에 영향을 미칠 수도 있을 다소 동떨어진 변인(remote variables)들을 강조한다. 이와 대조적으로, '행동이 일어난 장소'는 문제 행동에 영향을 미치는 즉각적인 환경적 변인으로서 활용된다. 이 단계 동안에 컨설턴트는 문제가 어떻게 일어났으며, 어떠한 결과에 이르게 되었는지 등의 사건을 컨설티에게 질문함으로써, 문제 행동에 대한 선행사건과 이로 인한 결과들을 분석한다(Bergan & Kratochwill, 1990).

'행동의 특성'은 행동에 대한 자세한 기술을 통해 현 문제에 대한 분석의 폭을 확장시켜 준다. 여기에는 행동의 발생, 지속 기간, 강도, 행동이 발생한 시점에 대한 논의가 포함된다. 컨설턴트는 또한 이 시기 동안 행동의 선행사건과 결과에 대한 정보를 수집할 수 있다. 이에 덧붙여서, 컨설턴트는 "이러한 문제가 처음으로 발견된 때가 언제지요?"와 같은 식으로 컨설티에게 내담자의 행동 패턴에 대하여 질문하기도 한다. '내담자의 구체적인 특성'을 파악하기 위해서 컨설턴트는 컨설티에게 학습장애의 역사, 의학적 관점, 또는 정서/행동 장애 등과 같은 내담자의 기능에 대해 질문한다(Bergan & Kratochwill, 1990).

컨설턴트와 컨설티 간의 언어적 상호작용의 또 다른 측면에는 '관찰한 특성'이 포함된다. 내담자(또는 학생들)에 대한 컨설티의 관찰은 컨설턴트가 문제를 파악하는 데 도움을 준다. 교사와 같은 컨설티들은 교실 안, 식당, 운동장, 그 밖의 관련된 장소 등에서 구조화된 방식으로 또는 비구조화된 방식으로 학생들을 관찰할 수 있으며, 이러한 관찰을 통해 컨설티들은 현재의 문제를 더 많이 파악하고 설명할 수 있게 된다. '이전의 개입전략' 과정 동안에, 컨설턴트는 컨설티가 이제까지 시도해 온 것들을 확인하고, 다루어야 할 그 밖의 개입전략들을 제안하며, 컨설티가 아직 시도해 보지 못한 개입전략들에 관해 해결책들을 도출한다. 이 과정의 마지막에 컨설턴트와 컨설티는 특정한 개입에 대해 합의를 도출해야 한다. 이를 달성하기 위해 컨설턴트는 "이러한 관심사를 가장 잘 다룰 수 있는 방법이 행동 계약이라는 점에 동의하시는지요?"와 같은 방식으로 승인을 이끌어 낼 수 있도록 계획한다. 마지막 언어적 상호작용의 범주는 '문제해결에 필요한 부수적인 정보 유형'이다. 마지막 단계 동안에 컨설턴트는 문제와 관련된 그 밖의 부가적인 정보를 모으게 된다(Bergan & Kratochwill, 1990).

　　BC의 과정은 컨설턴트와 컨설티 간의 구조화된 상호작용으로 특징지어진다. 앞서 다룬 컨설턴트와 컨설티 간의 언어적인 상호작용에 덧붙여서, Bergan과 Kratochwill(1990)은 컨설테이션 과정 동안 컨설턴트의 구체적인 명시, 평가, 추론, 요약, 타당화와 같은 언어적 과정에 대해 언급하였다. 이러한 언어적 과정은 앞서 다룬 각 일곱 개의 하위 범주에서 사용된다.

　　구체적인 명시의 과정에서 컨설티는 내담자의 문제 행동에 관해 더욱 세부적인 정보를 제공하도록 되어 있다. 초기에 컨설턴트는 일련의 전반적인 질문들을 하며, 그다음에 매우 구체적인 질문으로 바꾼다. 구체적인 명시의 언어화 과정에서는 문제에 영향을 미칠 수 있는 동떨어진 변인을 비롯하여 즉각적으로 영향을 미치는 환경적인 변인들을 찾고, 객관적인 용어로 문제를 정의하며, 컨설턴트와 컨설티 간에 합의를 도출하도록 되어 있다.

　　평가 과정 동안 컨설턴트는 내담자에 대한 컨설티의 신뢰, 의견, 감정에 대해 알아본다. 예를 들어, 한 학생이 집중하기 어려워함에도 교사가 교실에서 그 학생과 즐겁게 지낼 수 있는지 그렇지 않은지 등을 알아보는 것이다. 또한 컨설턴트는 이 시기 동안 컨설티가 개입을 얼마나 잘 이행했는지에 대해 긍정적, 부정적 피드백을 제공할 수 있다(Bergan & Kratochwill, 1990).

　　추론 과정에는 자료에 대한 일반화 과정이 포함된다. Bergan과 Kratochwill

(1990)에 따르면, 컨설턴트와 컨설티는 추론을 할 때 특정한 관용어, 가령 "추측컨 대" "내가 알기로는" "내가 느끼기로는" 등을 사용한다. 내담자의 기능과 관련 된 정보를 제공하는 과정에서 이러한 문구들을 통해 자료가 통합된다. 요약의 언어화 과정에서 컨설턴트나 컨설티는 자신들이 언어로 상호작용하여 얻어진 모든 정보를 요약하게 된다. 마지막으로, 컨설턴트와 컨설티가 문제의 특성에 대해 합의를 이루어 내면, 타당화의 언어화 과정이 일어난다. 컨설턴트와 컨설 티는 현 문제의 특성, 목표, 이용될 개입전략들에 관해 합의를 도출해야 한다.

　Bergan과 Kratochwill(1990)은 컨설턴트가 컨설테이션 과정을 이끌어야 한다 고 보고한다. 컨설턴트는 elicitor와 emitter를 이용하여 컨설테이션 과정을 이끈 다. Elicitor는 개방적 또는 폐쇄적 진술이나 질문을 사용하여 컨설티로부터 정보 를 수집하는 것이다. 예를 들어, 컨설턴트는 "더 말해 보세요." 또는 "무엇이 그 렇게……"로 시작하는 진술이나 질문을 사용할 수 있을 것이다. Emitter는 일반 적으로 심리치료에서 사용되는데, 컨설티의 감정을 확인하거나 내용을 요약하 는 데 이용된다. Elicitor와 Eitter는 적절한 개입전략을 수립할 뿐만 아니라, 정보 를 효율적으로 수집하고 조직화하기 위하여 언어 과정과 함께 사용된다. elicitor 와 emitter, 그리고 지지를 이용한 컨설턴트들에 비해 언어화 과정을 사용하지 않 은 교육 전문가나 정신건강 지원전문가들을 덜 우호적으로 인식한다는 연구 결 과에 주목할 필요가 있다(Hughes & DeForest, 1993). 따라서 컨설턴트는 BC 모델 에서 주장과 지지의 균형을 유지해야 한다.

2) 일반적인 컨설테이션 과정

　대부분의 컨설테이션 모델은 매우 세부적인 단계로 구성된 문제-해결 시스 템을 그 특징으로 한다. 컨설테이션의 단계는 순차적으로 진행될 수도 있지만, 그렇듯 제한된 방식에 따라 진행되지 않을 수도 있다. 오히려 컨설턴트-컨설티 의 관계의 질이나 컨설테이션의 성과를 손상시키지 않으면 이후에 이전 단계를 다시 거칠 수도 있다.

(1) 공식적 진입

컨설테이션의 첫 번째 단계는 조직에 공식적으로 진입하는 단계를 포함한다. 대부분의 학교기반의 교육 전문가 또는 정신건강 전문가들은 학교 관할로 고용되는데, 이들은 조직 내부에 있기 때문에 학급이나 학교 건물에 어려움 없이 들어올 수 있다. 외부의 컨설턴트들은 기관에 익숙하지 않은 사람들로, 컨설테이션 과정에 참여하기에 앞서 특정한 공식적 참여 절차를 마련해 두어야 한다. 컨설티들이 학교상담자, 학교심리사, 사회사업가와 같은 내부의 컨설턴트들을 비공식적으로 수용하더라도, 컨설턴트들은 공식적인 미팅에서 세부적인 컨설테이션 과정을 설명해야 한다고 연구자들은 제안하고 있다. 컨설테이션의 목적, 비밀 보장과 컨설테이션의 한계 등이 논의되어야 하며, 컨설테이션의 기간, 이용 가능한 컨설턴트의 시간, 컨설테이션을 어떻게 요청해야 하는지 등 또한 논의될 필요가 있다(Brown et al., 2001).

(2) 효과적인 관계 수립

컨설테이션 과정에서 가장 중요한 단계 중의 하나가 컨설티와의 관계 수립이다. Zins와 Erchul(2002, p. 627)에 따르면, 컨설테이션 관계의 특성은 "협조적 동반자 관계"로 설명될 수 있는데, 이것은 컨설턴트와 컨설티가 관계 내에서 역할과 책임감을 이해하며, 학생이 도달해야 할 공통의 목표를 적극적으로 추진한다는 것이다. 컨설테이션을 하는 정신건강 전문가 혹은 교육 전문가와 교사는 힘의 격차보다는 동등함을 특징으로 하는 비위계적인 관계를 토대로 하여 함께 작업한다. 그리고 나서 컨설턴트와 컨설티는 현재의 문제에 관한 독특한 관점들을 제공한다. 교육 전문가 또는 정신건강 전문가들은 심리이론과 연구 중심의 학문적 개입 등과 같은 전문 지식을 활용할 수 있다. 반면에, 교사는 자신이 가르치는 방식, 행동 관리 기법, 그리고 현 문제를 결정하고 정의 내리는 데 도움이 될 수 있는 학급 관찰에 대한 정보를 제공할 수 있다.

컨설턴트와 컨설티 간의 성공적인 결실과 성공적인 파트너십을 위해, 컨설티는 컨설테이션 과정에서 자신의 역할을 긍정적으로 인식해야 한다. 이러한 인식을 강화하기 위해 컨설턴트는 컨설티와 비위계적인 관계를 수립하는 데 적극적이어야 하며, 그렇게 될 때 컨설티는 자신의 관심사를 표현하는 데서 평가에 대한 두려움을 느끼지 않고 편안함을 느낄 수 있을 것이다. 컨설티가 컨설테이션 과정에서 자신의 역할을 적극적인 참여자로 지각할 때, 그(그녀)는 제안된 개입들을 더욱더 효율적으로 수행할 것이며, 그 과정에서 주인의식을 느낄 수 있을 것이다(Brown et al., 2001). 컨설턴트는 컨설티의 진술이나 행동에 대해 무비판적으로 반응함으로써 관계 형성을 도울 수 있다.

현 문제에 대해 맥락적인 정보를 제공하고 적절한 개입이 이루어지도록 돕는 것은 컨설티들의 의무라 할 수 있다(Zins & Erchul, 2002). 컨설티가 관련된 정보나 내용을 제공하는 동안에 컨설턴트는 문제해결 과정을 제공한다. 컨설턴트와 컨설티는 학생의 독해력 향상과 같은 공통 목표를 통해 협력 관계를 맺게 된다. Zins와 Erchul(2002)은 컨설테이션 관계 안에서 개개인의 전문 지식을 거절한다든지 혹은 반대하지 않도록 주의를 주고 있다. 컨설테이션 관계가 협력적이긴 해도, 교육 전문가나 정신건강 전문가들은 자신의 전문 지식을 컨설테이션 과정 안에서 인식하고 사용해야 하며, 컨설티는 관계에서 자신의 기술이라든지 구체적인 기여도 및 행동방침에 대해 인식해야 한다고 연구자들은 제안하고 있다. 이와 유사하게, 연구자들은 필요한 경우 컨설턴트들이 과정을 통제하고, 주도권을 가져야 한다고 설명한다(Busse, Kratochwill, & Elliott, 1999; Zins & Erchul, 2002). 따라서 컨설턴트들은 컨설티들과 작업할 때 협력적인 기법과 지시적인 기법 모두를 적절히 사용해야 한다.

학교상담자들의 컨설테이션 행동에 대한 연구를 보면, 초기 접촉 단계 동안에 의역, 정보 제공, 폐쇄형 질문과 같은 반응 방식들이 해석, 직면, 자기은폐(self-concealment)와 같이 더 복잡한 행동들보다 빈번하게 나타나는 경향이 있다고 설명하고 있다(Lin, Kelly, & Nelson, 1996). 컨설테이션이 계속 이루어짐에 따라, 상담자 반응의 거의 절반 정도는 정보 제공으로 나타났다. 저자들은 컨설테이션 훈련과 상담 훈련이 매우 유사하다고 결론지었으며, Schmidt와 Osbourne(1981)은 컨설테이션을 위한 더 많은 정규 교육을 통해 컨설턴트들이 이러한 기법들을 차별화할 필요가 있다고 하였다(Lin et al., 1996).

컨설턴트들은 컨설티를 고용하여 언어적, 비언어적으로 존중과 관심을 나타내면서 궁극적으로 성공적인 컨설테이션 관계를 형성할 수 있다. 예를 들어, Egan(1994)은 컨설턴트들이 보여 줄 수 있는 따뜻함, 공감, 진정한 존중과 같은 비언어적 기법들에 대해 설명하였는데, 이것은 SOLER라는 머리글자를 사용하여 쉽게 기억할 수 있다. 즉, S는 상대방을 정면으로(squarely) 마주해야 함을 보여 주며, O는 컨설티에 대한 개방적인(open) 자세를 나타낸다. L은 상대방을 향해 몸이 기울어짐(leaning)을 의미하며, E는 눈 마주침(eye contact)이 적절해야 함을 의미하고, R은 지나치게 뻣뻣하지 않도록 편안한(relaxed) 자세를 유지해야 함을 보여 주고 있다.

Brown과 동료들(2001)은 컨설턴트들이 언어를 통해서도 존중, 따뜻함, 공감을 드러내야 한다고 설명하고 있다. 컨설턴트들은 컨설티의 말을 재진술함으로써 공감적으로 이해하고 있음을 전달할 수 있다. 더 중요한 것은, 아마도 컨설턴트가 컨설티의 말을 판단하지 않은 채로 재진술하고 정서적으로 지지해 주는 일일 것이다. 효율적이고 성공적인 컨설테이션 관계 수립은 긍정적인 결과를 도출하는 데 필수불가결한 요소이며, 컨설티는 미래에 컨설턴트에게 도움을 요청할 가능성이 있다. 컨설턴트들이 언어적 · 비언어적으로 공감, 존중, 온정의 단서를 전달하더라도, 현재의 문제를 정확하게 이해하기 위하여 구체성을 사용해야 한다. Gazda(1973)는 컨설턴트가 컨설티가 제시한 현제 문제를 모호하고 추상적으로 설명하기보다는 오히려 구체적으로 이끌어 내는 것이 중요함을 강조하고 있다.

컨설테이션 관계의 또 다른 특성에 상호작용이 포함된다. Bandura의 상호결정 모델에 따르면(Bandura, 1977b), 컨설턴트, 컨설티, 내담자는 모두 상호 간에 영향을 미친다. 컨설턴트들은 인터뷰를 통해 컨설테이션 과정을 안내함으로써 컨설티에게 영향을 미치며, 컨설티들은 학생의 역할 및 환경은 물론 자신의 역할을 이야기함으로써 컨설턴트에게 영향을 미친다. 따라서 컨설테이션 관계에는 어떤 하나의 단일 요인보다는 행동적, 개인적, 환경적 요인들을 함께 고려하는 것이 중요할 것이다.

(3) 사정

컨설테이션 과정에서 분석 단계 동안, 컨설티의 특성, 직접적이고 더 넓은 환경, 내담자의 특성들을 현재의 문제와 관련하여 조사한다. 이 세 영역은 문제 행동을 정의하고 분석하는 데 영향을 준다(Brown et al., 2001). 컨설티들은 문제에 관한 다양한 의견과 관점을 지니고 있다. 가령, 교사들은 주로 아동에 초점을 두어 문제를 바라보는 반면, 학교심리사와 같은 교육 전문가나 정신건강 전문가들은 대체로 가족과 같은 광범위한 환경 내 변인들을 고려한다(Athanasiou, Geil, Hazel, & Copeland, 2002). 아동의 행동 또는 학업 성과에 영향을 미칠 수 있는 변인들에 대해 달리 지각하는 것은 이후에 개입을 선택하고 그 결과에 대한 효능성을 지각하는 데에 영향을 미칠 수 있다. 컨설테이션 과정의 시작 지점부터 이러한 차이점들을 고려하는 것이 중요하다. 그렇게 될 때 문제 행동에 대한 자신들의 독특한 관점이 개입을 결정하는 데 영향을 미칠 수 있음을 더 잘 이해할 수 있을 것이다.

(4) 문제 정의와 목표 설정

내담자, 컨설티, 환경적 특성에 대한 분석이 이루어지고 나면, 현 문제에 대한 특성이 더욱더 분명해진다. 〈표 3-1〉과 〈표 3-2〉에 문제 파악을 위한 인터뷰 양식과 데이터시트가 각각 제시되어 있다. 컨설테이션 과정에서 문제 정의 단계가 가장 중요하며, 이후의 성과를 가장 잘 예측해 주는 것으로 보고된다(Bergan &

Tombari, 1976). 문제를 정확하게 정의하기 위해, 컨설턴트와 컨설티는 현 문제와 관련된 요인들(환경적 특성, 컨설티의 특성, 내담자의 특성)을 평가하는 데에 시간을 들여야 한다. 이러한 요소들을 평가한 후, 목표를 수반한 구체적인 행동 용어로 문제를 정의한다(Brown et al., 2001; Zins & Erchul, 2002). 이 시기 동안 문제의 빈도, 지속 기간, 강도에 관련된 기초 자료가 수집되어야 한다. 덧붙여 행동을 유지시키는 선행사건과 이로 인한 결과들이 파악되어야 한다.

표 3-1   행동 컨설테이션을 위한 문제 파악 인터뷰(PII)

내담자 이름: _____   성별: _____
주 소: _____
학교: _____   학년: _____
컨설턴트: _____
컨설티: _____

	연도	월	일
평가일자:	_____	_____	_____
생년월일:	_____	_____	_____
나 이:	_____		

컨설턴트의 유의점: PII의 목적은 다음과 같다.
• 문제의 정의는 행동 용어로 기술한다.
• 선행사건, 상황, 결과에 관하여 잠정적으로 파악한다.
• 잠정적으로 파악한 행동의 강점을 제공한다.
• 어떤 행동을 기록할지, 그것을 누가 기록할지, 어떻게 기록할지에 대해, 그리고 표본추출 계획에 대해 기초자료 수집 절차를 확립한다.

컨설턴트는 다음 영역에 대해 질문/진술해야 한다.
1. 인사말
2. 도입 시 이루어지는 일반적인 진술(예를 들어, "Diane의 과잉행동에 대해 설명해 보세요." 또는 "당신은 Johnny가 낮은 자기 개념, 향상의 어려움, 반항적인 행동 때문에 그런 것이라 말했지요. 이 가운데 어떤 이야기부터 나눌까요? Johnny의 반항(학급 내에서의 낮은 자기 개념 또는 향상의 어려움)에 대해 설명해 주세요."

기록한 반응들: _____

_____

_____

_____

_____

3. 행동 특성(예를 들어, "Charles는 과잉행동을 어떤 식으로 하는지요?" 또는 "Mary는 무례한 행동을 어떻게 나타내는지요?" 컨설티나 내담자에게 중요한 행동에 대한 자세하게 설명, 예를 들어 "어떤 식으로 _____ 하는지요?")

a. 예를 적으시오: _____

_____

　　중요한 점: 가능한 한 많은 문제행동 사례들에 대해 파악하시오.

b. 우선순위를 파악하시오: _____

_____

_____

_____

_____

　　중요한 점: 컨설티나 내담자가 제공하는 모든 사례를 들은 후, 이 가운데 가장 어려움을 초래하는 행동에 대해 질문하여 우선순위를 설정하시오.
　　(참고: 문제의 우선순위를 설정하는 데 도움을 주기 위하여 컨설티나 내담자에게 다음과 같이 질문한다. "0부터 10까지의 척도 중에서 0 = 아무 문제가 없음, 10 = 문제가 심각함일 경우, 네 문제는 얼마나 심각하니?")

4. 행동 장면(문제 행동이 일어난 장소를 자세히 기술할 것. 예를 들어, "이것을 어디에서 _____ 했니?")

a. 예를 적으시오(예를 들어, 집, 집 안의 장소)

_____

_____

_____

_____

_____

> 중요한 점: 가능한 한 많은 장면에 대해 파악하시오.
>
> b. 우선순위를 파악하시오: _____
>
> _____
>
> _____
>
> _____
>
> _____
>
> 중요한 점: 컨설티나 내담자가 제공하는 모든 사례를 들은 후, 이 가운데 가장 어려움을 초래하는 장면에 대해 질문하여 우선순위를 설정하시오.
> (참고: 장면은 행동 방식과 동일하게 우선순위를 매긴다.)

(5) 개입 또는 전략 선택

개입방법들을 선택할 때, 문제를 해결할 수 있는 몇 가지 방안에 대해 주의 깊게 살펴보아야 한다(Katz & Kahn, 1978). 따라서 이 단계 동안 컨설턴트와 컨설티는 문제를 목표로 삼을 경우 효과적일 만한 개입 방안들에 대해 아이디어를 제안한다. 개입 가능성을 탐색할 때 계획이 완전한지(Reynolds, Gutkin, Elliot, & Witt, 1984), 그리고 계획을 수락할 만한지(Witt, Elliot, & Martens, 1984)를 고려하는 것 역시 중요하다(〈표 3-3〉 참고). 계획의 완전성은 실효성에 미치는 영향 없이 개입 방안들을 변경하거나 조정할 수 있는 정도를 일컫는다. 대안적인 개입방법을 선택할 때, 컨설턴트는 쉽게 수행할 수 있는 개입전략은 물론 컨설티의 기술 또한 고려해야 한다(Brown et al., 2001). 수용 가능한 계획은 컨설티가 개입에 대하여 수용할 만하다고 여기는 정도를 의미한다. 개입의 수용가능성은 실제 개입이 이루어지는지 아닌지에 연관되어 있다(Reimers, Wacker, & Koeppl, 1987). 더욱이, 컨설티들은 시간적 효율성이 있고 강압적이지 않으며, 효율적으로 보이는 개입들을 선호한다(Elliot, 1988).

(6) 실 행

컨설테이션 과정에서 실행 단계 동안 개입을 실행하는 데서 참여자들의 역할과 책임에 대해 살펴보는 것이 도움이 된다. 이 단계에서 다뤄질 또 다른 주제들에는 잠재적인 강화물을 찾는 것, 개입이 이루어져야 할 시간과 일정을 지정하는 것, 각 개인의 책임감을 설명해 놓은 개요 문서를 작성하는 것 등이 포함된다. 실제 개입이 이루어지는 동안 컨설턴트와 컨설티들은 실행 과정에서 발생할 수 있는 어려움이나 염려에 대해 이야기를 나눌 뿐 아니라, 일이 정확하게 마무리될 수 있도록 자주 만나야 한다(Brown et al., 2001; Zins & Erchul, 2002).

(7) 평 가

개입이 이루어지는 동안, 그리고 개입 이후, 개입의 효과성에 대해 파악해야한다. 개입에 대한 평가는 형성 평가와 누적 평가로 이루어진다. 형성 평가는 개입 과정에서 이루어지는 반면, 누적 평가는 컨설테이션을 마친 이후 이루어진다. 개입이 이루어지는 과정에서 이루어지는 형성 평가는 컨설티의 필요에 따라계획을 변경하거나 조정할 수 있기 때문에 유용하다. 따라서 개입이 기대한 만큼 효과적이지 않다면, 필요한 경우 컨설턴트와 컨설티는 개입 선택 단계와 같은 초기의 컨설테이션 과정 단계로 되돌아가서 새로운 개입방법을 적용하기로합의할 수 있다. 학교장면의 컨설테이션에서 형성 평가는 교사들에게 상대적으로 노력이 덜 들 수 있다는 점에서 구별된다고 할 수 있다. 형성 평가의 평가 과정에서는 단일한 단계, 변화, 또는 다중 기저선 설계와 같은 단일한 대상에 대한방법론들을 대체로 사용한다(Zins & Erchul, 2002). 형성 평가와 대조적으로, 누적평가는 개입의 효과성을 평가하는 공식적인 과정이다(Brown et al., 2001).

더욱이 개입의 일반화 문제, 점진적인 감소, 추수 단계의 문제들을 고려해야한다. 내담자가 긍정적인 행동을 하게 된 이후, 다른 장면에서도 그 행동이 일반화될 수 있을지를 고려할 수 있을 것이다. 일반화는 내담자가 어떤 장면에서 획득된 지식이나 행동을 다른 장면에서도 적용하려 할 때 일어나는 것이다. 학습된 긍정적인 행동을 유지시키는 요인들에 대해서는 알려진 바가 없다고 보고된다(Zins & Erchul, 2002). 그러나 연구자들은 개입이 진행됨에 따라 일반화를 위한 계획 방법에 대해 파악할 수 있었다. 가령, 자기점검이나 자기관리와 같은 방식을 통해 내담자의 독립을 권장했다면, 이는 환경 안에서 자연스럽게 내담자의 행동을 유지시킬 수 있는 강화 요인을 파악한 것이라 할 수 있다(Meichenbaum & Turk, 1987).

강화전략의 점진적인 감소 또한 컨설테이션 과정의 평가 단계 동안에 고려되어야 할 것이다. 인위적이거나 외적인 강화물이 점차로 사라지고 자연스럽게 나타나는 강화물로 대체될 경우 강화물은 점차 줄어든다. 외적 강화물이 갑자기 제거될 때 바람직한 행동이 소멸되기 때문에, 긍정적인 행동이 유지되도록 하기 위해서는 외적 강화물을 한 번에 제거하기보다는 점진적으로 줄여 나가야 한다. 학교장면에서 점진적인 감소의 예로, 바람직한 행동이 분명할 때와 아동이 보상을 받는 시간 사이의 간격을 늘리거나, 보상을 받기 어렵게 하는 것 등을 들 수 있다. 만일 내담자의 행동이 강화전략의 점진적인 감소 과정 동안 퇴행한다면, 그러한 행동이 이전 수준으로 돌아올 때까지 이전의 강화책이 복귀되어야 할 것이다. 결국, 컨설턴트는 컨설티가 정확하게 개입을 이행할 수 있도록 조치를 취해야 한다. 개입 목표가 달성되지 않은 경우, 후속 조치로 형성 평가와 더불어 개입 수행을 관찰할 수 있을 것이다(Zins & Erchul, 2002).

(8) 종 결

컨설테이션 관계를 종결하기 위한 과정은 컨설테이션 과정이 시작될 때 논의되어야 한다. 내담자가 설정한 목표를 달성했거나 또는 컨설티가 개입을 통해 자기충족감을 드러냈다고 컨설턴트와 컨설티가 동의한 경우에 일반적으로 종결이 이루어지게 된다. 컨설테이션 과정을 통해, 컨설턴트는 컨설티가 독자적으로 개입을 수행하게 되는 것에 확신을 갖게 된다. 이런 식으로 컨설티는 더욱 독립적이게 되고 컨설턴트에게 덜 의존한다. 여기에서 관계의 종결은 컨설티가 독자적으로 개입을 수행한다는 것을 의미한다. 앞서 언급했듯이 컨설턴트는 컨설테이션 과정 초기에 종결 과정에 대해 다루어야 하며, 이를 통해 컨설티는 관계에서의 경계와 한계에 대해 이해할 수 있게 된다. 또 다른 지침으로, 컨설턴트는 컨설티가 컨설턴트의 투입 없이 단기간에 개입을 이행하도록 해야 한다. 마지막으로, 컨설테이션 과정의 종결 시점에서 컨설턴트는 컨설테이션 과정에 관해 컨설티에게서 받은 피드백뿐만 아니라 컨설테이션 결과에 대해 요약한 보고서를 제출해야 한다. 이러한 과정은 컨설테이션 관계가 끝이 나고 있다거나 곧 끝날 것이라는 일종의 신호를 컨설티에게 제공하는 것이다(Dougherty, Tack, Fullam, & Hammer, 1996). 연구자들은 컨설테이션 관계가 조기에 종결되는 구체적인 이유에 대해서도 파악하였다. 컨설테이션이 기대한 바대로 진행되지 않거나(Gallessich, 1982) 즉각적인 개입이 요구될 정도로 심각한 문제가 발생하는 경우에 조기 종결이 필요하다(Caplan, 1970).

　종결은 컨설테이션에서 중요한 측면임에도, 도입과정에 대한 문헌들에 비해서는 그 중요성이 덜 강조된 측면이 있다. 이탈(disengagement)에 대한 문헌을 고찰해 볼 때, Dougherty 등(1996)은 아직 연구되지 않은 몇몇 중요한 이탈 과정의 특성들에 대해 설명하고 있다. 이는 컨설턴트와 컨설티 사이의 관계와 같은 이탈 과정의 정서적 토대 및 심리적 토대에 대해 연구한 내용이다. 연구자들은 컨설턴트와 컨설티 간의 초기의 강렬한 관계는 의미 있는 결과를 도출하기도 하지만, 또한 컨설턴트와 컨설티 간 분리를 어렵게 할 수도 있다고 설명한다. 그 밖에 컨설테이션 관계의 길이, 컨설턴트 유형(내향성 대 외향성), 컨설턴트의 역할(과정 전문가 대 내용 전문가)과 같은 변인들이 연구될 필요가 있다.

　시작부터 분리에 이르기까지, 컨설테이션 과정의 각 단계는 성공적인 결과, 치료의 통합, 컨설티의 만족감을 위해 필수적이다. 컨설턴트와 컨설티 간의 관계는 컨설테이션 과정을 통해 강조되며, 이러한 관계는 전체 과정 가운데 가장 중요한 측면이다. 좋은 관계를 맺었다고 해서 결과가 늘 성공적이지는 않지만, 미래에 컨설티는 컨설턴트에게 훨씬 많이 도움을 청할 것이다.

4. 행동 컨설테이션의 과정

다른 컨설테이션 모델과 유사하게 행동 컨설테이션 과정은 문제 인식, 문제 분석, 계획 실행, 평가의 4단계로 이루어진다. 컨설턴트와 컨설티는 언제, 어디에서 개입이 이루어질지, 누구에게 개입을 시행할지에 대해 논의할 뿐만 아니라 개입이 이루어진 후 나타날 바람직한 결과나 변화들에 대해서도 논의해야 한다. 그들은 또한 개입 이후 행동이 변화되리라고 기대하는 일정을 수립해야 한다. 다음 단계에 대한 설명은 BC 과정에서 특징적인 것이다.

문제 인식 단계 동안, 컨설턴트는 내담자에 대한 정보를 파악하기 위하여 테스트 자료, 관찰, 기록, 인터뷰 등에 근거하여 컨설테이션의 목적을 수립한다. 컨설테이션 과정의 문제인식 단계에서 컨설턴트는 내담자에 관한 컨설티의 요구를 더 잘 이해하도록 한다(Bergan & Kratochwill, 1990). 이 단계 동안 컨설턴트와 컨설티는 당면 문제를 명료화하기 위해 함께 작업한다. 문제의 정의가 개입으로 이어지기 때문에, 문제 행동의 정의는 간결하며 측정 가능하고 객관적인 용어로 제시되는 것이 중요하다.

컨설티들은 문제를 분명하고 구체적인 용어로 진술하기 어려워하며, 행동을 기술하기 위해 종종 모호하고 구체적이지 않은 용어를 사용한다. 따라서 초기 문제 인식 단계 동안 컨설턴트는 컨설티가 측정 가능한 용어로 정확하게 행동을 기술하도록 도와야 한다(Gutkin & Curtis, 1999). 컨설턴트는 문제를 더 잘 파악하고자 언어적 상호작용을 통해 발췌(extract), 확장(extension), 의역(translation), 요약(summary)을 이용할 수 있다. 더욱이, 컨설턴트와 컨설티는 필요한 경우 행동을 기록하기 위해 현재의 문제 행동에 대해 합의해야 한다. 예를 들어, 교실을 어지럽히는 것으로 문제 행동이 기술된 경우 "학생은 손을 들지 않고, 또는 선생님이 시키지 않았는데도 수업 시간에 여러 번 이야기를 한다."로 재정의해야 한다. 이런 방식으로 목표 행동은 구체적이어야 하며 측정하기 쉬워야 한다.

컨설테이션 과정의 두 번째 단계인 문제 분석 단계 동안, 컨설턴트는 문제를 유지시키고 있는 환경과 내담자 변인들을 파악하고자 노력해야 한다. 첫 번째 단계 중 하나는 목표 행동에 대한 기초자료를 수집하는 것이다. 이 문제 행동을 분석할 때, 컨설턴트는 행동의 선행요인과 그로 인한 결과를 반복적으로 살펴보아야 한다. 내담자와 그(그녀)의 환경을 관찰함으로써 상당한 양의 정보를 수집할 수 있다(Zins & Erchul, 2002).

Bergan과 Kratochwill(1990)은 문제 분석 단계 동안에 내담자의 기술이 부족한지 확인하는 것이 중요하다고 설명한다. 관찰을 통해, 그리고 수행한 것들을 검토하거나 인터뷰를 통해 기술이 부족한지 확인할 수 있다. 컨설턴트는 기술 부족을 확인함으로써 내담자의 기술을 점차적으로 증진시키도록 도울 수 있는 적절한 개입전략들을 수립할 수 있다. 예를 들어, 사회적 기술이 부족하여 또래들과 대화를 시작하는 것을 어려워하는 아동은 대화의 주제를 이끌 수 있는 일반적인 방법들에 대해 우선적으로 학습할 필요가 있을 것이다. 문제 분석 단계의 일부분으로서, 컨설턴트는 또한 컨설티가 자신의 강점 및 다른 유용한 자원들을 인식할 수 있도록 격려해 주어야 하는데, 이것은 개입의 일부로 사용된다(Zins & Erchul, 2002).

목표로 삼은 문제를 파악하고 분석한 후에, 컨설턴트와 컨설티는 계획의 실행을 준비하기 위해 가능한 개입방법들에 대해서 브레인스토밍을 해야 한다. Zins와 Erchul(2002)은 컨설턴트와 컨설티가 학교장면에서 개입방법들을 선택할 때 고려해야 할 원칙들을 다음과 같이 제시하였다.

1. 행동이 극단적이지 않다면 행동을 감소시킬 기법들을 사용하기에 앞서 긍정적인 개입전략들을 개발해야 한다.
2. 강요적이지 않고 복잡하지 않은 개입방법들을 선택하라. 내담자가 새로운 기술이나 행동을 학습하도록 하는 것보다 아동의 환경 내 변인들을 바꿔 주는 것이 더 쉽고 덜 강요적일 것이다.

3. 내담자들이 새로운 기술들을 익혀야 할 때, 전략들은 가능한 한 기존에 익숙한 것들을 보완하는 것임을 분명히 하라.

4. 만일 어떤 개입이 내담자의 행동을 수정하는 데 효과적이지 않다면, 교사나 지역의 재원 같은 그 밖의 재원들을 찾아라.

5. 컨설티들이 내담자와 상호작용하기 위한 새로운 방법들을 배우고 있기 때문에, 컨설턴트들은 컨설티들에게 계속적인 지지와 강화를 제공해야 한다.

6. 시간을 절약할 수 있고, 강요적이지 않으며, 컨설티들이 효과적이라고 생각되는 개입방법들을 선택하라.

7. 변화는 가장 높은 단계의 목표가 되어야 한다.

컨설테이션 과정의 실행 단계에 관해 Bergan과 Kratochwill(1990)은 몇 가지 필수적인 요소들에 대해 설명하였다. 그들은 컨설턴트와 컨설티 모두가 문제의 특성에 동의하고, 기술 분석을 마치며, 계획을 세워야 하며, 컨설티와 추수 회기를 준비해야 한다고 주장한다. 계획을 세울 때, 연구자들은 다음과 같은 단계들을 제시하고 있다. (1) 목표를 수립하고, (2) 개입 방법을 선정하고, (3) 개입 실행에 따르는 어려움들에 대해 고려하고, (4) 적합한 평가를 선정하는 것이다. 컨설턴트가 여전히 계속해서 계획을 수정하거나 또 다른 계획을 제안하더라도, 컨설티는 실행 단계 동안 계획을 수행하게 된다. 특히 컨설턴트는 컨설티에게 관찰하는 방법은 물론 강화나 모델링의 행동 기법들을 가르친다. 이 단계에서 중요한 부분은 형성 평가인데, 이것은 제안한 개입이 내담자에게 도움이 되었는지를 계속적으로 모니터하는 과정이다.

마지막으로, 평가 단계에서는 개입, 일반화, 점진적인 감소, 그리고 추수 단계가 효과적인지를 검토한다. 이 시기에는 개입의 목표가 내담자를 충족시켰는지, 전반적인 계획이 효과성이 있는지, 컨설턴트와 컨설티가 안정되게 관계를 마칠 수 있는지 등에 대해 컨설턴트와 컨설티가 정보를 공유하게 된다(Bergan & Kratochwill, 1990).

계획의 효과성을 평가할 때, 기초자료 수집 단계 동안 사용된 것과 동일한 절차를 그대로 반복할 수 있다. 평가 계획은 개입 수행보다 앞서서 이루어져야 한다. 처치의 적합성 및 부작용 가능성을 확인하기 위해 개입의 효과성을 평가한다. 개입의 효과성을 평가할 때, 두 가지 결과가 나타날 수 있다. 하나는 개입이 이루어진 후 처치 목표를 성공적으로 달성한 결과로, 그 과정은 추후 일반화, 점진적 감소로 변화할 수 있다. 반면에 개입의 결과로서 변화라든지 성공적인 결과를 도출하지 못할 수도 있다. 이 경우 컨설턴트와 컨설티는 대안적인 치료적 개입을 찾고자 문제해결 과정을 반복하게 된다(Zins & Erchul, 2002).

일단 개입의 효과성이 평가되고 나면 개입의 일반화, 후속조치, 강화대책의 점진적 감소가 이루어질 수 있다. 연구자들에 따르면, 학습된 긍정적인 행동들이 어떻게 유지될 수 있는지에 대해서는 충분히 파악되지 않는 것으로 나타났다(Zins & Erchul, 2002). 그러나 연구자들은 개입이 진행됨에 따라 행동을 일반화할 수 있는 계획을 발견할 수 있었다. 가령, 자기점검이나 자기관리와 같은 방식을 통해 내담자의 독립을 권장했다면, 이는 환경 안에서 자연스럽게 발생하는 내담자의 행동을 유지시킬 수 있는 강화 요인을 파악한 것이라 할 수 있다(Meichenbaum & Turk, 1987).

5. 컨설턴트의 역할

연구자들은 컨설턴트들이 일반적으로 한 가지 역할 이상을 수행한다는 것을 인정함으로써 컨설턴트들의 다양한 역할을 설명하고 있다. 어떤 경우 컨설턴트들은 전문가로서 수행하기도 하고, 어떤 경우는 조직책으로서 행동하기도 한다. 컨설턴트의 역할에 대한 문헌을 요약해 볼 때, Brown 등(2001)은 컨설턴트의 일곱 가지 기본적인 역할로 과정 관찰자, 과정 협력자, 내용 협력자, 내용/과정 협력자, 과정 전문가, 내용 전문가, 내용/과정 전문가를 포함하고 있다. 그들의 관

계가 과정/내용에 토대를 두는가 또는 관여 정도에 토대를 두는가에 따라 역할
들은 달라질 수 있다고 설명한다. 컨설턴트는 문제와 관련하여 컨설티가 자신
의 강점과 약점을 파악할 수 있도록 돕는 과정에서 컨설티의 방식을 관찰할 것
이다. 이런 식으로, 컨설턴트는 소극적인 방식으로 컨설테이션에 참여하게 된
다. 컨설테이션에서 관여란 컨설턴트가 컨설테이션 과정에서 사용하는 강요의
수준을 일컫는다. 더욱이 이러한 역할에서 컨설턴트들은 컨설테이션을 통해 컨
설티를 변화시키고자 자신의 가치를 제시하곤 한다. 비록 몇몇 컨설턴트의 역할
이 있지만, 이러한 역할들은 자신이 활용한 컨설테이션 모델에 따라 다양해질
것이며, 컨설턴트의 수련 및 컨설턴트의 기대에 의해 영향을 받을 수 있을 것이
다(Brown et al., 2001).

6. 컨설티의 특성

컨설테이션 과정에서 컨설티의 성격이 종종 간과되지만, 컨설티의 성격 또한
컨설테이션 방식을 선택하는 데 중요하게 여겨진다. 컨설티의 컨설테이션에 대
한 인식, 전문적 경험, 인종적 배경, 성격, 컨실티의 정서 등 컨설테이션에 영향
을 미치는 몇몇 컨설티의 성격이 문헌을 통해 확인되었다. 효과적인 컨설테이션
을 위해서는 영향력 있는 하나의 요인을 강조하기보다는 이 변인들의 상호작용
을 검토하는 것이 유용할 것이며, 이것은 생태행동주의적 관점에서의 컨설테이
션과도 일치하는 것이다(Brown et al., 2001). 대체로 컨설티의 성격은 컨설테이션
과정과 관련되며, 컨설턴트와 내담자의 성격 또한 각 장면의 맥락에서 고려되어
야 한다.

1) 컨설티의 인식

컨설턴트에 대한 컨설티의 지각이 컨설테이션 과정에 영향을 미칠 수 있다는 몇몇 연구 결과가 발표되었다. 예를 들어, 최근 질적 연구를 통해 교사가 학교심리사의 컨설테이션 서비스를 이용한 것을 검토한 결과, 교사들은 학교심리사보다는 동료나 슈퍼바이저에게 더 많은 도움을 청하려 한다는 것이 드러났다. 더욱이 교사들은 이러한 서비스를 이용할 수 있다는 사실조차 알지 못했으며 서비스에 대해 오해하고 있었다. 게다가 학교심리사를 통해 컨설테이션 서비스를 받는 것은 교사의 교육 경력과도 무관한 것이었다. 이러한 연구 결과를 통해 교사와 교육 및 정신건강 컨설턴트 간의 협력적인 문제해결적 관계가 중요하다는 것이 드러났다. 교사들은 원래 컨설테이션 서비스를 사용하려 들지 않기 때문이다(Koopman, 2007).

컨설턴트에 대한 컨설티의 인식에 영향을 미치는 그 밖의 요인들로 나이, 성별, 성격, 인종 등을 들 수 있다. 예를 들어, 컨설턴트가 젊거나 나이가 있는 것이 컨설티의 인식에 영향을 미칠 수 있다. 가령, 컨설티는 젊은 컨설턴트를 경험이 부족하다고 여길 수 있다. Brown과 동료들(2001)은 컨설턴트의 배경이라든지 경험에 대한 컨설티들의 질문에 대처하는 방법에 대해 설명하고 있다. 컨설턴트들은 컨설티에게 솔직해야 하며, 자신의 컨설테이션 경험에 관해 정확하면서도 사실적인 정보를 제공해야 한다는 것이다. 또한 컨설턴트는 컨설티들이 컨설턴트의 배경에 관해 의구심을 갖는 이유를 부드럽게 탐색함으로써 컨설턴트나 컨설테이션 과정에 관해 컨설티들이 갖고 있는 오해들을 떨쳐 버릴 수 있도록 해야 할 것이다.

2) 전문적 경험

컨설티들의 전문적 경험 수준과 그들의 컨설턴트에 대한 수용 간의 관계를 살

펴본 연구에 따르면, 특히 컨설티들의 교육 경험이 컨설턴트에 대한 인식에 영
향을 미치는 것으로 나타났다. 몇몇 문헌을 통해 교육 경력과 컨설턴트의 이용
사이에 정적인 관련성이 있음을 발견할 수 있었다(Baker, 1965; Gilmore & Chandy,
1973). 그러나 교육 경력은 특정한 학교 장면에서 가르쳐 본 경력보다는 덜 중요
하다고 밝히고 있다(Gutkin & Bossard, 1984). 더욱이 최근 질적 연구에서는 컨설
티의 교육 경력이 컨설테이션의 서비스 이용과 관련되지 않는다고 보고되고 있
다(Koopman, 2007). Hughes, Baker, Kemenoff 그리고 Hart(1993)는 숙련된 교사
들이 숙련되지 않은 교사들에 비해 구체적인 교육 서비스를 위하여 더 많은 컨설
테이션을 의뢰하는 경향이 있음을 발견하였다. 교실에서의 문제행동을 묘사해
놓은 12장의 삽화를 사용했을 때, 숙련되지 않은 교사들에 비해 숙련된 교사들
은 아이들이 구체적인 교육 평가를 받도록 의뢰하고자 하였으며, 이들은 더 많
은 컨설테이션 서비스를 이용하려 하였다. 따라서 교육 경험이 컨설티의 인식
및 컨설테이션 서비스 이용에 영향을 미칠 수 있다는 부분은 문헌과 일치되지
않는 측면이 있어 보인다.

3) 인종적 배경

컨설티와 컨설턴트는 그들의 인종적 배경 측면에서 잘 맞지 않을 수도 있으
며, 그것은 라포 형성과 컨설테이션 관계의 성공에 영향을 미칠 수 있다. 인구통
계학적 자료에 따르면, 학교심리사와 같은 교육 전문가 또는 정신건강 전문가들
은 인종적으로 그리고 언어적으로 볼 때 동질 집단인 경향이 있다(Curtis, Hunley,
Walker, & Baker, 1999; Reschley & Wilson, 1995). 연구자들은 학교심리사와 컨설티
간의 인종 불일치가 선호하는 종류의 서비스 제공에 어떤 영향을 미치는지에 대
해 연구하였다(예: 평가, 컨설테이션, 상담; Loe & Miranda, 2005). 'School Psychology
Family Practices Questionnaire(SPFPQ)'를 이용하여, 학교심리사들은 가족 중심
의 심리적 개입 및 문화적 다양성과 관련하여 전문적인 실습과 수련을 받았는지

등과 같은 질문에 응답하게 된다(Loe & Miranda, 2005).

　연구자들은 평가, 컨설테이션, 상담 서비스 가운데 1/3 또는 그 이상에서 인종이 불일치됨을 발견하였고, 평가와 컨설테이션에서 가장 높은 비율로 인종이 불일치됨을 발견하였다. 컨설티와의 인종 불일치는 컨설턴트의 임상적 판단과 진단 결정에 영향을 미칠 수 있다. 비록 이 연구에서 학교심리사들의 90% 이상은 자신들이 다양성(variety)에 대한 훈련을 받았다고 보고하였지만, 문화적으로 민감하고 유능한 서비스를 제공할 수 있도록 훈련받은 것인지는 잘 파악되지 않았다. 따라서 컨설턴트는 자신의 문화적 편견, 인종, 대화 방식이 컨설테이션의 효과성에 어떻게 영향을 미치는지에 대해 반드시 인식하여야 한다(Loe & Miranda, 2005).

4) 성 격

　컨설테이션 과정과 관련한 몇몇 컨설티의 성격 특성이 문헌을 통해 파악된 바 있다. 컨설티의 권위적 성격(authoritarianism)과 내성적 성격(introspection)은 그들이 선호하는 컨설테이션 모델과 관련된다. Mischley(1973)는 권위주의 성격을 제시한 컨설티들이 내담자 중심의 컨설테이션을 더욱더 선호한다는 것을 발견하였다. 그러나 내성적인 컨설티들은 컨설티 중심의 모델을 더욱 선호하는 것 같다. 또 다른 연구에서, 자기 자신을 독단적이라고 평가한 교사들은 정신건강 컨설턴트들 보다 행동적 컨설턴트들을 선호하였고, 행동적 컨설테이션을 더욱 편리한 것으로 평가하였다(Slesser, Fine, & Tracy, 1990). 정신건강 컨설턴트들은 반영적 진술과 공감적 진술을 통한 컨설티들과의 라포 형성과 관계 구축을 강조한다. 반면에, 행동적 컨설턴트들은 즉각적인 문제에 초점을 둔 체계적인 문제해결 접근을 사용한다.

　Slesser와 동료들(1990)은 학교 컨설테이션에서 통제감의 역할에 대해 연구하였다. 교사들은 먼저 내-외 통제감 척도에 응답하고, 학교기반의 심리적 컨설테이션에 대한 비디오를 보았다. 다음으로, 그들은 'Short Form Facilitativeness Inventory and Consultation Outcomes Questionnaire(SFFICOQ)'에 응답하였다. 결과를 살펴보면, 통제감과 컨설테이션 방법 간에 상호작용이 나타난다는 것을 발견할 수 있었다. 외적 통제감을 가진다고 평가한 교사들은 정신건강 컨설테이션에서 유의한 수준으로 더 큰 만족감을 나타냈고 컨설테이션의 효과를 더 긍정적으로 평가하였다. 그러나 행동적 컨설테이션의 만족도에 대한 교사들의 내외 통제감과 성과 사이에는 유의한 차이가 나타나지 않았다. 더욱이 통제감을 고려하지 않은 경우, 교사들은 정신건강 컨설테이션보다 행동적 컨설테이션이 더 나은 성과를 나타낸다고 평가하였다. 전반적으로, 교사들은 정신건강 컨설턴트들보다 행동적 컨설턴트들을 더욱 효과적으로 평가하는 경향이 있어 보인다.

5) 컨설티의 정서

마지막으로, 컨설티의 정서 상태가 컨설테이션 과정에 영향을 미칠 수 있다. Caplan과 Caplan(1993)은 컨설티 중심의 컨설테이션에서 컨설티의 정서상태가 미치는 영향에 대해 설명하였는데, 위기 상황에서 컨설티들은 걱정을 덜 하는 사람보다 그렇지 않은 사람들이 컨설테이션 서비스를 더 많이 요청한다는 것이다. 그러므로 위기상황에서 불안을 겪는 컨설티들은 컨설테이션에서 제안된 개입을 수행하려는 경향이 강할 것이다.

7. 행동 컨설테이션과 공동참여 행동 컨설테이션의 효과성

경험적 증거를 통해 볼 때, 단일사례연구에서 BC는 긍정적인 행동 변화를 촉진하는 데 효과적임이 증명되었다(Brown et al., 2001; Guli, 2005; Kratochwill & Van Someren, 1995; Medway, 1979, 1982; Sheridan, Welch, & Orme, 1996; Wilkinson, 2005;

Zins & Erchul, 2002). 학업, 사회와 정서, 행동 문제를 목표로 수행한 부모 컨설테이션에 대한 열여덟 개의 연구를 통해 볼 때, Guli(2005)는 BC보다 CBC 모델이 학교장면에서 긍정적인 변화를 만들어 내는 데에 훨씬 효과적임을 발견하였다. 부모 컨설테이션 연구에서의 효과 크기는 중간부터 큰 경우에 걸쳐 나타나며, CBC에서 강조된 부모의 협력이 BC에서 사용된 경우에 성과가 향상되는 것으로 나타났다.

BC의 사용은 임상적으로 유의한 결과를 도출하지만, 방법론적인 문제에서 몇 가지 고려해야 할 점이 있다. 이전에도 언급하였듯이, 사례연구 디자인에서는 한두 참여자만을 연구하여 개입의 효과성을 측정하게 된다. 그러나 작은 샘플 사이즈로 인해 연구 결과를 일반화하는 데 한계가 있다. 컨설테이션 문헌에서 파악된 또 다른 방법론적인 문제로 재생, 처치의 단일화, 분명하게 확인할 수 있는 절차와 관련된 문제를 들 수 있다(Guli, 2005; Wilkinson, 2005). 컨설테이션의 효과성 연구에 대한 엄격성을 강화하기 위한 방법으로, 대상 간 연구 설계, 단일 대상 연구에서의 다중 기저선 사용, 각 연구에서의 신뢰도와 타당도 제시, 반복 연구 등을 들 수 있다(Guli, 2005).

또 다른 제약점을 덧붙이자면, 단일대상 연구를 수행할 때는 효과적인 컨설테이션 전략을 수행하는 데 제약이 따를 수 있다는 점이다. 가령, 컨설턴트의 수련이 부족한 경우, 목표로 하는 행동을 파악하기 어려운 경우, 컨설티의 수련이 부족한 경우 및 기타 이유가 여기에 속한다(Kratochwill & VanSomeren, 1995). 전반적으로, BC는 간접적인 서비스 전달책으로 유용한 반면에, 더욱 다양한 대상과 문제를 통해 연구를 반복하여 분명한 증거들을 제시함으로써 그 효과성을 입증해야 할 필요가 있다.

8. 행동이론을 적용한 사례연구

9세인 Evan은 아스퍼거 장애를 진단받은 3학년 학생으로, 사회적 상호작용과 기능에서의 심각하고 일관된 장애, 행동 및 사회적 관심과 활동에서의 반복적인 패턴 등 자폐 스펙트럼 장애의 특성을 나타냈다. Evan은 사립학교로 전학하였는데, 이전 학교에서는 그의 행동 문제를 적절하게 다뤄 줄 수 없었기 때문이다. 학군이 바뀌면서 Evan은 학교 수업의 40%는 'pull out'이라는 특수교육을 받고, 나머지 60%는 교실에서 정규 교육을 받도록 하는 개별교육프로그램(Individualized Education Program: IEP)이 작성되었다.

특수교육 프로그램에서 Evan은 사회화 기술과 언어적 표현 기술을 익혀 나갔다. Evan은 또한 일주일에 두 번 사회적 상호작용 기술을 연습하기 위해 학교에서의 안내 서비스를 받고 있었다. Evan은 지적으로 능력이 있었으며 적절한 행동 모델을 익히기 위해 교육을 해 주는 학생들과 정기적으로 상호작용을 할 필요가 있었다. 그래서 그는 학업 수행을 향상시킬 뿐만 아니라 사회적 기술을 증진시키고자 정기적으로 교육을 받았다.

그러나 정기적인 교육을 받고 있던 교실에서 Evan이 좌절하였을 때, 그는 책상 아래로 기어 들어가려 하였다. 교사가 질책하자 그는 압도되었고, 곧 교실 밖으로 뛰어나가 학교 밖으로 나가버렸다. Evan의 부모님, 교사, 학교심리사는 어떠한 프로그램이 교육적, 행동적으로 Evan을 향상시킬 수 있는지 결정하기 위해 모임을 가졌다.

BC / 아동의 사례 2

　Emily는 전 학교 성적을 통틀어 'A' 또는 'B'를 받아오던 중학생이다. Brown 선
생님은 Emily가 성취 동기가 높고, 강인하며, 세부사항에 대해 집중력이 있는 성격
의 아동이기 때문에, 그녀를 "총명한 아동"으로 묘사하였다. Emily는 학교에서 자
상하고 예의 바른 학생이었고, 언제나 완벽하고 깔끔하게 숙제를 제출해 왔다.

　최근까지 학교는 그녀에게 성공적인 장소였다. 그러나 지금 Emily는 처음으로
수학 수업에서 어려움에 처했다. Emily의 수학교사인 Caesar 선생님이 수업에서 소
수와 분수를 알려 주었는데, Emily는 열심히 공부하고 숙제를 제출하긴 했지만 수
학 과제를 분명하게 이해하지 못하였다. Caesar 선생님은 문제가 되는 것을 더욱
잘 이해시키고자 몇몇 교과 중심 평가(CBM)를 통해 Emily의 7학년 수학 숙달 정도
를 확인하고자 하였다. 놀랍게도, Emily는 처음에 'B'를 받긴 했지만 지금까지 배운
것 가운데 단지 40%만을 이해하고 있었다. 성적표를 되돌아봤을 때, 그녀가 높은
성적을 받은 것은 그녀가 대체로 제시간에 맞추어, 깔끔하게, 바르게 숙제를 제출
했기 때문이었다. Caesar 선생님은 그다음에 이전의 학교 생활 동안에 배운 개념들
을 되돌아보고 질문하는 CBM을 실시하였고, Emily의 교육 수준이 약 4학년 정도라
는 것을 발견하였다.

　Caesar 선생님은 Emily 부모님과의 회의를 계획하였고, 그녀의 어머니는 Caesar
선생님을 만나러 왔다. 그녀는 평소에 Emily의 숙제를 도와 주었다고 하였는데, 이

것은 Emily가 과제를 능숙하게 수행해 온 이유에 대한 설명이 되었다. 그러나 Emily 의 어머니는 7학년 수학 수업에서 나오는 추상적인 개념들을 그녀에게 이해시키는 데에 점점 어려움을 느꼈다. 게다가 Brown 선생님은 이전 학년 동안에 Emily가 수학의 개념을 익히지 못했다는 것을 듣고서 충격을 받았다. Emily가 교실에서 수학시간에 'B'를 받고 있기 때문에 그녀는 Emily가 잘 하고 있다고 생각한 것이다. Caesar 선생님과 Brown 선생님은 Emily가 과거에 품행이 바르고 과제 수행이 뛰어나며, 숙제를 성실하게 해 왔기 때문에 좋은 성적을 받은 것이라고 추측하였다. 그러나 수학 교과 성적은 계속해서 더욱 떨어지고 있는 시점에서 Emily를 돕기 위해 무엇을 해야 할지 모르고 있다.

논의할 문제

1. 행동적 용어를 사용하여 이 시나리오에서 나타난 문제를 어떻게 정의할 수 있겠는가?
2. 컨설턴트와 컨설티는 수학시간에 Emily를 어떻게 관찰함으로써 Emily를 도울 방법들을 제시할 수 있겠는가?
3. 문헌에서 제시된 근거 중심적 전략을 고려할 때, 어떠한 개입전략들을 사용하여 Emily를 도울 수 있겠는가?
4. Brown 선생님의 참여는 최적의 컨설테이션 성과를 도출하는 데 필수적인가?

BC / 아동의 사례 3

Patrick은 사립 몬테소리 학교에 다니는 7세 소년이다. 약 2년 전에, 그는 소아과 의사의 권유로 아동심리학자에게 의뢰되었고, 불안과 우울이 혼합된 적응 장애 및 표현언어 장애 진단을 받았다. 지난 2년간 그는 불안, 우울 증상을 관리하고자 한 달에 두 번 치료자를 만나고 있다.

학교에서 Patrick의 교사는 그가 다른 또래 아이들보다 덜 성숙해 보인다고 이야기하였다. Patrick은 지시를 수행하고, 가만히 앉아서 집중하는 데 어려움을 겪고 있다. 게다가 다른 아이들에게 공격적으로 군다. 가령, 그는 아이들을 때리고, 아이들에게 달려들고, 소리 지르는 등 다른 아이들을 괴롭히는 경향이 있다.

Patrick이 지시사항들과 규율을 지키는 데 어려움을 겪기 때문에, 그는 현장학습에 참여할 수 없다. 몇 달 전에, Patrick은 버스에서 서고 뛰는 것에 관해 안전상의 주의를 받고 단기간 버스 탑승을 하지 못하게 되었다. 그의 부모님과 교사에 따르면, Patrick은 또한 교사에게 말대답 하려 하고 학교에서 매우 고집스럽게 군다. 교사들은 몇 번이나 Patrick에게 지시사항을 반복해서 말해야 하고, 그는 늘 이에 응하지 않는다. 그가 지시사항을 따르지 않을 때 따지고 드는 것이다. Patrick의 어머니는 교사가 그를 애지중지하기 때문에 그의 행동이 유지되고 있다고 믿고 있다.

> ### 논의할 문제
>
> 1. 현 문제를 명료화하기 위해 어떤 정보를 부가적으로 탐색해야 하겠는가?
> 2. 컨설턴트가 문제분석 단계를 통해 현 문제를 어떻게 진행할 것인지를 비롯하여, 현 문제를 행동적 용어로 기술하시오.
> 3. 집과 학교 장면에서 Patrick에게 어떤 개입방법을 적용할 수 있는가? 어떠한 방식으로 개입을 선택해야 하는가?
> 4. 개입을 수행할 때 생길 수 있는 잠재적인 한계점들에 대해 논의하시오.

BC / 가족 사례 1

Jaquan은 혁신 학교에 재학 중인 2학년 아동이다. 어머니의 초기 보고에 따르면, Jaquan은 언제나 학교에 다니는 것을 즐거워했고 올해까지 비교적 별다른 행동 문제도 나타내지 않았다. 그러나 Jaquan은 2세에서 3세 사이에 과잉활동 장애로 각성제인 리탈린을 처방받았다고 기록되어 있다. 그의 어머니는 약물복용이 Jaquan의 과잉활동성을 증가시켰다고 보고하였고 이에 따라 처방전을 다시 발급받는 것을 거부하였다. 행동장애로 관심을 끌려 하고, 큰 소리를 지르고, 거꾸로 행동하는

Jaquan의 행동 문제를 줄이기 위해 사전에 파견된 아동 연구팀이 모여 행동교정전략을 수립하기 시작하였다. Jaquan은 유치원과 1학년 때 계속해서 개별교육프로그램 없는 행동 개입을 받아 왔다.

 Jaquan의 어머니는 도와주는 사람이 있는 학교에서조차 그가 '들떠(hyper)' 있으며, 집에서는 더욱 흥분한다고 이야기하고 있다. 교사는 Jaquan이 다소 미숙하며 엄청난 양의 일대일의 관심을 요구하고 있다고 설명한다. 게다가 Jaquan은 어른들에게 반항하고 또래들과 나누고 협동하는 것을 어려워한다. Jaquan은 엄청나게 고집이 세며, 긍정적이건 부정적이건 간에 자신이 바라는 것이 있으면 행동을 멈추는 것을 어려워한다. 그의 부모님은 집과 학교에서 일관되게 나타나는 주의력 부족과 반항적인 행동에 대해 염려하고 있다.

> **논의할 문제**
>
> 1. 이 사례에서 설명된 정보를 토대로 하여 현 문제를 기술하시오.
> 2. 학교심리사, 부모, 교사는 현재 Jaquan에게 사용되고 있는 행동적 개입의 효과성에 대해 어떻게 평가할 것인가?
> 3. 교실에서 Jaquan의 교사가 그를 도울 수 있도록 하기 위해 어떠한 구체적인 방법을 제안할 수 있겠는가?
> 4. 교사는 학교와 가정의 협력과 상호 일관성 있는 교육을 촉진하기 위해 무엇을 할 수 있겠는가?

BC / 가족 사례 2

 Tyrone은 Achivement 고등학교에 다니고 있는 10학년 학생으로, 이 학교는 부유한 지역에 소재하고 성공한 학생이 매우 많은 것을 자랑으로 삼고 있다. Tyrone의 부모님 모두 성공한 전문가로, 아버지는 이웃 지역 학교의 교장이며, 어머니는 이 지역 또 다른 학교의 시스템 관리자다. Tyrone은 학업 수행에서는 평균 'C'를 받는 평범한 학생이었지만, 미술과 디자인에는 뛰어났다. 더욱이 그의 교사는 Tyrone이

지역 자원봉사로 특성화되어 있는 미술 동아리와 사회복지 동아리에 참여하고 있으며, 그곳에서 그가 인기가 많다고 이야기해 주었다.

　Tyrone이 고등학교 2학년을 시작하려 할 때, 그의 부모님은 학교 교장, 학교상담자, 지역의 학교심리사 한 명, 이전에 그를 가르친 교사 및 이후 가르칠 교사들과의 회의를 요청하였다. 팀이 모인 후, Tyrone의 부모님은 아들의 미래에 대한 자신들의 걱정을 이야기하였다. 그들은 Tyrone이 'C'학점을 받아서는 좋은 대학에 들어갈 수 없을 것이며, 총체적인 심리 평가를 의뢰하고 싶다고 설명하였다. Tyrone의 교사들과 교장선생님은 자신들이 Tyrone을 매우 긍정적으로 평가하고 있기 때문에, 그의 부모님의 항의로 어리둥절해 했다. 그의 부모님은 이렇게 성취가 좋은 학교 시스템에서 자신의 아들이 모든 과목에서 'A'를 받지 못할 이유가 없다는 것이다.

　학교 상담자는 Tyrone이 갖고 있는 미술과 디자인, 그리고 철학적 관심 등을 포함하여 Tyrone이 학교에서 성취한 것들의 목록을 Tyrone의 부모님과 함께 검토하기 시작하였다. Tyrone의 부모님은 미술이 가치 있는 취미이긴 하지만, 화가로는 '남부럽지 않은 생활'을 할 수 없다고 느끼고 있으며, Tyrone이 학교에서 수행을 더 잘할 수 있도록 무엇인가가 변화되어야 한다고 팀원들에게 이야기하였다. Tyrone의 부모님은 진단되지 않은 학습 문제에 대해 의구심을 품고 있으며, 학기를 시작하기에 앞서 평가를 요구하고 있다.

논의할 문제

1. Tyrone의 부모님이 즉시 심리 평가를 의뢰하는 경우에 팀은 어떻게 반응해야 하겠는가?
2. 팀원 가운데 누가 컨설턴트로서 활동해야 하겠는가?
3. 만일 Tyrone의 부모님이 컨설티라면, 적절한 개입방법들을 선택하는 데서 어떠한 문제들을 고려해야 하는가?
4. 컨설티와 컨설턴트 간에 협력적으로 문제를 해결하려면 어떤 기법들을 사용해야 하겠는가?

BC / 가족 사례 3

　　Rachel은 최근에 학교심리사로부터 주의력결핍 과잉행동장애, 부주의 진단을 받은 2학년 학생이다. Rachel은 집과 학교 모두에서 장애 증상을 드러내고 있었기 때문에 두 곳 모두에서 제대로 기능하기 어려워하였다. 집에서 그녀는 자신의 책과 메모한 준비물은 물론 방에 있는 물건 등을 정리하는 데에 어려움을 겪었다. Rachel의 어머니는 Rachel이 숙제를 시작하고 이행하는 데에도 어려움을 겪는다고 보고하고 있다. 또 그녀가 숙제를 마쳤는지 반드시 확인해야 한다고 이야기하였다.

　　학교에서 Rachel은 학업을 수행하는 동안에 감정을 조절하는 것을 어려워하였다. 예를 들어, 그녀는 수학 수업 동안 눈물을 흘리거나 답답해하곤 한다. 과제를 마쳤을 때 어렵다면서 머리를 박고 슬프게 우는 것이다. 교사에 따르면, 그녀는 아마도 일주일에 한 번 정도는 5분에서 30분간 계속 우는 식으로 행동한다. Rachel의 교사는 그녀가 과제를 혼자 끝마치기 어려워하며 수업 시간에 자주 교사에게 도움을 요청한다고 보고하였다. 그녀는 허공을 응시하거나 몽상을 하는 등 자주 '혼란스러운' 것처럼 보인다. 불행하게도, 과제 수행 시의 이러한 수동적인 행동은 그녀가 과제를 완수하는 데에 부정적인 영향을 미치고 있다.

　　개별교육프로그램 팀은 Rachel에게 다른 종류의 교재를 제공한다든지, 반복적으로 지시한다든지, 학업을 잘 수행하는 친구 옆에 Rachel을 앉힌다든지 하는 등의 교실에서의 몇몇 개입방법을 제시하였다. 그러나 Rachel은 행동적으로, 학업적으로 계속해서 어려움을 겪고 있다. Rachel의 교사와 어머니는 개입방법들이 효과가 없기 때문에 그녀를 더 엄격하게 관리할 필요가 있는지에 대해 걱정하였다.

1. 컨설턴트는 현 문제의 특성에 관한 구체적인 정보를 어떻게 끌어낼 것인가?

2. 이용 가능한 정보를 토대로 하여 현 문제에 대한 조작적 정의를 내리시오.

3. 가능한 개입방법들에 대해 브레인스토밍하시오.

4. 컨설턴트는 현재 Rachel에게 사용된 개입의 효과성을 어떻게 측정할 수 있겠는가?

BC / 교사 사례 1

Michael은 정신 지체로 진단받은 2학년 특수교육 학생으로, 자기규제를 위한 교육 지원 서비스를 받고 있다. 또한 속옷에 대변을 묻히는 유분증 증세가 점점 심각한 문제가 되고 있다. 교실 안에서 Michael의 특수교육 선생님은 행동 수정 프로그램을 수행하였는데, 이는 한 주 동안 화장실에 잘 갈 때마다 포인트를 받고, 그 포인트로 매주 금요일에 보상을 받을 수 있는 것이었다. 불행히도 Michael은 이 프로그램을 통해 혼자서 화장실을 성공적으로 사용하는 기술을 익힐 수 없었다.

Michael의 어머니는 아들의 교육 및 건강 서비스에 대해 교사와 지역을 상대로 고소하겠다고 협박하면서 학교심리사에게 전화하였다. Michael의 어머니는 교사가 자신에게 전화하여 Michael이 사고를 점점 많이 일으키고 있다고 하면서, 교사와 학교 간호사가 어떻게 해서 Michael이 자신의 바지에 용변을 볼 경우에 스스로 그것을 처리하고 기저귀를 차도록 지시하기로 결정하게 되었는지를 설명해 주었다고 말했다. 교사는 Michael 스스로 책임감을 갖는 것이 필요하며, 가정에서 엄마가 그의 유분증의 심각성을 인식하지 못한 것들이 일련의 사건들과 직접적으로 관련된다고 Michael의 어머니에게 설명하였다.

논의할 문제

1. 컨설턴트는 교사와 부모 사이의 관계를 어떻게 중재할 수 있는가?
2. 이 상황에서 컨설턴트의 역할은 무엇인가?
3. 컨설티는 누구이며, 내담자는 누구인가?
4. 현재의 행동 수정 프로그램이 효과가 없기 때문에 교사와 부모에게 어떠한 다른 대안들을 제시해야 하겠는가?

BC / 교사 사례 2

Mark Jones는 읽기 학습 장애로 특수교육 서비스를 받을 필요가 있다고 파악된 11세의 6학년 학생이다. Mark는 최근 교실에서 읽기를 도와주는 정규 수업 교육에 등록했다. 또한 그는 ADHD로 진단받았으며, 각성제 약물 치료를 받고 있다.

그의 어머니 Jones 부인은 아들의 수행 성적표 복사본을 방금 받았는데, 수학, 과학, 사회 교과의 성적이 떨어진 것은 숙제를 하지 않았기 때문임을 발견하였다. Jones 부인은 Mark의 정규 교육을 지도하는 Smith 선생님을 만나서 Mark가 숙제장에 과제를 적는 것을 Smith 선생님이 확인해 줄 수 있는 체계를 마련하고자 했다. Smith 선생님은 또한 매일 집에 가져가야 할 책들을 골라야 할 것이다. 그다음에, Mark의 어머니 Jones 부인은 그가 과제를 수행했는지 감독하고 매일 그것을 녹색 폴더로 Smith 선생님에게 제출해야 할 것이다.

Smith 선생님은 Mark가 충분히 이에 책임감을 가질 만한 나이라고 느끼고 있으며, 숙제는 매일 칠판에 기록되기 때문에 그가 숙제를 안 해 온 것에 대해 변명의 여지가 없다고 이야기하였다. 그리고 자신이 모든 학생의 숙제장을 매일 체크할 시간이 없다고 이야기한다. 또한 Mark가 교실에서 내준 것 이외의 도움을 받고 싶다면, 더 제약이 많은 특수교육 프로그램에 등록해야 한다고 설명한다.

> ### 논의할 문제
>
> 1. 현 문제에 대해 설명하시오.
> 2. BC 모델을 이용하여, 컨설턴트가 현 문제를 명료화하고 개입을 진척시키기 위하여 담임 교사에게 사용해야 할 단계에 대해 파악하고 설명하시오.
> 3. Mark가 교실장면에서 과업을 독립적으로 수행할 수 있도록 하려면 교사가 어떻게 해야 하겠는가?
> 4. 이 시나리오에서 개입의 효과성을 어떻게 측정할 수 있겠는가?

BC / 교사 사례 3

Nick은 14세로, 아스퍼거 장애로 진단받았다. 유치원 시절부터 또래 친구들에게 놀림과 괴롭힘을 당해 온 희생양이었다는 점이 Nick에게 특히나 어려운 점이었다. 특히 올해, Nick은 또래들의 괴롭힘 행동을 이해하는 데에 어려움을 겪고 있었다. 그가 또래들로부터 '다르다'는 이유로 놀림을 받고 있지만, Nick 또한 다른 아동들을 괴롭히고 있다. 그는 또래들의 괴롭히는 행동에 대처하기 어려워하였는데, 그것은 언어적 또는 신체적인 폭발로 드러나곤 한다. 사회적으로 볼 때, Nick은 타인들에게 관심을 받고 싶어 하지만, 진정한 친구 누구의 이름도 댈 수 없다. 그는 우정의 의미와 관계의 일부분으로서의 사회정서적 상호작용에 필수적인 것들에 대해 계속적으로 이해하지 못하고 있다.

Nick은 또한 학교 수행에 관해 불안해하고 있다. 가령, 그는 과제가 지연되거나, 수업 시간에 많은 질문을 할 때, 시험 직전에 불안해한다. 그는 교사가 수업 중 이동하고 있거나 바쁠 때 질문을 하곤 했다. 따라서 그는 사회적 상황을 파악하는 데서 다소 어려움을 겪고 있다. 불안함을 느낄 때, 그는 울거나 폭발적인 행동을 보이고 나서야 누그러진다는 것을 경험하였다.

Nick을 위한 개별교육프로그램의 목표는 그가 종이에 질문을 쓰고, 나중에 교사에게 가서 질문할 차례를 기다리고, 질문하기에 좋은 시간을 발견하는 것과 같은 기법들을 사용함으로써 교실에서 불안을 다룰 수 있는 기술들을 늘려 나가도록 하는 것이다. Nick에게 몇몇 개입에 대해 안내하였지만, 그는 여전히 자신의 불안에 대처할 수 있는 적절한 방법을 알아내는 것뿐 아니라 불안해지는 감정을 이해하는 데에도 어려움을 겪고 있다. Nick은 또한 머지않아 고등학교에 진학하게 되는 것에 대해 염려하고 있다. 그의 교사는 Nick이 성공적으로 수행할 수 있도록 돕고 싶지만, 그의 사회적, 정서적, 행동적인 어려움들이 늘어나고 있는 상황에서 그를 어떻게 도울 수 있을지 파악하는 것을 어려워하고 있다.

논의할 문제

1. 당신이 컨설턴트로서 문제 평가에 사용할 행동 컨설테이션 과정의 단계에 대해 설명하라.
2. 교실장면에서 Nick이 불안한 감정에 대처할 수 있도록 돕기 위해 사용될 수 있는 개입들에 대해 설명하시오.
3. 컨설테이션에서의 수행 단계를 고려할 때, 개입을 수행하는 교사의 능력에 영향을 미칠 수 있는 장애 요인으로 무엇을 들 수 있겠는가?
4. 컨설턴트가 장애 요인을 어떻게 제거하거나 막을 수 있는가?

BC / 시스템 사례 1

Brandon은 심각한 읽기 장애로 특수교육을 받고 있는 8학년 학생이다. 지난해 연례 평가에서 그의 어머니는 읽기에서의 그의 학업 수준에 대해 궁금해하였고, 교사들은 그가 향상되고 있다고 말하였다. 현재의 학년에서, Brandon의 어머니는 읽기 기술 및 문서화된 의사소통 기술에 대해 계속해서 염려하였고 지역의 대학 아동 센터에서 평가를 실시하기로 하였다.

3년 전 마지막 평가가 이루어진 이래 Brandon은 읽기 기술에서는 3개월, 문서화된 의사소통 기술에서는 6개월의 성장을 나타내었다. Brandon이 평균을 상회하는 정도의 능력을 갖추었다는 견지에서, Brandon의 어머니는 지역 대학 아동 센터에서 제안한 것과 같이 그가 직접적인 교수 방법을 통해서 읽기 지도를 매일 받아야 한다고 주장하고 있다. 또한 Brandon의 어머니는 아들이 여름에는 주 5회, 하루에 2시간씩 직접적으로 지도받을 수 있기를 원한다. 만일 지역에서 30일 이내에 이러한 서비스를 제공하지 않는다면, 수속 절차를 이유로 학교 지역구를 상대로 고소를 할 예정이다.

논의할 문제

1. 이러한 상황에서 컨설턴트로서의 학교심리사의 역할은 무엇인가?
2. 이 시나리오에서 컨설티는 누구인가?
3. 무엇이 문제인가?
4. 이 사례에서 CBC가 어떻게 사용될 수 있겠는가?

BC / 시스템 사례 2

Donati 부인은 영아기 때부터 뇌성마비와 다운증후군을 진단받은 아들 Jeff에 대해 한결같이 지지자가 되어 왔다. Jeff는 태어나서 처음 몇 달 안에 초기 서비스 개입을 받았고, 좋은 성격의 어린이로 성장하여 개 먹이를 주고 쓰레기를 버리는 등의 몇몇 집안일을 맡아서 하였다. Jeff가 14세가 되고 중학교에서 8학년으로 올라갔을 때, 그는 처음으로 교육 프로그램으로 인한 어려움을 겪게 되었다.

설명하자면, Jeff는 최근의 인지평가에서 전체 지능이 45로 책을 읽을 수 없다는 평가를 받았음에도, 완전히 통합된 K-7학년의 정규 교육을 받게 된 것이다. 그러나 중학교의 다학제 팀(multidisciplinary team)은 통합 교육이 Jeff에게 현실성 있거나 적절한 선택이 아니라는 점에 관하여 자신들이 우려하는 것들에 대해 이야기하고자 Donati 부인을 만났다. 팀은 Jeff가 화장실을 혼자 가는 것과 같은 일상적인 기능적 기술들을 가르치고 직업을 준비시킬 필요가 있다고 하였으며, 정규교육 장면에서는 이러한 기술들을 배울 수 없을 것이라 믿고 있다.

그러나 Donati 부인은 Jeff가 독립된 어른이 되는 방법을 배울 수 있는 가장 좋은 길이 장애가 없는 또래들과 함께 교육받는 것이라 믿고 있다. 그녀는 그가 필요로 하는 특수교육 외에 제한된 최소한의 환경을 제공해야 한다는 그들의 요구에 절대 응할 수 없다고 여기고 있다. Donati 부인은 Jeff가 특수교육 교실에서 혼자 교육받아야 한다는 지역구의 제안에 동의하려 들지 않을 것이며, 다학제 팀은 그의 요구를 충족시켜 줄 수 없음을 주장하면서 Jeff에게 통합된 8학년 정규 교육을 받게 하는 것에 반대하고 있다.

논의할 문제

1. 이 사례에서 Donati 부인, MDT(다학제 팀), 또는 둘 모두 가운데 컨설티가 되기에 가장 적합한 사람은 누구인가?
2. 컨설티가 누구인가에 따라 컨설테이션의 목표는 어떻게 달라질 것인가?
3. 컨설턴트는 컨설티가 문제를 행동적 용어로 정의할 수 있도록 어떻게 도울 수 있겠는가?
4. 이 시스템에서 어떠한 변화가 필요한가?

BC / 시스템 사례 3

Sarah는 최근에 다른 지역에서 이사 왔으며, 현재 Meet all Need School 시스템의 4학년에 재학 중이다. 약 한 달 후에 Sarah는 서류꾸러미를 받았고, 그것을 선생님께 드리도록 엄마에게 부탁하였다. 교사는 서류를 검토하고 나서, 오후 늦게 그것에 대해 교장선생님과 이야기를 나누었다. 분명히 Sarah는 이전의 학교에서 영재아로 인정되었다. Sarah의 교사와 교장은 다른 학교 시스템에서 받아 온 Sarah의 학업성적에 대해 검토한바, Sarah가 다른 지역에서는 분명히 영재아로 진단될 수 있겠지만 지능검사 결과로 볼 때 이 학교에서 영재 프로그램을 받기에는 부족하다고 결정하였다.

교실에서의 Sarah의 수행에 대해 물었을 때, Sarah의 현재 교사는 Sarah가 영재 학생이라는 것을 믿을 수 없다고 보고하였다. 명백하게, Sarah는 몇몇 교과 영역에서 '허점'이 있으며, 어떤 부분은 Meet all Need School 시스템의 3학년에 나오는 부분도 다룰 수 없을 것 같아 보인다는 것이다. 그러나 Sarah의 교사도 다른 영역에서는 Sarah가 교실에서의 그 누구보다도 뛰어난 것 같다고 인정하였다. Sarah의 교사는 교장에게 아동이 영재아가 되기에 적합하려면 모든 영역에서 일관되게 수행을 잘해야 하는데 Sarah는 그렇지 못하다고 이야기하였다. Sarah의 교사는 Sarah가 수업 동안 종종 공상을 하는 것 같고, 최선을 다하려는 동기가 부족해 보인다며 걱정하였다. Sarah의 교사는 그녀에게 충분한 성취 동기가 없기 때문에 Sarah가 영재가 아닐 것이라고 결론지었다. Sarah의 교장은 교장실로 돌아와서 이러한 모든 정보에 대해 생각하였다. 그런 다음, 어떻게 행동하는 것이 최선일지 의논하고자 학교심리사, 학교상담자, Sarah의 교사와의 회의를 소집하였다.

논의할 문제

1. BC의 접근을 통해 이러한 사례를 분석할 수 있는 이유에 대해 설명하시오.
2. BC 과정에서 Sarah의 부모님의 역할은 무엇인가?
3. 이 사례에서 내담자는 누구인가?
4. BC를 사용할 때, 이 사례의 목표는 무엇이겠는가?

요 약

이 장에서는 CBC를 포함하여 컨설테이션에서의 BC 모델에 대해 소개하였다. BC 과정에서 언어 소통의 중요성에 관해 정보를 제공하였다. 그다음에 공식적인 시작, 효과적인 관계 수립, 문제 정의, 목표 설정, 개입이나 전략의 선택, 개입 수행, 개입 평가, 종결 등 컨설테이션의 일반적인 단계에 대해 다루었다. 또한 컨설턴트의 역할과 컨설티의 특성에 따른 BC의 과정에 대해 요약하였다. 다음 장에서 이론적 모델과 관련된 사례연구를 토대로 하여 사회인지이론의 컨설테이션에 대해 개관하고 논의할 것이다.

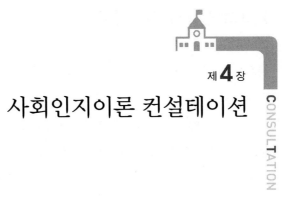

제 **4** 장

사회인지이론 컨설테이션

CONSULTATION

1. 도 입

행동주의 컨설테이션 모델(BC)과 사회인지이론 컨설테이션 모델(Social Cognitive Theory Consultation, 이하 SCTC)은 둘 다 내담자의 행동 변화를 독려하지만, 이 두 접근법 사이에는 몇 가지 차이점이 있다. 행동주의 모델이 내담자의 변화를 위해 조작적 학습을 사용하는 반면, 사회인지이론 모델은 내담자의 행동 변화를 위해 컨설티와 내담자의 인지(cognition) 변화에 초점을 둔다. 사회인지이론 컨설테이션 모델에서는 컨설턴트와 컨설티, 내담자의 기능에 영향을 주기 위해 개인 내 변인들(인지), 개인에 의해 보이는 변인들(행동), 그리고 개인 밖의 변인들(환경) 모두를 고려한다. 전반적으로 BC와 SCTC 모델 모두 긍정적 변화를 장려하지만, 컨설티와 내담자의 기능(functioning)을 개념화하는 관점에는 차이가 있다.

2. 사회인지이론의 가정들

사회인지이론(SCT)의 창시자인 Bandura(1978)는 단지 행동을 관찰함으로써 모든 학습을 파악할 수는 없다고 주장하면서 전통적인 행동주의에 반하여 자신의 이론을 개발했다. 몇몇 학습은 타인을 관찰함으로써 이루어지기도 하는데, 관찰된 지식이 즉시 행동으로 옮겨지지는 않지만 저장되어 미래에 사용될 수 있다. Bandura(1978)는 이러한 인식에 기초해서 SCT를 제안했다. 그는 인간의 행동이 행동주의자들이 믿는 것처럼 조작적 조건화(외적인 힘)를 통해 바뀔 수 있지만, 인지 또는 내적인 힘에 의해 바뀔 수도 있다고 주장했다. 더 나아가 개인의 행동은 그의 미래 행동과 인지, 환경에 영향을 미치기 때문에, 이 모든 요소는 인간행동의 상호결정인자들이다. 이러한 요소들은 동시에 작용하고 분리될 수 없기 때문이다.

사회인지모델 컨설테이션은 Bandura(1978)이론을 기초로 하는데, 이 이론에서 그는 개인의 행동, 인지, 환경의 상호작용이 인간 기능의 기초를 형성한다고 제안했다. 또한 이러한 요인들 사이의 상호관계는 컨설티와 내담자의 기능 둘 다에 영향을 미친다고 보았다. 이러한 유형의 컨설테이션에서는 컨설티의 문제를 해결하고자 하는 동기, 자기효능감과 독립성을 확립하고자 하는 동기가 강조된다. 더 나아가 컨설테이션의 목표는 개인, 환경 사이의 관계와 요인 간의 관계를 바꾸거나 관계에 영향을 미쳐, 결국에는 내담자 또는 다른 이들에게 발생할지도 모르는 미래의 문제들을 컨설티가 더 효과적으로 다루게 하는 것이다.

이 장의 많은 부분은 Brown과 Schulte(1987), Brown, Pryzwansky 그리고 Schulte(2001)의 연구를 반영하고 있다. SCTC 모델에 대한 더 자세한 정보를 얻기 위해서는 이 연구들을 참조할 수 있다. Brown과 Schulte(1987)는 SCTC의 가정과 가치를 개관한다. SCTC는 하나의 목표 영역에만 초점을 두기보다 세 가지 변인(행동, 인지, 환경) 안의 긍정적 변화를 장려하는 것을 중요시한다. Brown

과 Schulte(1987)는 SCTC 모델에 내재하는 두 개의 철학적 가정이 있다고 주장하는데, (1) 상호결정주의(reciprocal determinism), (2) 행동, 인지, 환경 변인 사이의 항상성 관계(homeostatic relationship)를 바꾸는 것이 그것이다. SCTC의 상호결정주의는 행동, 인지, 환경 사이의 관계가 컨설테이션 과정에 포함된 세 당사자(컨설턴트, 컨설티, 내담자)에게 영향을 미친다는 것을 의미한다. 컨설티와 내담자에 의해 증명된 문제를 잘 이해하기 위해서 컨설테이션 과정에서 이 세 가지 변인 모두를 고려해야 한다.

항상성 관계를 바꾸는 과정은 세 가지 영역에서 일어난다. 컨설테이션의 첫 번째 목적은 일반적으로 컨설티가 효과적인 방법으로 내담자와 상호작용하는 것을 방해하는 세 가지 변인 사이의 관계의 변화다. 두 번째 목적은 특정 상황에서 내담자의 기능에 영향을 미치는 인지, 행동, 환경 요소들의 상호작용의 변화다. 컨설테이션 과정의 세 번째 목적은 컨설티가 독자적으로 그리고 효과적으로 미래에 유사한 문제를 다룰 수 있도록 하기 위해 컨설티의 변화를 자극하는 것이다.

3. 컨설테이션 과정에서의 동기의 역할

동기는 SCTC에서 강조하는 중요한 영역 중 하나다. 컨설테이션 과정에서 컨설턴트의 역할은 자기조절적 행동을 발전시키기 위해 컨설티의 동기를 장려하거나 향상시키는 것이기 때문이다. Bandura(1977a, 1982b)는 동기가 긍정적 결과에 대한 예측으로부터 유발된다고 주장하는데, 이 긍정적 결과는 수행과제에 대한 자기효능감과 자신의 개인적 기준에 따른 목표 설정과 관련된다. 자기조절의 개발을 위해서는 직접교수, 피드백, 자신의 행동을 평가하는 모델에 대한 관찰이 사용된다(Bandura, 1977a, 1977b, 1978).

컨설턴트의 역할은 컨설티의 동기와 행동적 기준을 향상시키기 위해 컨설티가 컨설테이션 과정에 대해 긍정적 결과를 예상하도록 하는 것이다. 예를 들어, 내담자에게 대처하는 컨설티의 능력 향상, 컨설티 자신의 기능에 대한 이해 향상, SCTC 과정의 기준에 따른 목표 설정에 대한 이해 향상이 있다. 컨설턴트는 기준을 바꿔야 할 필요가 있는 특정 상황에서 컨설티에게 직접 지시를 제공할 필요가 있을 것이다. (1) 컨설티가 개발할 필요가 있는 새로운 기술을 가르치는 것, (2) 컨설티가 기술을 연습하고 자신의 수행을 평가할 수 있는 상황에 노출시키는 것, (3) 컨설티에게 피드백을 주는 것, (4) 컨설티가 적절한 모델을 관찰할 기회를 주는 것(Bandura, 1977a, 1977b, 1978)이 그 예다. Bandura(1977b)는 컨설티가 새로운 기술을 개발하고 동기를 향상할 수 있는 다른 방법들을 기술한다. 신체적 시연, 언어적 설명, 책과 비디오와 같은 매체 자료를 통한 방법이 있다. 모델에 대한 관찰은 컨설티가 새로운 반응들을 사용하고 개발하는 데 도움이 된다.

4. 사회인지이론 컨설테이션 과정

Bandura(1977b)는 컨설턴트와 컨설티 사이의 관계가 중요하다고 이야기한다. 이상적인 컨설턴트는 따뜻하고 진실하며 유능성을 보여준다(Bandura, 1971). 동시에 컨설턴트는 공유된 경험 혹은 관심을 통해서 라포를 형성하고 이로써 동료적 관계(collegial relationship)를 증진시킨다. Bandura의 컨설턴트-컨설티 관계에 대한 개념은 진정한 관심, 공감, 따뜻함, 개방성을 특징으로 하는 상담 관계와 유사하다. 컨설턴트는 모델링, 직접교수와 같은 방법을 통해 컨설티가 동기를 개발하도록 장려한다. 또한 컨설턴트는 유능성의 시연을 통해 컨설티의 행동에 영향을 미친다(Bandura, 1971). 예를 들면, 컨설턴트는 컨설티와 내담자 둘 다에게 영향을 미치는 환경으로 주의를 끌어 유능성을 보여 줄 수 있다. 또한 컨설턴트는 특정 상황에서 내담자의 기능을 개선하기 위해 사용할 수 있는 개입 기술을 보여 줄 수 있다.

컨설턴트 관계의 또 다른 특징은 호혜적 상호작용(reciprocal interaction)이다. 컨설턴트, 컨설티, 내담자 모두는 Bandura의 상호결정주의 모델에 따라 상호 간에 영향을 미친다(Bandura, 1977b). 컨설턴트는 면담을 통해 컨설턴트 과정을 안내함으로써 컨설티에게 영향을 미친다. 반대로 컨설티는 컨설턴트 과정에서 자신의 역할에 대한 지각을 설명함으로써 컨설턴트에게 영향을 미친다. BC 모델과 유사하게 목표, 결과에 대한 기대와 만남의 기간은 컨설테이션 과정의 초기에 논의된다. SCTC에서는 단일 요인에 초점을 두기보다는 관계에 영향을 미치는 행동과 개인적 요인들, 환경적 요인들을 고려하는 것이 중요하다.

5. 평 가

SCTC에서는 행동 과정, 환경 요인들과 자기효과성과 관련된 컨설티의 인지적 과정을 측정함으로써 문제를 평가한다(Bandura, 1977a, 1978). 컨설턴트와 컨설티는 내담자의 인지, 동기, 환경을 평가할 때 상호 협력해야 한다. 컨설턴트 과정이 진행됨에 따라, 컨설턴트의 중요한 목적은 컨설티가 컨설턴트로부터 독립하는 것을 돕는 데 있다. 또한 Brown과 Schulte(1987)는 평가과정이 협력적이어야 한다고 주장한다. 즉, 컨설턴트는 컨설턴트 과정의 어떤 단계에서도 주요한 책임을 져서는 안 된다. 또한 컨설턴트 과정에서 어떤 사람이 어떤 역할을 수행할지는 컨설테이션 과정이 시작하기 전에 결정되지 않는다. 컨설턴트와 컨설티의 역할은 각자의 전문성의 수준과 내담자에 대한 책무성, 시간 이용 가능성에 따라 달라진다. Brown과 Schulte(1987)에 의하면 컨설턴트는 컨설티가 독립적으로 기능하도록 하기 위해 기술을 학습하는 것을 방해해서는 안 된다. 이는 평가 과정에서 고려되는 중요한 점이다.

1) 컨설티 평가

컨설티의 행동과 기능의 현재 수준을 검증하기 위해, 컨설턴트는 컨설티가 내담자와 상담하는 상황에서 컨설티를 관찰할 수 있다. 컨설턴트는 컨설티의 자기효능감(인지), 기술(행동), 환경을 검증한다. 컨설티에 대한 관찰은 컨설티가 비공식적인 관찰 데이터를 원하느냐, 컨설테이션 결과물에 대한 효과를 평가하기 위해 입증된 공식적 데이터를 원하느냐에 따라 형식적이거나 비형식적일 수 있다. 컨설티를 평가할 때 컨설턴트는 문제 해결에 대한 컨설티의 동기, 필요한 개입을 수행하는 데서의 자신감과 관련된 신념, 요구되는 개입을 수행할 능력과 관련된 질문을 할 수 있다. 이는 동기와 자기효과성에 대한 자기평가, 역할놀이, 면담, 컨설티의 말로부터의 추정을 통해 평가된다. 컨설티 평가 시 다루어야 할 구체적인 질문들은 〈표 4-1〉을 참조한다.

컨설티를 평가할 때 컨설티의 환경에 대한 검증 또한 필요하다. 환경을 검증할 때 고려할 수 있는 것에는 행동 규준, 환경의 물리적 특징 등이 있다. 예를 들어, 체육관이나 밴드 연습실 근처에 교실이 있으면, 소음과 학생 사고와 관련된 문제가 증가할 수 있다. 컨설티 평가의 마무리에 컨설턴트와 컨설티는 협력하여 개선이 필요한 영역들을 확인한다(Brown, Pryzwansky, & Schulte, 2001).

표 4-1 컨설티 평가를 위한 질문들

1. 컨설티가 내담자의 문제를 다루는 데 필요한 필수 기술을 습득했는가?
2. 내담자의 문제를 다루는 데 요구되는 행동에 관한 자기효능감 수준은 어떠한가?
3. 표출된 문제와 관련된 동기의 수준은 어떠한가?
4. 컨설티가 조치를 취하지 못하게 하는 강력한 환경적 제약이 있는가?(예: 비공식적 규준, 규칙, 전통)

출처: A Social Learning Theory Model of Consultation by D. Brown and A. Schulte, 1987, *Professional Psychology Research and Practice, 18*, p. 285.

2) 내담자 평가

내담자에 대한 평가는 내담자의 강점과 요구, 문제에 대처할 때 내담자의 자기효능감, 문제를 적극적으로 다루는 것을 방해하는 환경적 변인들에 대해 컨설티와 논의하는 것이다. 첫째, 컨설턴트는 내담자의 행동적 강점과 호소 문제의 영역들을 확인하기 위해 컨설티와 협력한다. 평가는 면담, 자기평정, 관찰과 같은 기법들을 통해 이루어진다. 내담자의 행동에 관하여 물어야 하는 가장 기본적인 질문은 표출된 문제와 관련된 상황에서 기능하는 데 필요한 유능성을 가지고 있는지다(Brown & Schulte, 1987; Brown et al., 2001). 〈표 4-2〉는 내담자 평가 과정에서 다루어야 할 구체적 질문들을 제공한다(Brown & Schulte, 1987, p. 285).

내담자의 강점과 약점을 평가한 후에 문제 상황에 대한 내담자의 인지 혹은 판단이 평가된다. 이 단계에서 중요한 것은 내담자의 자기효능감에 대한 신념 측정이다. 이는 내담자가 자신이 이 상황을 대처할 능력에 대해 어떻게 지각하고 있는지를 알아내는 것을 목적으로 한다. 내담자의 자기효능감은 평정 척도에 의해 평가될 것이다(Bandura, 1982a, 1982b; Keyser & Barling, 1981). 일반적 자기효능감 척도(General Self-Efficacy Scale: GSES; Schwarzer & Jerusalem, 1995)가 그 예다. 또한 Brown과 동료들(2001)은 문제를 다루는 데 대한 내담자의 자신감에 관하여 직접 간단하게 묻는 것을 제안한다.

표 4-2	내담자 평가를 위한 질문들

1. 내담자가 기술에 결함이 있는가?
2. 표출된 문제를 다룰 능력에 관하여 내담자의 자기효능감 신념은 어떠한가?
3. 내담자는 문제를 처리하는 것의 중요성에 대해 어떻게 평가하는가?
4. 현재 상황에서 내담자가 행동을 취하는 것을 방해하는 강력한 환경 변인이 있는가?

출처: A Social Learning Theory Model of Consultation by D. Brown and A. Schulte, 1987, *Professional Psychology Research and Practice, 18*, p. 285.

컨설티는 자유로운 면담을 통해 내담자의 수행에 관한 내담자 자신의 인지 혹은 기대를 평가할 수 있다(Mischel, 1973). 내담자의 인지를 끌어내기 위해 컨설티에게 다음의 인터뷰 형식을 안내할 수 있다. 첫째, 컨설티는 내담자에게 다음과 같은 질문을 함으로써 문제 행동을 확인할 수 있다. (1) 행동을 말 또는 역할극을 통해 설명하라. (2) 시간, 장소, 환경을 포함해서 행동의 조건(parameter)을 확인하라. (3) 환경에서 단서와 강화인을 확인하라. 컨설티는 내담자가 적절한 행동을 역할극으로 하거나 행동을 설명할 때 대안적이고 적절한 행동들을 제안할 수 있다(Brown et al., 2001).

또한 컨설티는 내담자가 보여 주고 있는 긍정적 행동을 내담자 스스로 지각할 수 있도록 다음의 방식으로 질문할 수 있다. (1) 1에서 10까지의 척도에서 자기 자신과 바람직한 행동을 행하는 데서의 자신감을 스스로 평가하라. (2) 환경적인 보상과 개인적 보상과 같이 바람직한 행동을 수행했을 때의 가능한 결과물들을 확인하라. (3) 내담자에게 상황에 적절하게 행동하는 것이 얼마나 중요한지 물어라. 마지막으로 컨설티는 평가 결과를 내담자와 함께 검토한다(Brown et al., 2001).

내담자 평가의 세 번째 단계는 내담자의 환경을 검증하는 것이다. 일반적으로 근접한 환경 단서의 검증에 초점을 두는 행동주의 접근법과는 달리 SCTC 접근법은 더 광범위한 환경을 평가하는데, 이러한 환경평가 과정을 설명하기 위해 Bronfenbrenner(1979)의 생태학적 접근이 사용된다. 우선 내담자의 가족, 또래, 교실과 같은 미시체계가 평가된다. 미시체계에서 행동에 대한 선행사건들, 정적, 부적 강화 전략들 그리고 문제 행동이 발생할 때 나타나는 다른 행동들의 영향이 확인된다(Brown et al., 2001).

내담자의 미시체계와 함께 내담자의 가족, 친구와의 관계와 같은 것들이 내담자 평가 과정에서 고려되어야 한다. 컨설턴트와 컨설티는 내담자가 대인관계에서 어떻게 기능하는지를 검증한다. 내담자의 환경을 평가하는 중요한 목적은 적절한 행동을 유지할 때 정적 강화인자의 역할과 정도를 검증하는 데 있다. 어느 정도의 정적 강화인자를 포함하는 환경은 지지적 환경으로 고려된다. 교실에서 의 자원(예: 책, 연필, 다른 학용품) 부족과 같은 내담자 주변의 환경들도 평가한다. 내담자의 환경을 평가한 후에 컨설턴트와 컨설티는 내담자의 기능에 대한 행동, 인지, 환경의 영향을 결정할 수 있다(Brown et al., 2001).

6. 문제의 진술과 목표 확인

컨설티와 내담자 평가에 기초하여 컨설티와 내담자 둘 모두를 위한 문제를 진술하고 목적을 확인한다. 컨설턴트의 안내로 컨설티는 성공 가능성을 높이기 위해 목표의 우선순위를 정한다. 목표는 컨설티가 내담자와 상담하는 데서 성공 가능성을 최대화한다(Brown et al., 2001).

1) 개입의 선택과 실행

컨설턴트는 적절한 개입을 선택하기 위해 컨설티와 협의한다. 컨설티는 연구에 기초한 개입에 대한 지식을 가지고 있는 컨설턴트의 도움을 받아 개입을 선택한다. 개입의 선택은 컨설테이션 과정에서와 마찬가지로 컨설턴트와 컨설티간 협력의 결과여야 한다(Bergan & Kratochwill, 1990). Bergan과 Kratochwill(1990)은 개입을 선택하는 데 있어 다음과 같은 순서를 제안했다. (1) 내담자를 도울 수있는 가능한 방법들을 목록으로 만들어라. (2) 컨설턴트, 컨설티, 내담자의 관점을 고려해서 방법들의 긍정적인 측면과 부정적인 측면을 열거하라. (3) (내담자와컨설티 외의) 시스템에 미치는 긍정적, 부정적 영향을 확인하라. (4) 개입을 선택하라. 개입은 컨설티와 내담자의 행동적, 인지적 변화에 기초해서 관찰되고 평가되어야 한다.

개입을 선택한 후에, 컨설턴트는 컨설티에게 수행전략을 보여 준다. 이는 개인이 타인을 관찰하고 그 행동과 관련된 결과를 인식하면서 행동을 학습할 수 있다는 Bandura(1978)의 연구에 기초한다. 컨설티는 수행 방식에 대한 컨설턴트의 피드백을 받으면서 개입을 연습할 수 있다. 컨설티가 개입을 능숙하게 실행하고 전략을 수행할 능력이 있음을 컨설턴트와 컨설티 모두 확신할 때, 전략이 내담자에게 실행된다(Brown et al., 2001).

2) 개입의 유형

컨설티와 내담자에게 사용되는 개입은 기본적으로 Bandura(1977a, 1982b)의 연구에 기초한다. 개입은 특정 행동의 숙달을 통한 컨설티 또는 내담자의 자기효능감 증가에 초점을 둔다. 예를 들어, 내담자(학생)는 자기관찰 기법을 통해 수업시간 동안 자신이 자리에서 일어나는 행동을 기록하는 것을 배운 후에 자기효능감이 증가할 수도 있다. 아동은 자신의 행동을 관찰하고 행동 반응을 억제하는 방법을 배우면서 자신감이 증가한다. 자기효능감은 특정 행동의 수행 숙달을 통해 얻어진다.

또한 자기효능감은 내담자가 적절한 모델을 관찰하는 유익한 학습을 경험함으로써 향상될 수 있다. 예를 들어, 부정적 정서의 조절을 위해 소리 내어 혼잣말을 하는 기술을 사용해야 하지만 이를 어려워 하는 아동은 이 기술을 성공적으로 사용하는 또래를 관찰할 수 있다. 모델링 경험은 비디오, 영화, 책과 같은 매체를 통해서도 가능하다(Bandura, 1977a). Brown 등(2001)이 종합한 SCTC 행동기법의 예가 〈표 4-3〉에 있다.

언어적 설득은 자기관찰 혹은 모델링과 비교해 효과적이지는 않지만, 자기효능감 신념을 향상시키기 위해 사용될 수 있다(Bandura, 1977a, 1982b). 컨설턴트는 컨설티 혹은 내담자가 새로운 행동을 하도록 말로써 격려할 수 있다. 자기효능감 개입의 또 다른 목표는 정서적 혹은 생리적 각성이다. 행동을 실행하기 이전에 정서적 흥분을 감소시키기 위해 사용되는 기법들은 개인의 자기효능감을 향

표 4-3 SCTC 행동기법의 예

1. 상징적 모델링-바람직한 행동을 오디오, 비디오, 문자 자료와 같은 매체를 통해 보여 준다.
2. 수행 규정-컨설턴트가 바람직한 행동을 먼저 보여 주고, 코칭과 피드백을 제공하면서 컨설티에게 그 행동을 따라하게 한다.
3. 은밀한(covert) 모델링-컨설티는 바람직한 행동을 하는 자신을 상상한다.
4. 인지적 재구조화-문제 상황 이전, 문제 상황 중, 문제 상황 이후에 나타나는 사고 패턴을 확인하고, 부정적이거나 부적절한 사고 패턴을 적절한 패턴으로 대체하는 것을 의미한다. 이 과정에서 인지적 모델링과 피드백이 사용된다.
5. 자기관찰-행동의 특징을 확인하고, 목표를 향한 자신의 진보를 관찰함으로써 문제해결에 대한 개인의 인식을 증가시키는 전략이다.

출처: Behavioral Approaches to Consultation, by D. Brown, W. B. Pryzwansky, and A. C. Schulte, 2001. *Psychological Consultation: Introduction to Theory and Practice*(5th ed.), p. 65.

상시킬 수 있다(Bandura, 1977a). 흥미롭게도 높은 정서적 각성 상태인 개인들은 평균 수준 혹은 낮은 수준의 정서적 각성 상태의 개인보다 자기효능감이 낮은 경향이 있다. 인지적 재구조화와 탈감각화 기법은 컨설티와 내담자가 행동 수행 이전 혹은 행동 수행을 하는 동안에 그들의 인지적 과정을 통제하거나 바꾸는 방법을 배울 수 있도록 하기 위해 각성을 감소시키도록 사용될 수 있다. 그러나 이 기법은 자기관찰 혹은 모델링 기법보다 자기효능감을 향상시키는 데 덜 효과적인 것으로 여겨진다.

　Brown 등(2001)은 앞서 언급한 개입 기법들에 기초해서 자기효능감을 향상시키는 단계의 순서를 제안한다. 컨설티 혹은 내담자는 컨설턴트가 제안하는 행동을 수행하는 데 어려움을 겪을 수도 있다. 수행의 실행은 자기효능감을 증가시키는 데 가장 중요하다. 그 과정을 설명하기 위한 순서가 다음에 제시되어 있다. (1) 컨설티 혹은 내담자가 행동을 수행할 능력이 있다는 언어적 설득 기법과 격려를 사용하라. (2) 컨설티 혹은 내담자가 성공적으로 행동을 수행하는 개인을 관찰하게 하는 유익한 학습 경험을 활용하라. (3) 컨설티와 내담자가 행동을 연습하고, 성공하기 위해 역할놀이를 활용해서 수행을 실행하게 하라. 체계적

둔감화와 같이 과도하게 정서적 각성 수준을 감소시키는 기법들은 컨설티 혹은 내담자가 비논리적인 두려움 혹은 걱정을 보일 때만 사용해야 한다.

중요하게 고려할 요소 중 하나는, 개입이 이루어지는 동안 컨설티와 내담자는 스스로의 수행에 대해 평가해야 한다는 것이다. 자신의 수행과 기대에 대한 평가(예: 어려움)는 내적, 외적 보상과 연결된다. 이는 뒤이어 컨설티와 내담자가 행동을 수행하고자 하는 동기와 연결되고, 행동을 수행하여 얻는 결과물과도 연결된다. 평가와 기대는 인지적 재구조화, 컨설턴트 피드백, 모델링을 통해 바뀔 수 있다(Bandura, 1977a).

7. 개입 관찰과 평가

Bergan과 Kratochwill(1990)의 컨설테이션 모델은 개입의 효과성을 관찰하고 평가하기 위해 사용할 수 있는 구체적 단계를 정리하고 있다. 사회인지이론 컨설테이션 모델은 개입의 행동적 측면을 평가하는 데에도 관심이 있지만, 인지의 중요성을 강조한다. 그러므로 개입계획을 평가할 때 초점은 컨설티와 내담자의 자기효능감 신념, 상황에 대한 평가, 결과 기대일 것이다.

8. 사회인지이론 컨설테이션에서의 컨설턴트의 역할

컨설턴트는 컨설테이션 관계에서 과정 혹은 내용에 대한 관찰자, 협력자, 전문가의 역할을 수행한다. 컨설턴트의 역할은 과정 혹은 내용에 따라 다르고, 컨설턴트 과정에서의 개입 수준에 따라 다르다(Brown et al., 2001). 일반적으로 행동주의 컨설턴트에서 컨설턴트는 컨설테이션 관계를 통제하고, 언어적 구조화 기법을 사용해 컨설테이션 과정을 안내하는 전문가 역할을 수행한다(Bergan &

Kratochwill, 1990). 반대로 사회인지이론 컨설테이션에서의 컨설턴트는 전체 자문과정에서 촉진자 혹은 협력자다.

특히 SCTC에서 컨설턴트의 역할은 컨설티가 자기조절 기술을 개선하고, 컨설티가 내담자뿐 아니라 자신에 대한 행동 기준을 세우도록 동기를 불어넣는 것이다. Bandura는 긍정적 결과에 대한 기대, 과제 수행에의 자신감, 개인적 행동 기준과 관련된 목표 달성으로부터 동기가 생긴다고 주장하며, 동기를 개선하고 행동적 기준을 충족할 수 있는 방법들을 논의한다. 행동적 기준은 직접적 지시와 피드백, 타인의 자신에 대한 평가와 관찰을 통해 장려될 수 있다(Bandura, 1976, 1977b, 1978).

행동주의 컨설테이션 모델과 달리, 사회인지 컨설테이션 모델에서 컨설테이션 관계는 비위계적이고 협력적인 것으로 보인다. 행동주의 모델도 컨설턴트와 컨설티 사이의 협력을 강조하지만, SCTC 모델은 협력적 관계에 의존한다. 컨설테이션 과정의 성공은 컨설티와 내담자의 자기효능감 신념, 행동, 환경의 긍정적 변화에 영향을 미치는 것이다. Bandura의 이론에 기초해서, SCTC 모델은 상호 결정주의 개념 혹은 인지, 행동, 환경 변인의 상호작용에 관심을 둔다. 이와 같이 SCTC 모델은 컨설턴트, 컨설티, 내담자의 인지를 강조한다는 점이 BC와 다르다.

9. 사회인지이론 컨설테이션의 효과성

BC와는 달리 SCTC의 효과성을 입증한 연구는 거의 없다. SCTC 모델은 아직 타당화되지는 않았지만(Brown & Schulte, 1987), SCTC 과정에서 사용된 개입들은 연구에 의해 지지되고 있다(Bandura, 1977b, 1978, 1982b). BC 모델에서의 환경과 유사하게, SCTC의 효과성은 컨설테이션 과정 안의 요인들과 관련될 것이다 (Kratochwill & Van Someren, 1995). SCTC에서 강조하는 컨설턴트와 컨설티 사이의 관계는 컨설테이션 결과와 효과에 영향을 미칠 것이다. 예를 들어, 한 연구에서 교사는 컨설티와 문제에 대해 충분한 시간을 들여 논의하는 컨설턴트를 더 긍정적으로 지각했다. 또한 흥미롭게도, 교사들은 개입효과성과 관계없이 컨설테이션 과정을 긍정적으로 바라보는 경향이 있었다(Athanasiou, Geil, Hazel, & Copeland, 2002). 게다가 SCTC 과정은 본래 협력적인 것이기 때문에, 컨설턴트와 컨설티 사이의 관계 와해는 치료 결과에 부정적 영향을 미칠 것이다.

SCTC 효과성과 관계가 있을 수 있는 다른 요소는 컨설팅 과정 동안에 컨설티에게 심어 준 동기와 자기효과성 신념이다. SCTC에서 컨설턴트의 역할은 컨설티와 내담자에 대한 행동 기준을 세울 때 컨설티의 동기를 향상시키는 것이다. 이는 직접 교수, 피드백, 모델링을 통해 이루어진다(Bandura, 1977a, 1982b). SCTC의 성공은 컨설턴트가 컨설티에게 새로운 기술을 가르치는 능력에 달렸다. 이를 통해 컨설티의 동기와 자기효능감이 증가하고, 차례로 이는 컨설테이션 결과에 긍정적으로 기여한다(Brown & Schulte, 1987).

10. 사회인지이론 컨설테이션 사례연구

SCTC / 아동 사례 1

4학년인 Billy는 또래와 교사에게 신체적, 언어적 폭력을 보이는 부적절한 행동을 해 왔다. 교사는 교실 안에서 반응-대가 행동수정 시스템을 사용해 왔고, 그 시스템은 부적절한 행동들을 줄이는 데 매우 효과적이었다. 그러나 Billy는 버스와 운동장에서는 계속해서 폭력적 행동을 보였다. 교장선생님은 Billy에게 휴식시간을 주지 않는 것이 그의 행동을 다루는 데 효과적인 수단이 아니라는 점을 알게 되었고, 최근에 학급 동료들이 운동장에서 그를 못살게 굴어 폭력을 행사하도록 하는 것을 관찰했다. 운동장에서의 행동을 관찰하면서, Billy의 교장선생님과 선생님은 그가 종종 또래들이 하는 싸움놀이를 모방하기는 하지만, 싸움놀이를 원하지 않는 아이들에게 싸움놀이를 하고, 그 공격의 정도가 보통보다(통상적으로 싸움놀이에서 허용되는 정도보다) 심하다는 사실에 주목했다.

　Billy가 잘못된 행동을 보일 때, 교장선생님은 벌로 Billy를 다음 휴식시간 동안 교무실에 있게 했다. 교무실에 있는 동안 교장선생님은 Billy가 열심히 공부하고, 모든 일을 교장선생님이 만족하는 수준으로 완수한다는 것을 알게 되었다. 그는 Billy와 대화하면서 왜 그의 행동이 또래와 다르다고 여겨지고, 받아들여질 수 없는지를 Billy가 진정 알지 못한다는 것이 걱정되었다. 교장선생님은 Billy가 좋은 아이라고 생각하지만 이러한 폭력 행동이 발생하지 않도록 하기 위해 무엇을 해야 할지를 모른다.

논의할 문제

1. 상호결정주의 관점에서 문제를 개념화하시오. 문제 행동, 환경적 문제들, 인지적 요소들을 설명하시오.
2. 행동수정 시스템이 교실에서 효과적인지를 알아보고, 어떤 다른 개입 기법들이 사회인지이론 컨설테이션 모델에 기초한 다른 장면에서 아동에게 효과적일지를 살펴보시오.
3. 이 예에서 동기의 역할을 설명하시오.
4. 어떤 유형의 SCTC 기법이 아동이 배우기에 유용할 것인가?

SCTC / 아동 사례 2

　Jane은 아스퍼거 증후군(Asperger's syndrome)으로 진단된 14세 소녀다. 아스퍼거 증후군은 사회적 상호작용과 기능에서 심각하고 지속적인 손상이 있고, 행동, 사회적 관심, 활동에서 제한되고 반복적인 패턴의 특징을 보이는 자폐범주성 장애다. Jane은 일반학급(mainstream classes)에 속해 있다. Jane의 생활지도상담사(guidance counselor)는 최근에 Jane이 학교에서 보이는 행동 문제로 학교심리사를 만났다. Jane은 사회적 상호작용의 기회가 많은 무대예술에 참여하고 있지만, 친구를 사귀는 것을 계속해서 어려워하고 있다. 그녀는 때때로 자신이 좋아하는 또래들을 놀리고, 조르고, 만진다. 이러한 행동은 Jane이 우정을 유지하는 데 부정적 영향을 미치고 있다.

또한 Jane은 학교에서 때때로 놀림을 당하기도 하고, 괴롭힘에 항상 적절하게 대처하지는 못한다. 학교에서 또래들은 최근에 Jane을 반복적으로 놀리는 이름으로 불렀다. Jane은 그녀가 강하게 반응할수록 오히려 또래들이 계속해서 그 이름을 부른다는 것을 깨달았지만 여러 번 "그만해!"라고 소리쳤다. 게다가 Jane은 다른 사람들이 재미있다고 생각하지 않는 상황이나 생각 혹은 부적절한 순간에 웃었다. 생활지도상담사가 Jane에게 이러한 일들에 대해 물었을 때, Jane은 자신이 어리석어지는 때를 알아차리는 능력을 기르고 싶다고 말했다. Jane의 생활지도상담사는 자폐범주성 장애로 진단된 아동과의 상담에 미숙하기 때문에, Jane이 또래와 잘 지내도록 도울 수 있는 새로운 전략들을 알고 싶어 한다.

논의할 문제

1. 당신은 생활지도상담사의 자기효능감 신념을 어떻게 평가할 것인가?

2. 어떤 종류의 추가적인 정보가 이 사례에 도움이 될까?

3. 어떤 개입전략들이 Jane의 상담사가 Jane이 사회적으로 성공하도록 돕는 데 도움이 될 것인가?

4. Jane의 사회적 기술을 개선하는 데서 생활지도상담사의 자기효능감을 증가시키기 위한 방법들을 설명하시오. Jane의 자기효능감과 사회적 상호작용에서의 동기를 개선하는 방법을 기술하시오.

SCTC / 아동 사례 3

Alex는 신경장애가 있는 아동들을 위한 사립학교의 6학년 학생이다. 이전 학교에서 Alex는 행동 문제를 보였고, 또래와 교사를 때린 기록이 있다. 올해 초에, Alex는 본래의 학군(home school district)으로 돌아갈 예정이었다. 하지만 그는 전학에 어려움이 있었고, 종종 서 있고 공부를 거부했다. Alex가 본래 학군에 적응하는 데 어려움을 보였기 때문에 사립학교가 가장 적절한 배치라고 결정되었다. 사립학교로 돌아오자마자 학교 사회복지사는 2주 동안 Alex가 파국(meltdown)에 이르는 행동 문제를 보였다고 보고했다.

그 이후로 그녀는 Alex가 차차 잘 적응하고 있다고 보고한다. 그러나 또한 그가 다른 학생들의 잘못되거나 부적절한 행동(새로운 학생을 따돌리거나 괴롭히기)을 따라 하는 경향이 있다고 보고한다. 사회복지사는 이러한 행동을 악의적이라기보다 사회적으로 어울리기 위한 욕구의 결과라고 본다. 또한 Alex는 새로운 활동을 시작하거나 현장학습을 갈 때는 거부하거나 저항하지만, 어느 정도 시간이 지나면 새로운 환경에 적응한다.

Alex의 학교는 학생들이 매주 금요일에 학교 상점 또는 마켓에서 쓸 수 있는 장난감 돈(play money)을 벌 수 있는 학교 차원의 행동 계획을 시행한다. 그러나 Alex는 이 시스템에 동기화되지 않는다. 사회복지사는 Alex가 적절하게 행동하도록 동기화하고 그가 사회적 발달을 이루는 동안 그를 강화하는 새로운 방법을 찾고 싶어 한다.

논의할 문제

1. 현재 문제를 평가하는 데 첫 번째 단계는 무엇인가?
2. 당신은 컨설티와 내담자에게 현재 문제와 관련하여 그들의 동기, 평가, 기술에 대하여 어떤 구체적인 질문들을 할 것인가?
3. Alex에게 사용 가능한 개입들을 설명하시오.
4. 토큰경제체제는 왜 효과적이지 않은가?

SCTC / 가족 사례 1

Matteo는 학교를 재미있어하고 Ramirez 선생님을 좋아하는 2학년 학생이다. Ramirez는 Matteo가 학교에서 잘 지내고 있으며 또래들과도 원만하게 지내고 있는 것으로 보고하였다. Ramirez가 컨설턴트에게 보고한 문제는 Matteo와 몇몇 또래들이 교실에서 자위행위를 하는 것 같다는 것이었다. Ramirez는 이 문제를 컨설턴트에게 언급하는 것이 어리석다고 느꼈지만, 그녀는 자신이 무엇을 해야 하는지 혹은 무엇을 해서는 안 되는지 알지 못한다.

Ramirez는 인간의 성생활(sexuality)에 대해 약간의 연구를 했고, 아동이 자신의 몸을 탐색하고 기분이 좋아지는 행동을 반복하기 시작하는 것은 정상이라는 것을 알고 있다. 하지만 그녀는 그 행동이 악순환이라고 느낀다. 몇 명의 아동이 그 행동을 분명한 자의식 없이 하고 있기 때문이다. Ramirez는 전체 학급이 이러한 행동을 받아들일까 걱정하고, 그렇다면 자신이 무엇을 해야 하는지 걱정한다.

논의할 문제

1. 학생의 현재 기능과 문제점을 기술하시오.
2. 이 상황에서 내담자는 누구인가? 컨설턴트로서 당신은 어떻게 인지를 평가할 것인가?
3. Ramirez를 위해 당신은 어떤 전략을 제안할 것인가?
4. 이 사례에 대한 사회인지이론의 개념화는 행동주의 컨설테이션의 관점과 어떻게 다른가?

SCTC / 가족 사례 2

Edwards는 2학년에 재학 중인 자신의 딸에 대해 의논하기 위해서 학교심리사를 만났다. Edwards는 그녀의 딸이 1학년 때는 매우 성공적인 학생이었지만, 올해 들어 공부에 어려움을 겪기 시작한 매우 민감한 아이라고 이야기했다. Edwards는 담당교사와 만났지만 그녀가 매우 융통성이 없음을 알았다. Edwards는 교사가 화가 날까봐 걱정하지만, 그녀의 딸이 거의 매일 아침 기분이 좋지 않다고 불평한다는 것을 안다. 아이를 봐 주는 사람은 딸이 학교를 빠져도 된다는 허락을 받으면 기분 좋아 한다고 말했다.

Edwards는 자신도, 남편도 집에서 '고함치는 사람(yeller)'이 아니며, 딸의 행동이 부적절할 때 행동을 변화시키기 위해 언어적 지시만으로도 충분하다고 생각한다. 그러나 Edwards는 담당교사가 학생들을 통제하기 위해 교실에서 소리를 지르고 이것이 딸을 위협한다고 믿는다. Edwards는 자신의 딸이 중학생인데 교사에게 변화를 요구해야 하는지 혹은 자신의 딸에게 최선을 다하라고 말하고, 그냥 올해를 버린다고 생각해야 하는지 궁금하다.

논의할 문제

1. 당신이 교사의 현재 기능과 행동적 강점과 약점을 평가하기 위해 사용해야 할 평가 질문들과 방법들을 쓰시오.
2. 교사의 엄격함이 영향을 미치는 요소들을 브레인스토밍하시오. 이 엄격함은 그녀의 행동에 어떻게 영향을 미치고 있는가? 또한 환경적 요소들도 고려하시오.
3. Edwards의 인지가 왜 개입을 위한 잠재적 목표가 될 것인가?
4. 학생의 현재 기능은 어떠한가?

SCTC / 가족 사례 3

Harris는 최근에 대안학교에서 공립학교로 전학한 14세 소년이다. 그는 외상 후 스트레스 장애와 주의력결핍 과잉행동장애로 진단되었다. Harris의 입양가족은 그에게 매우 다정하다. 발달사적으로 Harris는 생물학적 가정에서뿐 아니라 이전 가정에서 정서적, 성적, 신체적 학대를 경험했다. Harris는 종종 좋은 성적을 얻었고, 학교에서 적절한 행동을 했지만 교사와 부모는 그의 사회화와 정서 및 행동을 조절하는 능력에 대하여 걱정하고 있다. 최근 이러한 문제를 논의하기 위해 개별교육프로그램(Individualized Education Program: IEP) 모임이 있었다.

Harris는 친구가 거의 없으며 그의 엄마는 그가 학교에서 괴롭힘을 당하고 있을 지도 모른다고 이야기했다. Harris는 또래와 어울리고 싶어 하지만 또래와 적절하게 관계를 갖는 데 어려움을 겪는다. 그는 사회적 단서를 해석하는 것을 어려워하고 자신의 행동의 결과를 인식하지 못하며 타인을 놀린다. Harris는 또한 여자아이들에게 강한 관심을 가지고 있다. Harris는 지난여름 캠프에 참여한 여학생과 여름날의 사랑(summer romance)을 경험했다. 그의 엄마는 그 여학생과 Harris는 생일 파티에도 함께 가고, 불꽃놀이를 보러 몇 번 함께 가기도 했다고 한다. 학기 초에 그 여학생은 그의 학군으로 전학을 왔다. 학교에서 Harris는 자폐범주성 장애로 진단된 그 여학생 때문에 다소 당황했다. 시간이 흘러 Harris는 그녀의 감정을 고려하지 않고 그 여학생을 멀리했다.

Harris의 가족은 그가 사회적, 학업적으로 뛰어나기를 원하지만, 그가 보이는 최근의 정서적 문제들이 학업적 발전과 대인관계 적응을 방해할 것이라고 생각한다. 교사는 Harris가 친구를 사귀는 데 어려움이 있다는 것을 알고 있지만 Harris가 좋은 성적을 얻고 있기 때문에 이를 큰 문제로 여기지 않는다.

> ### 논의할 문제
>
> 1. 표출되는 문제는 무엇인가?
> 2. 어떤 요소(인지적, 환경적, 행동적 요소)가 Harris의 친구 사귀는 능력에 영향을 미치고 있는가?
> 3. 당신은 교사의 인지를 어떻게 평가할 것인가? 엄마의 인지는 어떻게 평가할 것인가?
> 4. 교사의 신념은 Harris에 대한 교사의 행동에 어떤 영향을 미치는가?

SCTC / 교육자 사례 1

Zach는 읽기와 쓰기에서 학습장애로 진단된 11학년 학생이며, 그는 과학 우등과정에 다니고 있다. Zach에게 제공되는 개별교육프로그램은 다음 사항들을 수정하고자 한다. 타자로 친 강의 자료, 철자가 잘못된 단어에 감점 없음, 과목의 이수 여부를 결정하기 위한 시험에서 낮은 점수를 얻었을 경우 재시험, 시험을 위한 추가

시간. 하지만 Zach의 과학 선생님인 Matthews는 자신이 담당하고 있는 과정은 우등과정이고 자신은 특수교사가 아니라고 말하면서, 수정사항을 받아들이기를 거부한다.

다른 수업의 교사들은 요구된 수정사항을 어려움 없이 따라 주었기 때문에 Zach는 잘 수행하고 있다. 실제로 그의 스페인어 교사는 그의 부모뿐 아니라 또래 교사(peer tutor)와 함께 공부하기를 장려하고, 매 시험 전에 Zach가 따라야 할 구조화된 학습 가이드를 제공했다. 컨설턴트가 화장실을 사용하기 위해 교사 휴게실을 가는 중에, Matthews가 다른 교사들에게 Zach의 '특권'에 대해 불평하는 것을 우연히 들었다. 몇몇은 호의적으로 고개를 끄덕였지만 Matthews가 "당신들은 Zach가 우등과정에 있어야 한다고 말할지도 모르지만, 절대 안 된다!"라고 말할 때 몇몇은 불편해 보였다.

> **논의할 문제**
>
> 1. 교사의 인지를 어떻게 탐색할 것인가?
> 2. 현재 상황에서 그의 인지에 영향을 끼친 것은 무엇인가?
> 3. 환경은 Matthews의 행동을 지지할 것인가, 악화시킬 것인가?
> 4. Matthews의 신념을 바꾸기 위해 당신은 어떤 사회인지이론 전략들을 사용할 것인가?

SCTC / 교육자 / 가족 사례 1

유아교육기관의 원장선생님은 유치원생인 Beth의 평가를 요청하기 위해 학교심리사를 만났다. Beth는 지난 4개월 동안 학교에서 교사 혹은 급우에게 한 마디도 하지 않았다. 교사는 Beth의 엄마에게 연락했고, 그녀는 딸이 학교에서 보이는 행동에 매우 당황했다. Beth의 엄마는 Beth가 집에서는 수다쟁이이고 새로운 사회적 환경에서 수줍어하는 것일 거라고 말했다. 그녀는 딸이 학교에서 침묵하고 있다는 것에 어쩔 줄 몰라 했다. 담임교사와 원장선생님은 Beth가 자폐가 있고, 더 적절하고 특수한 교육장면이 필요하다고 생각했다.

학교심리사는 교실에서 Beth를 두 차례 관찰했는데, Beth는 다섯 명의 학생과 함께 테이블에 앉아 있었다. 다른 학생들은 Beth에 대해 편안해하는 것 같았고, 자주 그녀를 대신하여 응답다. 담임교사는 으레 Beth에게 질문을 했지만 Beth는 눈맞춤은 유지하면서도 어떤 언어적 응답도 하지 않았다. 교사는 이 상황에 대해 당황했고, 만약 그녀가 질문에 답하지 않으면 이 점을 지적했고, 그녀가 배우고 있는지에 대해 알려고 하지 않았다.

심리교육적 평가를 하는 동안 Beth는 학교심리사가 묻는 질문들에 답하는 것을 거부했다. 그러나 심리사는 인형을 사용해서 Beth로부터 언어적 반응을 이끌어 내기 시작했고 평가를 완료하였는데, Beth가 학업성취 기술이 잘 개발되어 있으며 또한 지적 기능이 상위 단계라고 말했다.

행동과 정서 평가 결과는 Beth가 학업적으로 실패하는 것을 두려워하고 수업 중에 참여하거나 말해야 할 때 상처받기 쉽다는 것을 알려 준다. 흥미롭게도, 학교심리사는 엄마와 형제들이 학교가 끝난 후 Beth를 데리러 왔을 때 Beth가 부드러운 목소리로 그들과 이야기하는 것을 관찰했고, Beth가 친숙하고 안전한 환경에서는 말하는 것을 편안해한다는 것을 알았다.

심리사는 선택적 함묵증 진단을 포함한 Beth의 평가 결과를 알려 주기 위해 담임교사와 원장선생님을 만났다. 심리사는 교사에게 장애에 관한 읽기 자료를 제공했고, Beth와 지내는 동안 사용할 수 있는 다양한 기법을 제안했다. 그러나 교사와 원장 선생님은 심리사의 결론에 동의하지 않았고, 그녀의 평가와 결론의 정확성을 의심했다. 원장은 심리사가 진단을 잘못 내렸다고 생각하고, 다른 사람의 의견을 요구한다.

SCTC / 교육자 사례 2

Soledad는 자폐장애로 진단된 3세 소녀다. 그녀는 일반적 아동발달과 자폐범주성 장애를 가진 아동을 위한 구조화된 유치원에 다니고 있다. 교사인 Smith와 보조교사는 Soledad가 교실의 일상생활을 알고 따르도록 돕기 위해 함께 일하고 있다. 성인지도와 촉진법(prompting)으로 그녀는 지시에 순응하고 있다. 그러나 그녀는 성인이 지속적으로 촉진법을 제공해 주기를 바라고, 그것이 이루어지지 않을 경우 빠르게 과제를 그만둬 버린다.

Smith는 이전에 학교심리사에게 그들이 Soledad가 일상생활을 알고 따르도록 돕기 위해 노력하고 있다고 보고했다. Smith는 또한 Soledad가 몇 분 동안 자리에 앉아 있을 수 있지만, 그녀가 쉽게 흐트러지기 때문에 과제를 계속하라는 성인의 촉진법과 유의미한 구조화(significant structure)를 필요로 한다고 말했다. Soledad는 교실에서 다양한 자기자극 행동(self-stimulatory)을 보인다. Soledad는 또한 언어적, 비언어적 의사소통에 지체가 있다.

Soledad는 학교에서 사회적이지 못한 편이며 또래에게 거의 관심을 보이지 않는다. 그러나 교실 안의 성인에게는 매우 많은 관심을 보인다. 그래서 그녀는 매일 담임교사와 보조교사를 안고 입맞춤한다. 타인과 함께하는 경우는 간헐적이라고 보고된다. 그녀는 짧은 순간만 상호작용하는 편이며, 대체로 혼자 있고, 학급 친구들을 모른다.

> **논의할 문제**
>
> 1. 표출되는 문제를 사회학습이론의 틀로 개념화하시오.
> 2. Soledad에게 교사가 최근에 사용하고 있는 개입은 무엇인가? 당신은 교사의 자기효능감 신념을 어떻게 평가하는가?
> 3. 아동의 미시체계의 어떤 측면이 학교장면에서의 아동의 기능에 영향을 미치고 있는가?
> 4. 문제를 진술하고, 목표를 브레인스토밍하시오.

SCTC / 시스템 사례 1

고등학교 생활지도상담사는 학교심리사에게 급박한 컨설테이션을 받기 위해 전화를 했다. 고등학교 11학년 학생인 Susan이 생활지도상담실에서 자살을 하고 싶다고 털어놓았기 때문이다. Susan은 새아버지가 자신을 성폭행해 왔는데, 어머니에게 그 학대에 대해 털어 놨지만 어머니는 그녀를 집에서 쫓아냈다고 상담사에게 이야기했다. Susan은 살 곳이 없고 히스테리 상태이며, 이런 식으로는 살 수 없다고 말한다.

이러한 위기에 더하여 Susan의 친구 몇몇은 학급 내에서 불안과 흥분 증상을 보이고 있다. Susan이 현재 속해 있는 또래 집단은 학업적 과제에 집중하지 못하고 있다. 한 예로, Susan의 가장 친한 친구인 Amy는 "일상의 문제들이 계속되고 있는데 어떻게 내가 공부에 집중할 수 있나요?"라고 말한다.

논의할 문제

1. 이 사례에서 컨설티는 누구이고, 내담자는 누구인가?

2. 이 위기상황에 관한 상담사의 현재 신념을 평가하기 위해 당신은 컨설티에게 어떤 질문을 할 수 있는가?

3. 내담자가 하는 질문 중 어떤 것들에 답해야 하는가?

4. Susan의 또래 집단은 어떻게 다루어야 하는가?

SCTC / 시스템 사례 2

Paula는 중학교에 다니는 6학년 학생이다. Paula는 자신의 정서를 경험하고 표현하는 것을 어려워했다. 그녀는 친구들이 있지만, 친구 관계에서 실수를 하는 것, 혹은 자신이 친구들 사이에서 잊혀지는 것을 걱정한다. 또한 그녀는 부정적인 혼잣말, 성적에 대한 걱정, 집중의 어려움, 식이와 수면 문제들과 같은 몇 가지 우울 징후를 경험하고 있다. Paula는 「특수교육법(Individuals with Disabilities Education Act: IDEA)」상 정서장애로 분류된다. 그녀의 성적은 평균 범위에 있지만 때때로 우울 증상들이 심해지면 급격하게 떨어진다.

가족 주치의는 Paula가 그녀의 우울 징후와 정서 조절의 어려움을 다루기 위해 상담을 받을 것을 추천했다. 특정 학군에서 학교심리사들은 일반적으로 상담 서비스를 제공하지 않는다. 생활지도상담사들은 Paula에게 단기간의 행동치료를 제공하려고 하지만 정서 문제들을 다룰 수 있다고 생각하지는 않는다.

논의할 문제

1. 문제를 기술하시오.

2. 당신은 이 문제를 어떻게 평가할 것인가?

3. 학교 안 상담 서비스에 대한 학군(district)의 신념(인지)은 어떠한가? 이러한 신념은 그들의 행동에 어떻게 영향을 미치는가?

SCTC / 시스템 사례 3

Carl은 자폐증으로 진단된 15세 소년이고 전일제 도움을 받으며 일반학급(main-stream class)에 다니고 있다. 그의 엄마는 최근에 Carl의 또래 사회화와 일상적인 생활기술에 관해 의논하기 위하여 학교심리사를 만났다. Carl은 사회적 관심이 적고 집에서 혼자 노는 것을 좋아한다. Carl은 사회적 기술훈련 집단에 다니고 있지만 다른 아이들과 함께 이야기하고 노는 것을 힘들어한다. Carl은 또래와 상호작용을 해야 한다는 사회적인 요구 때문에 학교의 합창단에 참여하기를 원하지 않았지만 교회의 성인 합창단에는 참여할 수 있었다.

Carl은 그가 나이가 들면 부모의 집을 떠나 독립하기를 원하지만, 독립적인 생활에 필요한 일상적인 생활기술을 수행하는 데 어려움을 겪고 있다. 이러한 기술을 수행하는 데서 겪는 어려움은 과업 자체를 수행하지 못하기 때문이 아니라 동기가 부족해서인 것으로 보인다. 그는 바람직한 개인위생을 보이고, 혼자서 화장실을 사용하고, 샤워하고, 신발 끈을 묶을 수 있지만, 자신의 주변을 치우거나 간단한 요리를 하는 것은 힘들어한다. Carl의 엄마는 그가 자신을 돌보는 능력에 관해 특히 걱정하고 있었으며 또한 그가 더 나이 들었을 때를 걱정했다.

Carl의 엄마는 그의 교사, 교장, 학교 사무처와의 만남을 요청했다. 그녀는 Carl이 학교생활을 통해 일상의 생활기술 활동에 참여하기를 원했으나 학군은 Carl이 학업적으로 잘하고 있기 때문에 이러한 것들이 필요하다고 여기지 않았다. 학군의 일상생활기술 훈련 프로그램은 일반적으로 더 기능 수준이 낮은 아동들을 대상으로 하고 있다.

논의할 문제

1. 이 학군과 일하는 데는 컨설턴트의 어떤 특징들이 필수적인가?
2. 당신은 컨설티에게 어떤 질문을 할 것인가? Carl에게 일상생활 기술을 시행해 볼 기회를 제공하는 데 대한 환경적 제약에는 어떤 것들이 있는가?
3. 당신은 Carl에 대하여 어떤 정보가 필요한가?
4. 현재 상황에서 학교 학군의 인지는 그들의 행동에 어떤 영향을 미치고 있는가?

🖋 요 약

이 장은 먼저 SCT의 가정과 컨설테이션 과정에서의 동기의 역할에 관한 정보를 제공했다. 이후 SCTC 과정의 특징과 컨설턴트 과정의 특징, 평가 과정, 문제의 진술과 목표의 확인, 개입의 선택과 실행, 개입의 관찰과 평가를 설명했다. 추가적으로 SCTC에서의 컨설턴트 역할이 논의되었고, SCTC의 효과성에 대한 요약이 있었다. 다음 장에는 아들러 컨설테이션에 관한 내용과 이 컨설테이션 모델을 연습하기 위해 사용할 수 있는 사례연구들이 이어질 것이다.

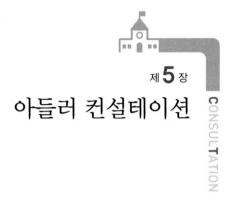

제**5**장
아들러 컨설테이션

1. 개 요

Alfred Adler는 Sigmund Freud와 그의 동료들과 함께 정신분석학을 창시한 오스트리아의 심리학자다. Adler는 인간 본성에 대한 Freud의 견해를 비판하며 개인심리학이라는 자신의 이론을 발달시켰는데, 그 이론을 구성한 중심 개념들은 다음과 같다. (a) 인간은 사회적인 존재이며 그들의 행동은 사회적 맥락 안에서 해석되어야 한다. (b) 행동은 개인의 주관적인 현실에 근거하며, 인간행동을 이해하기 위해서는 개인의 특이한 경험을 고려해야 한다. (c) 개인은 전체적으로 기능하며, 환원주의적 관점에서 보면 안 된다. 즉, 이러한 기능의 양상들은 분리되고 독립적으로 검토되어야 한다. (d) 성격을 이해하기 위해서는 생활양식(lifestyle)을 구성하는 자신, 타인, 그리고 세계를 바라보는 시선에 대한 신념(믿음)과 특징적인 패턴들을 관찰해야 한다. (e) 행동의 모든 측면은 목표 지향적이며 목표가 있다. (f) 인간은 어딘가에 소속되어야 한다. (g) 개인은 자신의 태도와 행동을 통제하는 선택의 힘을 가지고 있다(Brown, Pryzwan-sky, & Schulte, 2006; Dinkmeyer, Carlson, & Dinkmeyer, 1994).

Adler의 저서들은 1950년까지 영어로 출판되지 못했으나, 그의 세미나 작업이 Heinz, Rowena Ansbacher, 그리고 Rudolf Dreikurs와 같은 저자들에 의해 보고되고 널리 알려졌다. 아동과 아동발달에 관심을 둔 Adler는 1929년 학교에서의 개인심리학 저서에서 학교 경험의 중요성을 언급했다. 그는 아동 주변의 그들보다 나이가 많은 아동, 어른, 그리고 세상과 아동 자신을 비교할 때 직면하는 선천적인 열등감의 중요성을 설명하였다(Stein & Edwards, 1998).

이러한 열등감은 아동이 자신의 능력을 반영하는 기술을 습득하는 일에 노력할 수 있도록 돕는다. 아동이 성장하면서 겪는 가족 사회적 환경에서의 경험은 아동의 생활양식을 형성하는 아동의 선택에 영향을 미친다. 5세 혹은 6세까지 아동은 그(그녀)의 목표와 생활양식(예: 성격)의 원형(프로토타입)을 발달시킬 수 있는 충분한 경험을 쌓게 된다. 초기 목표들은 개개인의 주관적이고 가상적인 표상인 최종목표 발달에 기여하며, 현재 행동을 이끄는 그(그녀)의 미래에도 영향을 미친다(Stein & Edwards, 1998).

가족으로부터 지지를 받으며 그들의 강점을 발달시킬 수 있는 기회가 주어진 아이들은 용기, 의사결정 능력, 그리고 (공감적)사회적 관심을 발달시킨다. 건강한 개인은 인생의 과제들(예: 일, 공동체 생활, 그리고 사랑)을 적극적이며 융통성 있는 (유연한) 문제해결을 통해 완성한다(Adler, 1927/1957, 1992). 그런 아이들은 타인보다 우월함을 증명하기보다는 개인적 그리고 사회적 어려움들을 극복하는 우월성을 추구하는 지속적인 발달을 위한 자극으로 열등감을 사용할 수 있다. 나아가 사회적 관심은 정신건강의 지수로도 간주된다(Stein & Edwards, 1998).

그러나 Adler는 지지받지 못하며, 그들의 기본적인 욕구를 채우지 못하고, 학대나 미움을 받고, 지나치게 응석받이거나, 장애(예: 기관 열등감)를 가지고 있는 아이들은 정신건강 문제들이 생길 수 있다고 한다(Brown et al., 2006; Dreikurs, 1953). 낙담한 아이들은 그들의 감정을 되새기거나 감정을 감추는 방식으로 열등감에 대처한다. 어려움들을 직면하는 대신 그들은 감정을 잘못되게 과장하고, 그 결과로 취약한 우월성을 갖게 된다. 다른 한편으로, 그들은 실패를 설명하기 위한 수단으로 심리적인 증상(예: 우울, 불안)들을 사용할 수도 있다.

성장하고 발달하면서 잘못된 행동을 하는 아이들은 정신건강의 증상이 될 수 있는 다음의 네 가지 목표 중에서 하나 혹은 그 이상을 달성하려고 한다. 관심 끌기, 힘, 보복, (사회적 상호작용에서 벗어나기 위한) 무능함 확인, 이는 정신건강의 징후가 될 것이다. 예를 들면, Adler는 아이들의 관심 끌기는 인정받기 위해서라고 생각했다. 나아가 힘(power)을 목표로 하는 아이들은 군림하려 들거나 공격적으로 보이며, 혹은 다른 사람들이 권력투쟁에 관여하도록 간접적으로 유인한다. 보복을 추구하는 아이들은 심지어 되갚아 주기 위해 다른 사람들을 처벌한다. 마지막으로 사회적 관계로부터 벗어나고 싶어 하는 아이들은 다른 사람들과의 상호작용이 그들의 무능함을 두드러지게 할까 봐 두려워한다. Dreikurs(1968)는 하나 이상의 이러한 목표들을 가지는 것이 10세까지 아이들의 잘못된 행동에 분명히 나타난다고 하였다. 하지만 다른 사례들에서는 10세 이후에도 발달 지연이 이러한 목표들을 관련 있게 유지한다는 것을 고려할 때, 생활연령은 최선의 지표가 아닐 수 있다(Croake & Myers, 1985). 나이 든 아이들과 성인들의 잘못된 행동 또한 이러한 네 가지 목표에 의해서 설명될 수 있는데, 그들의 징후들은 좀 더 복잡해질 수 있다.

그리고 이런 네 가지 목표를 달성하는 시도에서, 청소년들은 흥분(excitement), 또래 수용(peer acceptance), 그리고 우월성의 세 가지 추가적인 목표를 갖게 된다. Adler에 의하면, 이러한 흥분을 추구하는 청소년들은 지루한 일상을 피하기 위해 부적절한 행동을 하는데, 마약이나 알코올 중독, 성적인 활동이나 다른 큰 위험이 따르는 행동들에 자주 몰두한다. 또래수용을 추구하는 청소년들은 폭넓은 또래수용을 얻기 위해 지속적으로 노력한다. 이러한 잘못된 목표들은 부모, 그리고 교사들과의 권력투쟁이 될 가능성이 있다. 나아가 우월성 목표를 추구하는 청소년들은 그들의 성적(grades), 명예(honor), 운동(athletics) 등에서 최고 혹은 대부분의 학생들보다 뛰어난 것을 증명하기 위해 노력한다. 그러나 이런 그룹들은 또래로부터 자신들을 구별하려는 시도에서 타인을 비하하며, 그들의 재능을 파괴적으로 사용할 수 있다(Dinkmeyer & Carlson, 2006).

　Adler에 의하면, 생활양식을 채택하는 결정은 아동 혹은 청소년 본인의 한계에 대한 인식에 바탕을 두고 있다. 예를 들면, 만약 도전이 좌절이 아닌 일시적인 후퇴로 보인다면, 좀 더 긍정적인 심리적 결과들이 발생할 것이다. Adler는 아동이나 청소년들이 지지를 받지 못할수록 그(그녀)의 허구적 최종 자아 목표는 실제 자아 목표와 더 멀어진다고 본다. 이러한 방법으로 아동 혹은 청소년의 (잘못된) 인식은 자신, 타인, 그리고 세상에 대한 관점을 이끌고, 결과적으로 한 사람의 성격을 구성하는 패턴화된 행동으로 나타난다(Dinkmeyer et al., 1994).

　Adler는 생활양식 혹은 성격의 선택들은 서로 협력하여 작업하는 두 개의 시스템인 의식과 무의식 수준에서 결정된다고 주장한다. Adler가 이야기하는 출생순서의 중요성과 아동이나 청소년이 가지는 사회적 경험의 잠재적인 심리적 의의는 의식과 무의식의 경험이 어떻게 협응하는지를 보여 주는 전형적인 예다. 무의식의 역할을 고려할 때, Dreikurs(1953)는 생활양식의 선택은 알 수 있으나 종종 명백히 무시된다고 주장하면서 '받아들여지지 않는(unadmitted)'이라는 용어를 선호한다. 예를 들면, 자신에게 유익한 행동을 포기하는 사람은 아무도 없거나 유익하지 않은 행동을 알아차린다는 결과는 의식적인 무시의 개념을 설명하고 있다. 사실, 아들러학파(Adlerian)의 실제 작업은 개인의 의식적 그리고 무의식적 목표의 주된 의의를 이해하는 데 초점을 둔다.

2. 아들러 컨설테이션

　Adler이론에서 컨설테이션의 궁극적인 목표는 격려(encouragement)를 통해 정신건강 문제를 예방하는 것이다(Adler, 1957). 행동성과를 강화하는 것보다 개인의 능력과 가치에 대한 믿음을 표현하는 것이 건강한 개인으로 성장시키기 위해 아동들에게 필요한 지지 중의 하나다. 사실, Adler는 행동주의 시스템에서 사용되는 긍정적인 보상은 건강한 발달을 방해한다고 하였다. 행동 시스템은 사람 그 자체보다는(people in their own right) 행동에 가치를 두기 때문이다(Brown et al., 2006). 아들러 컨설테이션(Adlerian Consultation: AC)은 건강하지 못한 생활양식을 예방하기 위한 첫 단계로 교사와 부모에게 격려의 중요성을 가르칠 기회를 제공한다.

3. 아들러 컨설테이션의 가정

　앞서 언급한 바와 같이, AC에서는 격려가 건강한 발달을 위해 필요한 지원을 제공한다고 가정한다. Brown 등(2006)은 학교에서 아동들과 상호작용 시, 교사와 학부모에게 어떻게 격려를 표현하고 사용해야 하는지 알려 주기 위해 Adler가 어떻게 명확하고 분명한 언어를 사용하는지를 보여 준다. 아동들과 의사소통할 때, 교사와 부모들은 다음의 원칙들을 유념해야 한다. (1) 수용(acceptance)을 표현한다. (2) 행동과 행위자를 구분한다. (3) 결과보다 노력에 더 가치를 둔다. (4) 과거 사건보다 현재의 기능을 더 중요하게 간주한다. (5) 내적 동기를 강조한다. (6) 그(그녀)의 행동보다 사람에게 가치를 둔다(Dinkmeyer & Carlson, 2006).

　Alder는 아동들로부터 드러난 문제들을 다루기 위해서 교사와 학부모들이 사용하는 언어 방식은 아이들이 그들의 가치를 어떻게 보는지를 확립하는 데 중요하다고 주장했다. 특히 개인을 수용하는 것만이 아니라 수용을 전하는 방식에서의 문제점에 관해 이야기하는 것도 중요하다. 예를 들면, 교사들은 우선 아이를 파악하고, 이후 차이점이나 다양성(예: 문화나 장애)을 고려하여 아이의 문제들을 논할 수 있다. 이 관점(framework)은 아이가 장애인이라는 것 대신에 장애를 가지고 있다고 묘사하는 '사람 먼저' 명명법을 분명하게 보여 준다(Snow, 2007).

Alder는 또한 행위자로부터 행동을 구별하는 것이 중요하다고 주장했다. 즉, 교사와 부모들은 아이에 대한 관심을 보이고 이러한 관심을 아이에게 전달하면서, 여전히 아이의 행동을 싫어할 수 있다. 이것은 중요한 구별이기에 분명하게 명시되어야 한다. 나아가 참여에서 노력과 개선(향상)은 행동의 결과보다 높게 평가되어야 한다. 동시에 정확도 같은 수행결과보다는 향상된 학습과 참여의 측면에서 성적이 논의되어야 한다. 다시 말하지만, 개인의 성장은 고려해야 하는 가장 중요한 요소로 간주된다(Dinkmeyer & Carlson, 2006).

그의 이론에 따르면, Adler는 과거의 나쁜 행동들에 대해 논하는 것은 아동의 현재 기능의 중요성을 평가절하하기 때문에 그다지 유익하지 않다고 믿으며, 교사와 부모들은 지난 행동보다는 현재의 기능에 초점을 맞추기를 권한다. 비슷하게, 과거의 낮은 성적이 강조되는 방식으로 과거로부터의 향상을 지적하는 것은 미래의 기능을 향상시키는 데 도움이 된다고 보지 않는다. Adler는 일시적인 성공의 본질을 강조하는 것은 마치 현재 수준의 수용을 지속시킬 수 없을 것 같은 감정을 유지하게 한다고 주장한다(Stein & Edwards, 1998).

더불어, 학생들의 감정을 성공과 관련된 것으로 이끄는 것은 격려의 중요한 토대가 된다. Adler는 가치 평가를 외적 자원(external source, 예: 나는 당신이 한 것을 어떻게 생각하는가?)에서 내적 자원(internal source, 예: 당신은 당신의 일을 어떻게 느끼는가?)으로 움직이게 하는 것이 자기격려 체계를 구축하는 데 매우 중요하다고 전한다. 만약 가치에 대한 느낌이 환경에 달려 있다면, 환경은 가치를 강요할 것이고, 이는 아이들에게 유용하거나 안전하지 않다. 환경은 인정을 중단할

수 있기 때문이다(Brown et al., 2006). 칭찬과 격려에 대한 비교는 〈표 5-1〉에 제
시되어 있다.

표 5-1 칭찬과 격려의 차이점

칭찬			격려		
기본적 특성	아이에게 전달된 메세지	가능한 결과들	기본적 특성	아이에게 전달된 메세지	가능한 결과들
외적 통제에 초점	"너는 오직 내가 원하는 것을 했을 때에만 가치가 있다." "너를 신뢰할 수 없고 신뢰해서도 안 된다."	아이는 준수할 수 있는 능력에 의해 가치를 측정하는 것을 배운다. 혹은 아이는 굴복으로 여겨지는 어떤 형태의 협력에 대해 저항한다.	삶을 건설적으로 관리할 수 있는 아이의 능력에 초점	"나는 네가 책임감 있고 독립적이 될 것이라고 믿는다."	아이는 노력하는 의지와 불완전한 용기를 배운다. 아이는 본인의 행동에 대한 책임감을 느끼고 자신감을 얻는다.
외적 평가에 초점	"가치 있는 사람이 되려면, 나를 기쁘게 해야 한다." "나를 기쁘게 하지 않는다면 없어져라."	아이는 다른 사람들을 얼마나 잘 기쁘게 할 수 있는지의 가치를 측정하는 것을 배운다. 아이는 수용되지 못하는 것을 두려워하는 것을 배운다.	내적 평가에 초점	"너 자신과 너의 노력에 대해 어떻게 느끼는지가 가장 중요하다."	아이는 스스로 결정하는 것과 자신의 진행과정을 평가하는 것을 배운다.
오직 과제를 잘하고 완수했을 경우에 보상이 주어짐	"가치 있는 사람이 되려면, 너는 내 기준을 충족해야 한다."	아이는 비현실적인 기대를 키우고 완벽에 얼마나 가까워질 수 있는지에 의해 가치를 측정하는 것을 배운다. 아이는 실패를 두려워하는 것을 배운다.	노력과 개선을 인정	"너는 완벽할 필요는 없다. 노력과 향상이 중요하다."	아이는 자신과 타인의 노력의 가치를 배운다. 아이는 꾸준히 과제를 하고 싶다는 소망을 키운다(꾸준함).
자기 평가와 개인적 이익에 초점	"너는 최고다. 가치 있기 위해서 계속 다른 사람들보다 뛰어나야 한다."	아이는 과도하게 경쟁하는 것을 배우며, 다른 사람들을 희생하면서 앞서는 것도 배운다. 정상일 때에만 가치가 있다고 느낀다.	자산, 공헌, 그리고 감사함에 초점	"너의 기여도가 중요하다. 우리는 너와 함께 더 잘할 수 있다. 우리는 지금까지 네가 한 일에 감사한다."	아이는 단순히 개인적인 이익을 위해서만이 아니라 모두의 이익을 위해 재능과 노력을 이용하는 것을 배운다. 아이는 자신의 성공뿐만 아니라 타인의 성공에 기뻐하는 것을 배운다.

출처: *The Growing Teacher: How to Become the Teacher You've Always Wanted to Be* (by J. Carlson and C. Thorpe, 1984,
　　　Englewood Cliffs, NJ: Prentice Hall, INC (pp. 39-40).)

4. 아들러 컨설테이션 과정의 단계

1) 관계 시작

AC에서 컨설테이션 관계는 과정의 성공을 위해 매우 중요하다. 컨설턴트와 컨설티는 제삼자의 문제해결을 위해 함께 작업하는 동등한 협력자이기 때문에 관계가 자발적이며 비위계적이다. 상호작용은 판단으로부터 자유로워야 하며 공감과 상호존중에 바탕을 두어야 한다(Dreikurs & Cassel, 1971). 컨설테이션 관계 (consultative relationship)가 성립되면, 컨설턴트는 컨설티의 생활양식(예를 들어, 성격)을 알아내기 위해 노력한다. 이러한 지식이 컨설턴트와 내담자에 의해 가정되는 역할과 컨설테이션 과정에 중요한 영향을 미치기 때문이다.

2) 문제 평가

문제를 평가하는 데서 컨설턴트는 인터뷰와 관찰을 모두 사용한다. 인터뷰는 아이가 하루 종일 움직이는 세부사항과 부모와 교사가 이에 대해 어떻게 반응하는지에 대한 질문들로 엄격히 구조화되어 있다. 컨설턴트는 아동들의 생활양식 패턴과 이에 대한 그들의 인식을 보여 주도록 고안된 구조화된 질문지, 진단학생인터뷰(Diagnostic Students Interview)를 사용할 수도 있다. 컨설턴트는 아이들의 행동에 따른 자연적 그리고 논리적 결과뿐만 아니라 격려를 사용하는 것, 그리고 그들의 환경에서 책임을 가정하고 영향을 미칠 수 있는 기회들과 관련된 정보를 수집하도록 조언한다. 이에 대한 각각의 자세한 내용은 다음 장에서 논의될 것이다(Brown et al., 2006; Dinkmeyer & Carlson, 2006).

3) 목표 설정과 개입

개입선택과정(the intervention process)은 잘못된 행동(misbehavior) 목표에 의해 결정된다. 하나의 잘못된 행동 목표가 확인되면, 그 목표가 개입의 초점이 된다. 만약 여러 개의 잘못된 행동 목표가 확인된다면, 컨설티는 개입 대상 목표들을 선택해야 한다. 일단 목표가 정해지면 일관성이 강조된다. 목표와 개입을 연결하고, 내담자가 필요로 하는 사회적 기술에 대해 직접적인 지도가 필요할 수도 있다. 이론적 개념을 개개인에게 설명하는 것을 피하기 위해 일반적인 개입들이 부모와 교사에게 제안된다. 마지막으로 컨설턴트는 과정 전반에 걸쳐 컨설티에게 지지를 제공해야 한다(Dickmeyer & Carlson, 2006).

AC 과정에서 컨설턴트는 저항을 예상하고 수용해야 하며, 교사, 부모, 내담자(학생) 모두 변화에 저항할 수 있음을 이해해야 한다. 때로는 그 체계에서 한 사람 이상이 저항할 수 있다. AC에서 컨설티나 내담자가 저항하는 데에는 나아지는 것에 대한 두려움, 민감한 가족 문제(예: 마약중독, 이혼) 등의 이유가 있다. 컨설턴트는 종종 컨설테이션 관계에서 부딪히게 되는 저항의 수준에 대한 해석을 제공하는 데서 자신이 느끼는 좌절감을 고려해야 한다. 저항이 일어나면, 컨설턴트는 이를 직접적으로 표현하지 않고 컨설티가 명확하게 불만을 표현하게 한다. 결국 컨설티에게 불만을 해결하기 위한 책임을 전가한다(Dinkmeyer & Carlson, 2006).

4) 결과 분석

AC 과정에서 추후 모임은 그동안의 성과를 검토하고, 새로운 문제점들을 의논하고, 컨설티에게 지지를 제공하는 것으로 이루어진다. AC 관계는 전형적으로 컨설티가 목표를 달성했다고 느낄 때 개입이 종료되지만, 만약 컨설티가 변화하기를 원하지 않거나 진전이 없어 보이면, 컨설턴트가 그 관계를 종료할 수 있다(Dinkmeyer & Carlson, 2006).

5) 학교에서의 아들러 컨설테이션

컨설테이션의 다른 형태에서, 내담자 혹은 제삼자(third party)의 요구를 충족시키는 것이 종종 주된 목표가 된다. 그러나 AC에서 컨설티는 컨설턴트가 제공한 정보와 변화과정을 내담자에게 전하는 단순한 번역가 혹은 전달자로 간주되지 않는다. 대신에 컨설티의 태도 또한 변화의 주된 목표가 된다(Dinkmeyer & Carlson, 2006). 컨설티가 문제해결뿐만 아니라 문제에 대한 책임감을 확립할 때, 컨설티(도움이 필요한 자)는 자기 자신(컨설티)을 변화시킬 수 있는 도움을 (컨설턴트로부터) 받아 다른 사람(내담자)을 도우면서 자신을 도울 수 있다(Dinkmeyer et al., 1994).

Dreikurs(1968)는 아이들로부터 학교와 가족 시스템 환경이 기능하는 방식에 대해 조언을 구해야 한다고 제안할 때, 컨설티의 태도와 기술 변화에 대한 Adler의 관점을 적용하였다. Dreikurs(1968)는 또한 아이들이 그들의 공간(예: 책상, 침실 등)과 의사결정에 대한 책임을 지는 것이 중요하다고 믿었다. Glasser(1998)는 효과적인 학교(quality school)에 관한 그의 저서에서 이 원칙의 예를 제공하고 있는데, 효과적인 학교(quality school)란 교실과 교내에서 준수해야 하는 것으로 예상되는 규칙 만들기에 학생들이 참여하는 것이라고 한다. Glasser(1998)에 의하면, 아이들이 하는 결정을 어른들이 소중하게 생각할 때, 아이들 또한 자신들을 소중하게 여기는 것을 배운다고 한다.

관련된 개념은 자연적이고 논리적인 결과들이다. Adler는 아이들의 안전이 보장되는 한에서 위험 부담 없이, 자연환경이 아이들에게 교정적 피드백(corrective feedback)을 제공해야 한다고 믿었다. 예를 들면, 등굣길에 코트를 입지 않기로 결정한 아이는 당연히 결과적으로 추울 것이다. 이 경우에 잘못된 선택에 대한 교정적 피드백 혹은 부모의 처벌이 필요하지는 않다. 이와 비슷하게, 위반이 발생할 시 자연적, 사회적 환경에서는 논리적 결과가 적용되어 잘못된 행동에 적합한 처벌이 따르게 된다. 예를 들면, 학교 책상에 낙서를 하면 책상을 청소하거나 새로운 책상을 사서 책임지는 결과로 이어질 것이다. 반대로, 버스에서 한 잘못된 행동에 대해 도서관에서 누릴 수 있는 권리(library privileges)나 쉬는 시간 (recess)을 빼앗는 것은 논리적인 결과가 아닐 것이다. Ansbacher와 Ansbacher

표 5-2 처벌과 논리적 결과의 중요 차이점

처벌			논리적 결과들		
특성	내포된 메시지	가능한 결과들	특성	내포된 메시지	가능한 결과들
1. 개인적인 권위의 힘에 대한 강조	내가 말했으니까 넌 그렇게 해야 해! 여기는 내가 맡고 있어!	반항 복수 자기수양 부족 교활함 무책임	1. 사회질서의 현실성을 강조	나는 네가 너 자신과 다른 사람들의 권리를 존중하는 것을 배울 것이라 믿는다.	자기수양 협력 자신과 타인을 존중하기 신뢰성
2. 행동과 거의 관련이 없는; 임의적인	내가 너에게 보여 줄게! 너는 그런 말을 들을 만 해!	분함 복수 두려움 혼란 반항	2. 논리적으로 잘못된 행동에 관련된; 이해가 되는	네가 책임 있는 선택을 하리라 믿는다.	경험으로부터 배움
3. 도덕적 판단을 암시	너는 이걸 배워야 해! 너는 못됐다!	상처받음 억울함 죄책감 복수심	3. 도덕적 판단을 하지 않음 품위 있게 학생들을 대우할 것	너는 가치 있는 사람이다.	(자신의 행동이 아닌) 불쾌할 수도 있는 행동을 배움
4. 과거 행동을 강조	이건 내가 한 일의 결과다. 나는 잊지 않을 거야! 너는 결코 깨닫지 못할 거야!	좋은 결정을 내릴 수 없을 것 같은 느낌 선생님의 눈밖에 남	4. 현재와 미래를 고려	너는 스스로 선택할 수 있고 스스로를 돌볼 수 있다.	자기주도적이고 자기 평가적이 됨
5. 공공연히 또는 암시적으로 무례함을 위협함	똑바로 하는 게 나을 걸! 우리 반에서 그렇게 행동하는 사람은 아무도 없어!	보복하고 싶은 바람 두려움 반항 죄책감	5. 존중과 좋은 뜻을 말로 전달	나는 너의 이런 행동이 마음에 안 들지만 여전히 너는 좋다.	교사의 존중과 지지에 안심을 느낌
6. 준수 요구	네가 좋아하는 것은 중요하지 않아! 네가 현명한 결정을 할 것이라고 생각하지 않는다!	반항적인 준수 다음 기회에 보복을 계획 신뢰와 평등의 파괴	6. 선택을 제시	너는 결정을 할 수 있다.	책임 있는 결정 풍부한 기략의 증가

출처: *Systematic Training for Effective Teaching(STET): Teacher's Handbook* by Dinkmeyer & Mckay; 1980, AGS pub.

(1956)에 의하면, 이러한 규칙들은 교실 행동강령(classroom code of conduct)의 한 부분으로 미리 결정되어야 하며, 분노, 부정적인 감정, 혹은 처벌 없이 결과들이 실행되어야 한다. 〈표 5-2〉에 처벌과 논리적 결과의 차이점이 제시되어 있다.

5. 컨설테이션의 종류

1) 발달적 컨설테이션

AC에서 가장 선호하는 컨설테이션인 발달적 컨설테이션(developmental consultation)은 컨설티를 위한 학습 환경을 조성하는 것으로, 내담자와 일하는 방법을 궁극적으로 알려 주는 것이 목표일 때 사용된다(Dinkmeyer & Carlson, 2006). 이는 컨설티가 아이들에게 얼마나 가치 있는 존재인지와 아이들을 어떻게 돌보는지에 대한 명시적인 예들 혹은 자연적, 논리적 결과들이 드러나는 경험들을 포함할 수 있다.

2) 교정 컨설테이션

두 번째 컨설테이션 종류는 교정 컨설테이션으로, 위기가 임박했을 때나 부정적인 결과를 방지하기 위한 조치가 분명히 필요할 때 사용된다(Dinkmeyer & Carlson, 2006). 교정 컨설테이션은 내담자의 부적절한 행동(잘못된 행동) 목표를 확인하는 것을 요구한다. 내담자가 타인에게 미치는 영향을 관찰함으로써 컨설티는 컨설턴트에게 내담자의 행동을 묘사한다. 예를 들면, 약간 짜증을 내는 행동은 관심 끌기(attention seeking)를 목표로 할 수 있는 반면, 공격적인 행동은 힘(power)을 추구하는 것을 목표로 한다. 일반적으로 내담자 행동으로부터 느끼는 컨설티의 감정들은 목표를 진단하기 위해 충분하다.

그러나 추가 증거들이 내담자(아동)와의 이야기를 하면서 요구될 수 있다. 예를 들면, 내담자(아동)에게 이렇게 물을 수 있다. "만약에 네가 동물이 될 수 있다면 뭐가 되고 싶니?" 비록 이 질문에 대한 대답이 중요하지 않더라도, 다음과 같은 "왜 그런 동물이 되고 싶니?"라는 후속 질문에 대한 답은 문제에 대한 실마리를 제공한다. 만약 (내담자가) 고양이는 원하는 것을 무엇이든지 할 수 있고 모두 그를 혼자 남겨 둔다는 이유로 내담자가 고양이를 선택한다면, 이때의 행동 목표는 사회적 위축이 된다. 유사하게, 내담자(아동)에게 "어떤 동물이 되고 싶지 않니? 그리고 왜 그러니?"를 물어보는 것은 내담자의 잘못된 행동 목표에 대한 통찰력을 제공한다. 진단을 하고 나면, 컨설티에게 피드백이 제공된다. 컨설티에게 질문하는 것을 통해 컨설턴트는 잠정적으로 내담자의 행동목표를 제안한다. 잠정적인 형식은 컨설티가 해석을 받아들이는 것을 거부하거나 저항하는 것을 허용하는데, 이는 컨설티의 목표 동기를 명확하게 하는 데 도움이 된다. 흥미롭게도, 컨설티가 목표를 받아들이는 것은 즉각적 목표가 아니다.

3) 위기 컨설테이션

마지막으로 위기 컨설테이션은 극단적인 상황이 발생했을 때 컨설턴트가 대응하도록 요청받는 것이다. 이러한 경우에는 스트레스 수준이 매우 높고, 컨설티가 개입에 대해 지나치게 적극적이거나 저항할 수 있다(Dinkmeyer & Carlson, 2006). 더욱이, 요청을 받아 개입하는 AC는 어떤 종류의 컨설테이션을 사용할지 결정하는 것이 중요하다. 컨설턴트는 바람직한 컨설테이션의 종류와 더불어 효과적인 변화를 위한 최적기를 고려해야 한다.

요약하면, 변화는 언제든지 일어날 수 있지만, 가장 효과적인 컨설테이션 종류는 컨설티의 지식과 새로운 기술 발달을 돕는 것을 목표로 하는 발달적 컨설테이션이다.

6. 아들러 컨설테이션의 효율성

다른 컨설테이션과 달리(예를 들어, BC), AC의 경험적 근거는 제한되어 있다. 2장에서 언급한 바와 같이, 대부분의 컨설테이션 연구는 행동원인을 추론하는 방식을 검토하지 않았다. 더욱이 AC의 개별집중은 통제샘플 비교에 적합하지 않다. 이러한 제한된 선행 연구 중에는 이 컨설테이션이 교사(Mortola & Carlson, 2003; Schneider, 1983; White & Mullis, 1998)와 부모들(Kottman & Ashby, 1999)에게 성공적이라는 결과를 보여 주는 사례들이 있다. AC에서 교사 격려를 알아본 연구에서는 학생의 과제행동 개선이 확인되었다(Hillman & Shields, 1975; Rathvon, 1990). 실증적인 경험적 근거가 부족함에도 Dinkmeyer(2006)는 Adler의 개인심리학이 컨설테이션 모델로 예외적으로 특출하게 적합하다고 한다. AC를 제공하는 데서의 장벽은 증거기반 결정이 학교배경의 결정을 이끄는 시대에 결과를 측정하는 제한된 능력이 있다는 것이다. 게다가 교육 및 관련 분야에서의 대부분 대학원 훈련 프로그램이 Adlerian 개념을 가르치는 데 제한된 초점을 두고 있다.

7. 아들러 컨설테이션의 사례들

AC / 학생 사례 1

Marcus는 중학교 6학년에 재학 중인 12세 남자아이다. Marcus의 부모와 교장선생님을 포함한 학교 교사들은 Marcus가 수업에 지장을 주는 행동을 지속적으로 하는 것과 계속해서 징계를 받는 것, 그리고 학업성취도의 감소 등으로 어려움을 겪고 있다고 밝혔다.

Marcus는 부모님, 여동생 Kelly, 그리고 삼촌과 같이 살고 있다. Marcus의 엄마는

Marcus를 임신했을 때 심각한 신장 질환으로 병원에 입원했었고, 여러 유황 약물을 복용해야 했다고 밝혔다. Marcus는 예상대로 약물 부작용으로 에나멜이 없는 치아를 가지고 태어났고, 아기 때부터 짜증과 화를 잘 내고, 가만히 있지 못하는 까다로운 기질이었다고 한다. Marcus 엄마는 그가 불편함을 느끼는 문제들에 직면했을 때 감정에 치우치고, 울먹이며, 때로는 공격적인 예민한 성격이라고 이야기한다. 그녀는 Marcus가 화낼 때 Marcus를 혼자 두는 것이 그에게 할 수 있는 유일한 일이라고 한다.

　　Marcus의 선생님들과 상담자는 Marcus가 따돌림을 당한다고 한다. 이에 대한 질문을 받을 때, Marcus는 이를 알고 있다고 하며, 동급생들이 그를 나쁘게 생각한다는 것을 인지하고 있었다. 한번은 교사가 교내 정학 처분을 받은 Marcus를 데리고 가는 와중에 자해를 하겠다고 협박해, 상담실로 데리고 간 적이 있다고 한다. 과거에 Marcus를 상담한 상담자는 학교심리사와 교장선생님이 컨설테이션 후 적절한 개입을 시도하였다. 개입하는 동안 Marcus는 그건 단지 장난이었다고 상담자에게 화를 내면서 울먹이며 말했다. 그는 또한 자신을 도와주려는 상담자의 의도가 의심스러웠다고 밝혔다. 지역 소아정신병원에서 공식적인 진단이 이루어진 다음에 Marcus는 학교로 돌아왔지만, 선생님들에 의하면 Marcus에게는 어떤 변화도 없고, 여전히 수업시간에 이상한 행동을 계속했다고 한다.

논의할 문제

1. 이 사례에서 AC의 목표는 무엇인가?
2. 이는 컨설테이션의 어떤 단계인가?
3. Marcus의 선생님들, 부모님과 관련된 성격 그리고 사회적 환경 문제들을 명확하게 명시하시오.
4. 교사들과 부모는 어떤 방법으로 격려할 것인가?

AC / 학생 사례 2

Luciano는 공립 고등학교 10학년에 재학 중이지만 수업을 자주 빼먹는 16세 남학생이다. 그의 엄마 Illiano 부인은 Luciano가 가정 내에서의 규칙을 따르지 않고, 그녀와 7세인 동생 Frank와 자주 신체적 싸움을 벌이며, 불법 약물을 복용한다고 전한다. 특히 Luciano는 스프레이 페인트(spray paint)와 접착방지용 오일 스프레이(nonstick spray-on oil) 같은 흡입제(inhalant)를 사용한 사실이 기록된 이력이 있다. 이에 대한 질문을 받았을 때, Luciano는 마약 중독자와 중개인(마약상)으로 알려진 친구들이 있다고 인정했다. 그러나 그는 현재 마약을 사용하는 부분에 대해서는 부정했다. Luciano의 친구들은 모두 18세 이상인데, 아무도 일을 하지 않고, 학교에 다니지도 않는다.

그의 엄마 Illiano 부인은 음주를 통해 스트레스를 해결하려고 한 기록이 있다. 그녀는 알코올과 약물 중독 치료를 위한 3개의 상담 프로그램에 참석했으나 모두 끝을 내지 않았고, 현재 4번째 약물 치료 프로그램에 등록 중이다. Illiano 부인은 Luciano가 그녀의 스트레스의 주된 원인이므로, 그녀가 치료에 성공하는 것은 아들인 Luciano의 행동에 전적으로 달렸다고 한다. 그녀는 종종 Luciano가 그녀에게 복수하려고 하는 것 같다고 느끼며, 집에서의 육아의 한계를 인정하였다. 그녀의 보고에 의하면, 그녀의 가정에는 정착된 규칙이 있다고 보기가 어렵다.

논의할 문제

1. 이 사례에서 AC의 목표는 무엇인가?
2. 이는 컨설테이션의 어떤 단계인가?
3. Luciano가 보여 주는 잘못된 행동 목표는 어떤 종류인가?
4. 이 사례에서 자연적 그리고 논리적 결과는 어떻게 발생할 것인가?

AC / 학생 사례 3

　Sally는 중학교(Junior High School) 7학년에 재학 중인 12세 여학생이다. Sally는 성적이 매우 우수하고, 집안일도 완벽하게 하고, 부모의 감독을 거의 필요로 하지 않는다. Sally는 최근 학교 철자법 대회에서 우승했으며 지역대회에 나갈 준비를 하고 있다. Sally가 훌륭한 학생이라고 믿은 선생님은 Sally가 일부 수업시간에 이 중요한 대회를 준비할 수 있도록 허락하였다. 최근에 학부모-교사 위원회(PTO)는 Sally의 우승을 알리는 플래카드를 걸었다.

　학교상담자는 최근에 Sally가 또래조정(peer mediation)이 필요하다는 것을 발견하고 걱정하기 시작하였다. 게다가 Sally가 Lunch Brunch라는 상담자 사회그룹(counselor's social group) 신청서에 이름을 적었을 때, 기존 참석자들은 Sally의 이름 옆에 "속물(snob)"이라고 적고 자신들의 이름을 리스트에서 지우기 시작했다. Sally의 동급생들은 Sally가 사실은 그렇지 않은데 자기가 무언가가 있다고 생각하며 잘난 체한다고 얘기했다. Sally의 선생님은 다른 학생들이 Sally가 받는 관심을 질투하는 것이라고 하며, Sally에게 그녀의 목표에 집중하고 학급 친구들의 행동을 신경 쓰지 말라고 조언했다.

논의할 문제

1. 이 사례는 AC의 어느 단계인가?
2. Sally가 보여 주는 잘못된 행동 목표는 어떤 종류인가?
3. 성격과 사회적 환경 문제들을 명확하게 명시하시오.
4. 어떤 방법으로 격려할 수 있는가?

AC / 가족 사례 1

Jen은 5학년에 재학 중인 10세 여자아이다. 그녀는 학습장애로 진단받았으며, 1학년부터 특수교육을 받아 왔다. Jen은 소수의 친구들이 있으며 활발한 생활을 하고 있다. Jen은 그녀의 학습장애에 대해 인지하고 있고, 학습장애가 있는 아이들과 친하게 지내려 하며, 그들이 경험하는 학습의 어려움에 대한 큰 배려를 보여 준다.

Jen의 선생님은 Jen이 또래로부터 이용당할 위험에 있다고 말한다. 그녀는 Jen이 느긋한 성격 탓에 다른 아이들한테 조종(manipulation)당할 수 있다고 한다. 예를 들면, Jen이 좋아하는 취미 활동은 춤을 추는 것이다. 그런데 그녀의 몇몇 친구들은 Jen이 남자아이들만을 위해서 춤을 춘다고 한다. 사실, Jen은 새로운 사람들과 어울리는 방법 중 하나로 친하지 않은 남자아이를 위해 춤을 춘다며 이를 인정했다. 그녀는 정작 친구들이 앉아서 그녀의 춤을 보려고 할 때는 춤을 추지 않고, 버스 정류장과 수업 중간 쉬는 시간에만 춤을 추는 경향이 있다고 한다.

학교상담자는 Jen과의 상담에서, 어떻게 다른 사람들이 그녀의 사회적으로 적절한 흥미를 잘못 해석하거나 오해할 수 있는지에 관하여 그녀의 순진함을 강조하였다. Jen의 엄마는 Jen이 자신의 행동을 어떻게 인지하고 있다는 것을 알고 있지만, 다른 사람들이 그녀의 딸을 이용할까 봐 걱정한다. 그러나 Jen의 엄마는 그녀의 딸이 정상적이고 건강한 취미활동을 못 하게 하지 않을 것이라고 하며, Jen의 선생님들이 Jen의 학습 요구에 초점을 맞추기를 원한다.

논의할 문제

1. 이 사례에서 AC의 목표는 무엇인가?
2. 그녀가 보여 주는 잘못된 행동 목표는 어떤 종류인가?
3. 어떻게 격려를 할 것인가?
4. 이 사례에서 자연적 그리고 논리적 결과들이 어떻게 발생할 것인가?

AC / 가족 사례 2

Alicia는 8학년에 재학 중인 14세 여자아이다. Alicia는 현재 이복 남자 형제, 세 명의 수양 남자 형제, 그리고 한 명의 수양 여자 형제와 함께 위탁가정에서 살고 있다. Alicia의 친부모는 마약복용 혐의로 수감 중이며, Alicia는 방치된 초기 어린 시절을 보냈다. Alicia 형제자매들은 거리에서 살았고, 학교에는 드문드문 출석했으며, 자신들이 독립적인 것에 대해 자랑스러워했다.

Alicia의 수양 엄마는 Alicia가 세상물정에 밝고, 다른 사람들과 주로 약물 사용과 성적 행동에 대해 대화를 나눈다고 한다. 더불어 Alicia의 수양 엄마는 Alicia가 자신의 인생사를 이야기할 때 어른들이 하는 반응을 즐긴다고 이야기한다. 사실, Alicia는 어른들에게 자신이 세상물정을 아는 것에 대해 놀라우냐고 물어보고, 대부분은 놀랐다고 이야기한다. 만약 어른들이 반응이 없으면, Alicia는 도가 지나칠 정도까지 이야기를 꾸며 낸다. 종종 사회기관들과 학교들이 그녀에 대해 보고하는 것을 보면, Alicia가 이러한 반응들을 즐기나, "단지 많은 것에 그녀가 노출되어 왔지만 직접적인 약물남용의 증거는 없다."는 결론만을 내리고 끝난다. Alicia의 수양 엄마는 Alicia가 어떻게 하면 안정적인 가정생활에 적응하는 것을 도울 수 있을지에 가장 관심을 두고 있다.

Alicia의 선생님들은 Alicia가 사회적 기술이 부족하다고 느낀다. 그녀의 행동은 다소 충동적이며, 가끔은 자기 자신을 심하게 과소평가한다고 보고한다. Alicia의 동급생들은 그들과는 너무나 다른 흥미를 가지고 있는 Alicia를 거부하지도 않지만 찾지도 않으며, 마치 투명인간처럼 여긴다. 마찬가지로, Alicia도 또래에게 관심이 없는 것처럼 보이며 대부분 어른들과 시간을 보낸다. 선생님들이 반응하지 않으면, 그녀는 상담자를 찾아가 섹스와 마약에 대한 회상 장면을 이야기한다. 밝은 소녀인 Alicia의 성적은 B, C이고, 학습속도와 이해하는 능력은 평균 수준이다.

AC / 가족 사례 3

Tyler는 7세 남자아이로, 평균적으로 B학점을 유지하며 학습속도와 이해력이 적절한 수준임에도 Tyler의 엄마는 특수교육 평가를 의뢰하였다. Tyler의 엄마의 염려를 잠재우기 위해 학교는 다면적 평가를 실시하기로 했다. 예상한 대로, Tyler는 교사들의 보고, 성적, 그리고 표준검사 점수들과 일치하게 교과과정에서 낮은 평균 범위와 진행에 속하고 있었다. 그는 특수교육서비스 대상은 아니었으나, 컨설테이션 팀은 현 수준을 유지하기 위해서 일반학급 수업에서의 지지적인 개입을 추천했다.

Tyler의 엄마는 Tyler가 최고의 우등생이 될 수 있다는 확신과 더불어, 진단은 받지 않았지만 ADHD가 있다고 생각했다. 그래서 Tyler의 성적 향상을 위해 소아과 의사에게 ADHD 약 처방을 부탁했고 몇 개월 동안 약을 복용하게 했다. 그러나 Tyler의 선생님에 의하면 주의 집중에 아주 미미한 향상만 있었을 뿐, 학습 기술에는 차이가 없음을 확인하였다. 소아정신과 의사 또한 지속적인 약물 처방이 효과가 없는 것을 발견하고 ADHD 약 처방을 중단하였다.

최근 Tyler의 엄마는 소아지방변증(celiac disease)에 대한 조사를 마치고 나서, 식단에서 밀(wheat)을 제거하면 그의 성적이 향상될 것이라 믿었다. 결국, Tyler의 엄마는 학교가 Tyler를 위해 특별한 식단을 제공할 것을 요청하고, 선생님들이 생일이나 특별한 날 축하를 할 때 부모들에게 글루텐이 첨가되지 않은 과자를 제공해 주기를 요청길 원한다고 한다.

학교가 이런 요구에 응하니, Tyler의 엄마는 Tyler가 학교 근처 숲에서 자라는 나무에 알레르기가 있을 수 있다고 하면서 현재 에어컨 시스템의 공기 질을 개선해 달라고 요청했다. Tyler의 선생님은 현재 학교에서 일반적으로 잘 적응하고 있는 이 어린 소년의 엄마를 관리하는 것에 대해 도움을 요청했다.

논의할 문제

1. 이는 컨설테이션의 어떤 단계인가?
2. 어떤 종류의 잘못된 행동 목표가 나타나는가?
3. 어떤 방식으로 격려가 사용되는가?
4. 이 사례에서 자연적 그리고 논리적 결과들이 어떻게 발생할 것인가?

AC / 교육자 사례 1

　LeShaun은 고등학교 생활을 처음 시작하는 9학년 학생이다. 학교에서 LeShaun은 온화하며, 수줍어하고, 내향적이다. 최근에 LeShaun 선생님들과 지원 스태프들은 LeShaun의 기본적인 자조 활동(self-help activity)을 수행할 능력이 떨어지는 것을 발견하였다. 예를 들어, 학교 카페테리아에서 점심으로 무엇을 주문할 지를 그의 또래에게 물어보는 것이다. 종종 선생님에게 과학 그래프에 무슨 색의 이름표를 붙이는지, 혹은 영어숙제 제목을 어떻게 할지 등의 잡다한 일들에 대해 도움을 요청한다. 최근에는 체육관에서 혼자서 옷을 입을 수가 없어 코칭 스태프(coaching staff)에게 도움을 요청했다고 말했다.

　학교 관계자들이 부모에게 연락했을 때, 집에서도 비슷한 퇴행 행동이 있다는 것을 확인했다. 그들은 이 이상한 행동에 대해 LeShaun에게 직접 물어봤고, 그는 학교에서의 스트레스가 자신의 결정 능력에 방해가 된다고 이야기했다. 특히 그는 잘못된 선택을 할까 봐 두려워했다. 이런 이유로 그는 주변 사람들에게 도움을 요청함으로써 잘못된 선택을 하지 않게 될 것이라고 믿었다. 또한 다른 사람들도 그에게 무엇을 하라고 이야기하는 것을 좋아한다고 믿으며, 이 상황이 서로에게 도움이 된다고 한다. 비록 LeShaun의 성적은 평균 B와 C를 유지해 왔지만, 수업 안팎에서 LeShaun의 일을 누가 했는지에 대해서는 모두 확신할 수 없었다. LeShaun은 틀리는 것을 두려워한다는 것을 인정하면서도, 이런 새로운 행동방식이 효과적인 해결책이라고 생각한다.

> **논의할 문제**
>
> 1. LeShaun의 사례에서 아들러 컨설테이션의 목표는 무엇인가?
> 2. 그가 보여 주는 잘못된 행동의 목표는 어떤 종류인가?
> 3. 어떤 방식으로 격려를 할 것인가?
> 4. 이 사례에서 자연적 그리고 논리적 결과들이 어떻게 발생할 것인가?

AC / 교육자 사례 2

Mindy는 Excellent 초등학교 부속 유치원에 다니고 있는 6세 여자아이다. 그녀는 수양 부모님, 28개월 된 친 남동생, 그리고 의학적으로 허약한 9세의 수양 남자 형제 Ben과 살고 있다. Mindy는 현재 위탁된 곳에서 8개월 동안 지내고 있다. 그녀는 지난 2년 동안 세 곳의 위탁 가정을 거쳤으며, 지금까지 간혹 일시적으로 위탁되었다.

Mindy의 친엄마는 심각한 약물과 알코올 중독의 이력이 있으며, 광장공포증이 없는 공황발작과 가벼운 정도의 정신지체 진단을 받았다고 한다. Mindy의 친아빠 역시 약물과 분노 장애 문제가 있다고 보고되었다. Mindy의 발달이력은 아동학대로 특징지어진다. 특히 그녀는 유아기 때 성장장애로 진단받았으며, 그녀의 의료기록은 그녀가 태아기 알코올 증후군(fetal alcohol syndrome: FAS)으로 고생할 수 있음을 보여 준다. 부모님과 사는 동안에는 성적 학대를 당하고, 조카가 칼로 찔리는 것을 목격했고, 그 결과 아버지가 감옥살이를 했고, 그녀의 남자 형제가 태어난 즈음에는 영양실조로 병원에 입원했다. Mindy는 4세에서 6세까지 성적 학대 회복 상담을 받았으나, 종종 세부적인 학대 내용을 공공연히 말하며, 그로 인해 선생님들이 충격받는 것을 즐기는 것으로 보인다.

지금까지 그녀는 계속 죽음에 대해 집착하는 모습을 보이며, 종종 다른 사람을 죽이는 것이나 다른 사람들이 죽어 가는 것에 대해 이야기한다. 4세 때는 자살기도로 타이레놀을 과다 복용하였다. 그녀는 또한 음식에 집착하였으며, 교사와 다른 학생들의 음식을 훔칠 것으로 보인다. Mindy의 수양 부모는 집에서 먹는 것에 대해 어떠한 제한이 없음에도 그녀가 옷장에 음식을 숨긴다고 전한다.

그녀와 남동생은 격주로 화요일에 그들의 생물학적 엄마를 방문하고 있다. 이 방문 동안에 Mindy의 엄마는 James에게 좀 더 관심을 보인다고 한다. Mindy는 생물학적 엄마와 수양 엄마 모두에게 관심을 받는 James에게 질투를 느낀다고 말한다. Mindy의 의료기록을 보면 그녀는 기회가 있을 때마다, 그의 아기식탁 의자와 아기놀이울(playpen)을 뒤집고 베개로 얼굴을 덮어 James를 다치게 한 적이 있다. 이와 같은 이유로 Mindy는 집에서 주의 깊게 관찰된다. Mindy가 그녀의 수양 오빠 Ben에게는 특별한 관심을 보이지 않으며 또한 공격적이지도 않다는 점은 주목할 만한 사항이다.

Mindy의 언어능력 그리고 대부분의 운동기술에 주목할 만한 지체가 있다는 보고서에도 불구하고, 현재의 언어 능력과 운동 능력은 정상 범위에 있다. Mindy의 유치원 교사는 Mindy를 다룰 때 어려움을 느낀다고 전한다. 그 교사는 화가 나고, 그런 문제 아동을 자신이 다룰 수 있다고 생각하지 않으며, 또는 Mindy가 이야기하는 과거의 경험들에 대해 당황하며 걱정하는 부모들에게 대응할 준비가 되어 있지 않다고 생각한다.

논의할 문제

1. Mindy의 사례에서 아들러 컨설테이션의 목표는 무엇인가?
2. 그가 보여 주는 잘못된 행동의 목표는 어떤 종류인가?
3. 어떤 방식으로 격려를 할 수 있는가? 이 복잡한 사례에 대한 상세한 내용을 제시하시오.
4. 이 사례에서 자연적 그리고 논리적 결과들이 어떻게 발생할 것인가?

AC / 교육자 사례 3

Ernest는 4학년에 재학 중인 10세의 남자아이다. 그의 가족은 6년 전에 불법으로 미국에 입국했다. Ernest의 부모님은 여러 곳에서 시간제 근무를 하고 있으며, 오랜 시간 동안 일한다. 가족은 폭력으로 가득한 빈민가에 살고 있다. Ernest는 이웃 아이들과 어울리지 않았고, 학교 점심시간에 가끔 함께 앉는 한 명의 아는 사람밖에 없다.

학교에서 Ernest는 자유놀이, 스포츠, 혹은 다른 활동에 참여를 거부하고 있다. 종종 Ernest는 점심시간에 다른 학생들과 교사들이 없는 교실로 돌아와서 책을 읽거나 그림을 그린다. 혼자 남겨져서 Ernest는 최소한의 학교 공부를 하며, 교실 안에서 눈에 띄지 않는 것처럼 보인다. 참여가 요구되었을 때, Ernest는 종종 아픈 척하거나 과제로부터 멀리 떨어져 수동적으로 남아 있다. 최근에 그의 선생님들은 Ernest의 낮은 수준의 참여가 거절로 바뀌는 것을 알아차리게 됐다. 그들은 또한 Ernest가 그의 친구들과 교류하는 데 흥미가 거의 없다는 것을 염려하였다.

논의할 문제

1. Ernest의 사례에서 잘못된 행동의 목표는 어떤 종류인가?
2. Ernest와 선생님들의 성격 그리고 사회적 문제들을 명확하게 명시하시오.
3. 어떤 방식으로 격려를 하는가?
4. 이 사례에서 자연적 그리고 논리적 결과들이 어떻게 발생할 것인가?

AC / 시스템 사례 1

대안적인 교육을 하는 학교는 청소년 심의 요구에 부응하는 학교 전체의 행동 프로그램을 고안한다. 학교에 다니고 있는 모든 학생은 범죄를 저질러 왔다. 교사들은 불법 행위와 공격적인 행동들은 용납되지 않는다는 것을 배울 수 있는 환경을 조성할 필요가 있다고 느낀다. 즉, 학문적 요구가 고려되기 위해서는 학생 행동 통제가 최우선되어야 한다. 이를 달성하기 위해 교사들은 분명한 규칙들, 모든 관리자에 의해 지속적으로 행해질 분명한 규칙들과 위반에 대한 결과들, 그리고 욕하고 무례하고 협박하거나 실제 폭력과 같은 부적절한 행동에 대해 강력한 제재들을 갖춘 행동체계(behavioral system)가 필요하다고 느낀다.

많은 면에서 교사들은 학교에 다니는 학생들을 두려워한다. 그들은 이전에 학생들이 교사들에게 한 언어적 위협들에 대해 적절한 대응이 이루어지지 않았고, 이러한 대응이 정작 이루어져야 했을 때 관계자들은 학생들을 다 받아 주었다고 생각한다. 교사들은 자신들의 안전을 걱정하며 제재와 정학이 요구되는 벌점 시스템을 계획했다. 그러나 이 프로그램에 많은 학생을 모집하기를 원하는 교장선생님은 지역사회와 국가기관들이 지지를 통해 긍정적 행동을 증진하는 시스템을 원한다고 전한다.

교사들은 좋지 않은 행실을 처벌하지 않고 어떻게 학생들의 행동을 통제할 수 있는지에 대한 확신이 없다. 또한 마땅히 해야 하는 행동을 단순히 행함으로써 청소년들에게 보상을 주는 행동 체계를 교사들은 좋아하지 않는다고 한다. 지도교사는 학생들의 행동을 통제하고 교장선생님의 요구를 충족시키기 위해서 어떠한 긍정적인 방법으로 언어행동 제재를 해야 하는지에 대해 당신에게 조언을 구한다.

논의할 문제

1. 대안교육학교의 사례에서 아들러 컨설테이션의 목표는 무엇인가?

2. 이는 컨설테이션의 어느 단계인가?

3. 어떤 종류의 잘못된 행동 목표를 추측할 수 있는가?

4. 시스템과 관련된 교사들 그리고 사회적 배경에 관한 성격, 사회적 문제들을 명확하게 명시하시오.

AC / 시스템 사례 2

지역 초등학교에서는 학교에서 갈등 조정 프로그램을 실행하여 낮은 수준의 공격적 행동을 막도록 돕고, 서로 예의를 지키며 잘 지내도록 하고자 했다. 학교 관계자들은 교과과정을 검토하고, 교과과정의 전제와 시행을 지원한다. 그러나 교사들은 학교 이사회가 프로그램에 추가하려 하는 항목들에 대해 염려하며, 이로 인해 효율성이 떨어질 것을 염려한다.

첫째, 학교 이사회는 언어적 위협에 대한 무관용 정책(zero-tolerance policy)을 계속 유지할 것을 주장한다. 대안적으로, 학교 관계자들은 프로그램의 목적이 학생들 간의 자기주장을 증가시키고 바람직한 의사소통을 촉진하는 것이라고 느낀다. 현재 바람직한 행동을 충족시키지 못하는 학생들이 있고, 이들을 프로그램에 참여하지 못하도록 하는 것은 올바른 결정으로 보이지 않는다. 학교 이사회는 학교의 이런 오랜 정책이 과거의 학생들이 부정적으로 무례하게 행동하는 것을 감소시켰을 것이라고 반박했다.

둘째, 학교 이사회는 특정한 학업요건을 충족하는 학생들에게 왕따 예방 프로그램에 참여하는 특권을 주려 한다. 구체적으로, 학업 과제를 완수했다고 교사들에게서 평가받은 학생들만이 과제에 대한 보상으로 프로그램에 참여할 수 있게 한다. 학교 이사회 임원들은 학업지도가 우선이 되어야 하기에, 특별활동 경험은 학업지도를 방해하지 않는 선에서 제공되어야 한다고 이야기한다. 학교 교장선생님은 이 문제에 대해 교사진을 대신하여 학교 이사회가 고려해야 하는 방식에 관련해서 당신에게 접근할 것이다.

논의할 문제

1. 왕따 프로그램 실행을 원하는 초등학교의 사례에서 아들러 컨설테이션의 목표는 무엇인가?
2. 그들이 예방하고자 하는 잘못된 행동의 목표는 어떤 종류인가?
3. 어떤 방식으로 격려를 할 수 있는가?
4. 이 사례에서 자연적 그리고 논리적 결과들이 어떻게 발생하는가?

AC / 시스템 사례 3

지역 학교 시스템의 경영은 주 감시기관이 맡아 해 왔다. 2학년 그리고 4학년에서 8학년 학생들로부터 불충분한 연간 학업 진척도(yearly academic progress)가 드러났기 때문이다. 기관들은 학교체계가 이 지역 학생들의 학업과 행동 문제를 모두 처리할 수 있는 전략적인 계획을 세우길 바란다.

관련 이해 관계자들의 인터뷰는 교육감이 주로 학생들의 행동에 초점을 두고 있다는 것을 보여 준다. 그는 학생들이 교육으로부터 혜택을 받을 수 있도록, 적절한 행동을 하는 학생들로 구성되어야 한다고 생각한다.

교육감은 보살피는 환경을 조성하는 것이 더 많은 학생을 이끄는 유일한 방법이라고 믿는다. 나아가 그는 학교에 꾸준히 출석하는 것이 학생들의 학업기술을 향상시키는 데 핵심적인 부분이라고 주장한다. 감시기관은 그 지역에 그들의 개선계획을 세우는 것을 수용하는 데서 유연하다. 그러나 개선의 기준은 출석과 상관없이 학업 기술의 향상, 특히 주립 표준 시험 성적의 향상을 증명해야 하는 것임이 분명하다. 따라서 학교 시스템이 살아남기 위해서 필요한 최소한의 개선점을 충족시키기에 교육감의 목표는 너무 제한적이다.

논의할 문제

1. 실패한 학교의 사례에서 아들러 컨설테이션의 목표는 무엇인가?
2. 학교 시스템에서 알려야 하는 성격과 사회적 배경의 문제들을 명확하게 명시하시오.
3. 어떤 방식으로 격려할 수 있는가?
4. 이 사례에서 자연적 그리고 논리적 결과들이 어떻게 발생할 것인가?

요 약

이 장에서는 학교 시스템에서의 AC 사용에 관련된 정보가 제공되었다. 첫째, AC의 정의와 함께 컨설테이션 접근법에서 사회적 환경의 중요성을 강조하는 정보들을 제시하였다. Adler에 의하면, 적개심, 거부, 그리고, 혹은 방치로 특징지어진 부적절한 환경은 아이들을 부적응과 심리적 장애를 반영하는 태도와 행동을 선택하도록 이끌었다. 이어서 AC의 기본가정들이 제시되었다. 관계 맺기 시작을 포함하고, 문제를 평가하고, 목표와 개입을 설정하고 결과를 분석하는 AC 단계들에서는 개인과 환경의 관점에서 고려되었다. AC에서 컨설턴트와 컨설티의 역할과 책임감에 대한 정보와 학교를 기반으로 한 실천의 세부사항이 모두 검토되었다. 마지막으로 AC의 효율성이 탐색되었다. 다음 장에서는 조직 및 시스템 컨설테이션(organizational and systems consultation: OSC)이 사례연구와 함께 논의될 것이다.

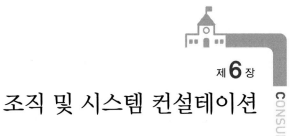

제 **6** 장
조직 및 시스템 컨설테이션

CONSULTATION

1. 도 입

　조직운영의 시스템 역동 모델(system dynamics models of organizational operations)
이라는 개념은 1950년대 산업 및 조직심리학 문헌에서 처음으로 소개되었다
(Rouwette & Vennix, 2006). 이후 1970년대, 1980년대에 전통적으로 기업 장면에
적용되어 온 조직 발달(organizational development) 이론을 학교에도 적용할 수
있다는 것을 시사하는 연구들이 나타나기 시작하였다(Schmuck, 1995). 이 주제
에 대해 연구해 온 학교심리학 분야의 몇몇 이론가, 즉 Zins, Curtis, Graden과
Ponti(1988), Zins와 Ponti(1990), Schmuck(1995), Illback과 Zins(1995) 그리고 Zins
와 Illback(2007)은 교육 장면에서 조직의 발달적 변화를 촉진하기 위해 조직 및
시스템 컨설테이션(Organizational and Systems Consultation: OSC)을 사용할 수 있음
을 주장하였다. 학교상담 분야에서도 Kurpius와 Rozecki(1992), West와 Idol(1993),

White와 Mullis(1998) 등 일련의 연구자들이 교육장면에서 OSC 사용을 장려해 왔다.

지난 십 년 간, 미국 연방 정책의 변화와 학생의 학업 및 행동적 성공을 촉진하기 위해 개발된 실증 기반 개입(Empirically Based Interventions: EBIs)의 증가로, 이제 학교는 모든 학생의 요구를 다루기 위해 보다 잘 준비된 시대정신을 갖게 되었다. 그러나 Graczyk, Domitrovich, Small, Zins(2006)에 따르면, 학교 시스템 내에서 실증 기반 개입의 채택 및 지속성을 촉진하기 위해서는 조직 및 시스템 컨설테이션을 통해 확립될 수 있는 특정 조직 요소들이 준비되어 있어야만 한다. OSC의 시행은 흔히 행정적 수준이든(예: 위기 예방 프로그램), 아동 수준이든(예: 행동 문제를 예방하기 위해 교실을 구조화함) 간에 조직의 변화를 요구하며, 문제 발생 시 이에 반응하는 것이 아니라 사전에 문제를 예방하기 위해 프로그램과 정책을 고안하고 확립하는 데서 특히 그러하다.

조직 및 시스템 컨설테이션 사용을 지지하는 이론적 관점은 Bronfenbrenner (1979)의 생태학적-발달적 관점(ecological-developmental perspective)이다. 이에 따르면 아동의 생태계는 그들이 기능하는 일련의 동심원적 맥락으로 간주되며, (1) 가족, 학급, 또래집단처럼 직접적인 사회문화적 환경(미시체계: microsystem) (2) 학교, 확대가족, 확대된 또래 네트워크 같은 더 큰 사회문화적 환경(외체계: exosystem) (3) 지역 및 주 정부의 교육체계, 이웃, 지역사회 같은 멀리 떨어진 사회문화적 환경을 포함한다. Nastasi(2006)는 이러한 영향력들을 상호적이라고 설명하는데, 예를 들면, 개인은 자녀-부모, 학생-교사 상호작용을 통해 생태학적 체계에 영향을 미치게 된다. 마찬가지로 이러한 영향은 진화적인데, 이전 경험이 유사한 맥락 및 새로운 맥락 모두에서 이후의 기능과 상호작용에 영향을 미친다. 이러한 이론적 관점을 사용하여 OSC는 다루어지는 문제나 이슈에 따라 다양한 동심원적 맥락에서 시행될 수 있다.

교육 시스템에서 조직 변화(Organizational Change: OC)는 서서히 일어나는 경향이 있고 서서히 이루어져야만 하는데, 조직 내에서 급격한 체제 변화를 촉진

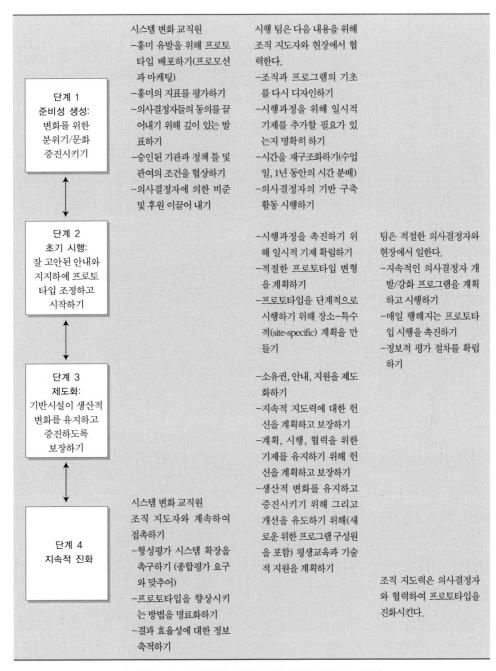

단계 1
준비성 생성:
변화를 위한 분위기/문화 증진시키기

단계 2
초기 시행:
잘 고안된 안내와 지지하에 프로토타입 조정하고 시작하기

단계 3
제도화:
기반시설이 생산적 변화를 유지하고 증진하도록 보장하기

단계 4
지속적 진화

시스템 변화 교직원
- 흥미 유발을 위해 프로토타입 배포하기(프로모션과 마케팅)
- 흥미의 지표를 평가하기
- 의사결정자들의 동의를 끌어내기 위해 깊이 있는 발표하기
- 승인된 기관과 정책 틀 및 관여의 조건을 협상하기
- 의사결정자에 의한 비준 및 후원 이끌어 내기

시스템 변화 교직원
조직 지도자와 계속하여 접촉하기
- 형성평가 시스템 확장을 촉구하기(종합평가 요구와 맞추어)
- 프로토타입을 향상시키는 방법을 명료화하기
- 결과 효율성에 대한 정보 축적하기

시행 팀은 다음 내용을 위해 조직 지도자와 현장에서 협력한다.
- 조직과 프로그램의 기초를 다시 디자인하기
- 시행과정을 위해 일시적 기제를 추가할 필요가 있는지 명확히 하기
- 시간을 재구조화하기(수업일, 1년 동안의 시간 분배)
- 의사결정자의 기반 구축 활동 시행하기

- 시행과정을 촉진하기 위해 일시적 기제 확립하기
- 적절한 프로토타입 변형을 계획하기
- 프로토타입을 단계적으로 시행하기 위해 장소-특수적(site-specific) 계획을 만들기

- 소유권, 안내, 지원을 제도화하기
- 지속적 지도력에 대한 헌신을 계획하고 보장하기
- 계획, 시행, 협력을 위한 기제를 유지하기 위해 헌신을 계획하고 보장하기
- 생산적 변화를 유지하고 증진시키기 위해 그리고 개선을 유도하기 위해(새로운 위한 프로그램 구성원을 포함) 평생교육과 기술적 지원을 계획하기

팀은 적절한 의사결정자와 현장에서 일한다.
- 지속적인 의사결정자 개발/강화 프로그램을 계획하고 시행하기
- 매일 행해지는 프로토타입 시행을 촉진하기
- 정보적 평가 절차를 확립하기

조직 지도력은 의사결정자와 협력하여 프로토타입을 진화시킨다.

[그림 6-1] 프로토타입 시행과 확대: 단계와 동반되는 과제

출처: Systemic Change for School Improvement, by H. S. Adelman & L. Taylor, 2007, *Journal of Educational and Psychological Consultation, 17*, p. 62

하려는 노력이 종종 저항과 실패를 초래한다는 증거가 있기 때문이다(Derr, 1976; Illback & Zins, 1995). 조직 변화의 단계를 개관하면서 McDougal, Clonan, Martens(2000)와 Adelman과 Taylor(2007)는 조직의 준비성(organizational readiness) 또는 변화를 수용하려는 의지가 있어야만 한다고 보고한다([그림 6-1] 참조). 첫째, 변화를 만들려는 핵심 이해당사자(stakeholders) 집단의 동기와 능력이 있어야만 하고(Adelman & Taylor, 2007), 그다음에 최고 경영층으로부터의 지원, 행정조직과 직원들의 적극적 참여, 프로젝트의 목표와 과정에 대한 헌신이 있어야만 한다(〈표 6-1〉 참조; Fullan, Miles, & Taylor, 1980; McDougal et al., 2000; Rosenfield,

표 6-1 조직 변화의 단계와 각 단계와 관련된 활동

	Fairweather et al. (1974)		Fullan et al. (1980)/Rosenfield (1992)	
	단계	원리/활동	단계	활동
1	접촉–설득 단계	"브랜드 인식" 개발하기 "문에 발 들여놓기" 참여 원리	1	진입 및 시작/개시	조직의 준비성 존재함 고위 관리층에 의해 지지됨 시행 전에 행정가와 교직원의 참여 자원이 동원되고 약속됨
2	선택 단계	외부 개입 활동–중심 개입 집단 활동 또는 시행의 원리	2	전환, 초기 사용/시행 단계	적극적인 행정 지원 지속적 업무와 훈련 내부 컨설턴트 개발 프로그램 통합성과 참여자 우려를 모니터링 하기
3	보급 단계	변화에 대한 저항은 사회적 지위와 요구되는 역할 변화에 비례함 실험적 입력의 원리 보급 센터 diffusion centers를 활성화시키는 원리	3	제도화	학교구는 업무 예산에 포함된 기금을 약속하기 주로 내부 교직원에 의해 운영하기 시스템에 스며들기: 파일럿 프로그램에서 다른 장소로 확장하기

출처: Using Organizational Change Procedures to Promote the Acceptability of Pre-referral Intervention Services: The School-based Intervention Team Project, by J. L. McDougal, S. M. Clonan, & B. K. Martens, 2000, *School Psychology Quarterly, 15*, p. 152.

1992). Illback과 Zins(1995)는 이 단계를 진단 단계로 기술하는데, 즉 변화에 의해 영향을 받는 모든 구성원이 계획 형성이 점진적인 과정임을 이해하면서, 서로 협력하여 그 과정이 어디로 향하는 것인지에 대한 명확한 아이디어를 발달시키는 단계다(McDougal et al., 2000).

단계 2 시행 지원(implementation support)에서는 행정조직의 참여, 이해, 지원이 계속되고, 시스템 구성원의 훈련이 이루어지며, 파일럿 시작 장소가 확정되고, 프로젝트 시행이 외부 컨설턴트에 의해 안내되는데, 외부 컨설턴트는 내부 조력자와 팀 구성원들을 돕는 역할을 한다(Fairweather, Sanders, & Tornatzky, 1974; Fullan et al., 1980; McDougal et al., 2000; Rosenfeld, 1992). Illback과 Zins(1995)는 계획, 시작 및 시행 과정이 이 시기에 발생하고, 이때 이를 안내하고 지원하는 잘 고안된 기반 구조가 있어야 변화가 만들어지는 것으로 기술한다(Adelman & Taylor, 2007). 이 단계에서 조직 및 시스템 컨설테이션의 목표를 정확하게 정의하는 것은 중요하다. 계획이 필연적인 구체성을 가지고 있을 때에만 제도화와 일반화가 일어날 것이고 그 안에서 시스템 전반을 통한 변화가 이루어질 수 있기 때문이다.

단계 3 보급(diffusion)에서는 파일럿 장소에서 다른 장소로 모델의 확장을 위한 지지를 모색한다(Fairweather et al., 1974). 이 시점에서 교직원의 저항은 심각한 문제일 수 있는데, 물론 이 저항은 프로젝트를 확장할 뿐 아니라 지속하기 위한 내부 컨설턴트의 노력을 통해 감소될 수 있긴 하다. 생산적 변화를 유지하고 증진시키기 위한 기반 구조가 있을 때(Adelman & Taylor, 2007) 이상적으로 제도화와 일반화가 발생할 것이며, 지속적인 유의한 변화는 아마 적어도 2~3년 정도의 시간이 걸릴 것이다(Fullan, 1982; Illback & Zins, 1995; Lippit, Langseth, & Mossop, 1985).

마지막으로, 단계 4에서 기존의 변화를 정교화하고 지속적 지지를 제공하기 위한 기제를 통해 계속적 진화와 창의적 개선이 일어난다. 이 단계에서 이해당사자들은 창의적으로 개선이 추구되는 학습공동체의 일부가 된다(Adelman & Taylor, 2007). 또한 참가자들이 프로그램 시행, 효율성, 앞으로의 실무를 위한 추천에 대해 피드백을 받을 수 있도록 프로그램 평가 자료를 배포할 필요가 있다

(McDougal et al., 2000).

이러한 과정이 대규모이고 관여되는 사람의 수가 많기 때문에, OSC를 통해 시행되는 조직 변화(OC) 노력이 성공만큼 자주 실패한다는 것은 놀라운 일이 아니다. Zins와 Ponti(1990)는 OC 노력이 흔히 다음과 같은 여러 이유에서 실패한다고 보고한다.

1. 조직 평가가 시스템의 문제나 요구를 완전히 식별하지 않았다.
2. 변화를 위한 준비성이라는 이슈가 고려되지 않았다.
3. 개입 전략이 부적절하게 구체화되고 시행되었다.
4. 컨설티(consultee) 시스템이 변화 계획을 만들 때 충분히 포함되지 않았다.
5. 프로그램 평가 계획이 개발되지 않았거나 그러한 평가의 결과가 사용되지 않았다.
6. 후속 조치가 없거나 좋지 않았다.
7. 변화가 일어날 수 있도록 충분한 시간이 허용되지 않았다(Fullan et al., 1980).

그러나 국내 학교 시스템이 직면한 많은 문제와 특수교육이 필요한 학생들을 위한 대안적인 서비스 제공 방법을 개발할 필요성을 인식하면서, 조직 및 시스템 컨설테이션을 채택하는 것에 대한 관심도 증가하고 있다(Zins & Ponti, 1990). 이는 특수교육 프로그램이 흔히 교육을 개별화하지 못하고, 희석되거나 존재하지 않는 커리큘럼을 사용하며, 방향이 잘못 설명되거나 분절화된 서비스 제공 모델을 사용하기 때문이다(Wasburn-Moses, 2006). OSC에 대한 고조된 관심을 설명하는 다른 이유들에는, (1) 컨설테이션 과정을 지지하는 증거의 확대(Gutkin & Curtis, 1990), (2) 컨설테이션이 서비스 제공의 주요 수단이 되는 예방 지향적 프로그램을 향한 움직임(Phillips, 1990; Zins & Forman, 1988; Zins & Wagner, 1987), (3) 자료 주도적 개입의 시행에 대한 촉진 방안, (4) 개입들 간의 지속성과 협력을 증가시키기 위한 조직 틀의 필요성(Gutkin, 1986; Zins & Ponti, 1990)이 포함된다. OSC

의 사용은 또한 Type Ⅲ 오류를 피할 수 있도록 도울 수 있는데, Type Ⅲ 오류는 프로그램 효과성 측정이 실제로는 프로그램의 부적절한 시행에 의해 영향을 받을 때 프로그램이 효과적이지 않다고 결론을 내리는 것이다. 컨설턴트는 프로그램이 정말로 비효과적인지, 아니면 프로그램 시행 수준과 프로그램 결과 간에 관계가 있는지를 결정하기 위해 OSC를 활용할 수 있다(Kalafat, Illback, & Sanders, 2007).

조직 및 시스템 컨설테이션이 핵심적 역할을 하는, 시스템 수준의 적용(긍정적 행동지원, positive behavior support: PBS, Sugai et al., 2000; 수업기반평가, curriculum-based assessment: CBA, Deno, 1985, 1995; 사회정서학습, social and emotional learning: SEL, Zins & Elias, 2006)은 모든 아동·청소년의 사회적, 학업적 성공을 촉진하기 위한 다층화된 서비스 제공(개입에 대한 반응, response to intervention: RTI) 모델에서 점차 더 많이 사용되고 있다(Hojnoski, 2007). RTI 모델에서는 평가, 조기 개입, 증거기반 실무가 일반교육 장면에서의 시스템 전체 예방 노력으로 통합된다(Greenberg et al., 2003; Hojnoski, 2007; Knotek, 2005). 다단계 문제해결에서 RTI에 대한 강조는 OSC와 잘 들어맞는다. 학교심리사, 학교상담자, 사회복지사 등 교육과 정신건강 전문가들이 컨설테이션을 통해 특수 및 일반 교사가 전에는 학습문제를 학생 내부에 원인이 있는 것으로만 이해하던 것을 생태학적인 교수 모델과 통합할 수 있도록 도울 수 있기 때문이다(Knotek, 2005). RTI는 다음 장에서 더 자세히 다루어질 것이지만, OSC 방법이 RTI 모델과 연합된 증거기반 개입을 시행하고 지속시키는 데 사용될 수 있음에 주목해야만 한다.

조직 및 시스템 컨설테이션의 또 다른 사용은 학교 시스템 내 가족 간 동등성(equity) 이슈를 다루기 위한 것으로, 이는 가족, 지역사회, 학교 시스템을 포함하는 조직 변화와 전략적 계획을 요구한다. 앞 장에서 언급되었듯이, Wizda(2004)는 컨설턴트의 가장 중요한 역할 중 하나는 증가하고 있는 다문화 인구의 요구를 충족시킬 수 있게 학교가 역량을 구축하도록 돕는 것이라고 보았다. 다문화 인식과 이해를 향상시키기 위해 사용되는 많은 방법은 OSC를 통해 개발될 수 있는데, 다문화 학생과 그 가족들의 요구를 반영한 연구-기반 프로그램을 확립하는 것(Rogers, 2000), 공평한 부모 참여를 방해하는 요인들을 식별하여 제거하는 것(Ochoa & Rhodes, 2005), 그리고 다문화 학생들이 흔히 경험하는 가정과 학교의 가치 및 기대 불일치에 대해 교직원들을 교육시키는 것(LaRoche & Shriberg, 2004)을 예로 들 수 있다.

OSC를 통한 다양성 인식은 성적 차이(sexual differences)로도 확장될 수 있다. 즉, 학교 시스템은 동성애, 양성애, 트랜스젠더(lesbian, gay, bisexual, & transgender; LGBT) 가족 및 청소년과 일할 때 공평하게 실무를 진행하게 된다. Jeltova와 Fish(2005)는 Havelock과 Zlotolow(1995)의 OSC 모델이 LGBT 가족, 아동, 청소년에게 우호적인 환경을 만들기 위해 사용될 수 있다고 추천하였는데, 이 모델은 시스템 내에 힘을 지닌 모든 관련자를 포함하고, 시스템 변화에 대한 저항을 식별하며, 모든 사람을 따뜻하게 맞이하는 학교 분위기를 만들기 위한 계획을 따르고, 학교 내에서 의사소통하고 정보를 나누는 기능적 패턴을 개발하며, 명확하거나 드러나지 않는 차별적 행태를 식별하는 것을 포함한다. 게다가 조직 및 시스템 컨설테이션은 (1) LGBT가 된다는 것이 무엇을 의미하는지에 대해 학교 전문가, 부모, 학생 교육하기, (2) 다문화 가족과의 협력과 의사소통, (3) LGBT 가족과 일하는 것과 관련한 불편함, 역량 부족, 또는 경험 부족 인식하기, (4) 가족들을 위한 옹호, (5) 괴롭힘을 목격했을 때의 적절한 반응에 대한 정보, (6) 괴롭힘 사건, 형태, 결과에 대한 식별을 격려하는 프로그램을 만들기 위해 사용될 수 있다(Jeltova & Fish, 2005).

이전 문단에서 논의된 이슈들을 고려하고 학교기반 컨설테이션을 가능한 한 효과적이 되도록 만들기 위해, 컨설턴트는 개인에만 초점을 두어 한 수준에서만 개입을 제공하는 대신 Bronfenbrenner(1979)에 의해 기술된 여러 겹의 기능을 고려하여 시스템 관점을 강조하는 입장을 취해야 한다고 일부 연구자들은 주장하였다(Zins & Ponti, 1990). White와 Mullis(1998)는 학생 문제에 대한 전체론적(holistic) 개념화가 영속적 변화를 가능하게 만들기 때문에, OSC는 다수의 학생들에게 긍정적 영향을 주기 위해 사용될 수 있는 시간상 효율적이면서 시스템적 관점을 염두에 둔 방법이라고 덧붙인다. 이 장에서는 시스템 관점을 채택한 두 가지 일반적인 컨설테이션 모델을 각각을 지지하는 증거들과 함께 개관하고 논의할 것이다.

2. 조직 발달 컨설테이션

조직 발달(Organizational Development: OD)은 시스템 규준, 구조, 절차를 향상시키기 위해 시스템이 스스로를 연구하는 의도적이고 지속적인 노력이다. 학교에서 OD의 목적은 조직 및 시스템 컨설테이션을 통해 대인관계 과정과 학생들의 수행을 향상시키는 것이다(Schmuck, 1995). 흔히 아동 중심적인 것으로 보이는 학교에서의 문제들은 실제로는 건물, 시스템, 또는 지역사회 문제이며, 이러한 문제들은 시스템적, 다면적 개입과 실질적 변화를 장려하는 문제해결적 과정을 사용하여 여러 수준에서 해결될 필요가 있다(Knoff, 2000). 조직 발달 컨설테이션(ODC) 접근은 학교가 전반적 문제를 명료하게 하는 데 유용하며, 개입전략의 선택을 뒷받침하고, 시행의 강점과 충실도(fidelity)를 지지하기 위해 명확한 표준을 선택하며, 시행의 질에 대한 기준을 모니터링하고 피드백을 평가하며, 최상의 시행을 저해하는 조직 내 장벽을 분석하고, 그러한 방해물을 극복하기 위한 전략을 선택할 때 학교가 그 근거를 명료하게 만드는 데 도움이 된다(Gottfredson, 1993).

전통적으로 조직 발달 컨설테이션은 비즈니스, 교육, 사회과학 분야에서 석·박사 학위를 취득하고, 조직의 외부에 있으며, 집단 역동에 대해 훈련받은 전문가들에 의해 시행되어 왔다. 그러나 Schmuck(1995)은 ODC 절차는 조직 내 집단이 컨설테이션의 촉진자(facilitators)로서 기능할 경우에 학교 시스템에서 더 잘 사용될 수 있다고 논의한다. 전략적 계획과 프로그램 시행의 성공은 목표를 이루기 위해 참여적 관리(participative management)를 사용하고 조직의 변화를 건강한 시스템 내에서의 자연스럽고 필수적이며 지속적인 것으로 간주하는 촉진자 팀에 달려 있다(Knoff, 2000).

다음은 촉진자 팀을 위해 제안된 내용이다(Schmuck, 1995).

1. 최소한 파트타임으로 일할 수 있는 코디네이터를 지명하라.
2. 교사, 상담자, 학교심리사 등 학교 시스템 내에서 서로 다른 역할을 수행하는 최소 10명을 포함하라.
3. 파트타임(그들 시간의 10~15%)의 촉진자로 일할 수 있는 팀 구성원을 배정하라.
4. 팀 구성원이 배정된 직무 대신 요청에 반응하도록 하라. 팀이 제공하는 서비스를 홍보하고 시범을 제공하라.
5. 팀 구성원들이 자신이 정기적으로 상호작용하는 집단을 자문하지 않도록 배정하라.
6. 팀에 자체 예산을 배정하라.
7. 2~4명의 일시적 소집단으로 컨설테이션 서비스를 제공하도록 팀 구성원들을 훈련하라.
8. 팀이 연수를 받을 시간과 기회를 제공하라.

Schmuck(1995)은 ODC 과정의 목표를 조직의 강점을 증가시키고 약점은 줄이는 것으로 기술한다. 그러한 목표를 추구할 때, 강조점은 의사소통의 명료화, 회의 개선, 문제해결, 의사결정, 그리고 갈등해결에 있다. 이러한 목표들은 일대일 관계, 소규모 작업집단, 집단 구성원들 간의 관계, 전체 조직, 이러한 조직과 외부 이해당사자들 간의 관계에 초점을 두면서 시스템 수준에서 추구될 수 있다. 교육 내용에 관해서도 목표가 세워질 수 있는데, 교과과정 수정(교과목 혁신), 집단과 조직 재구조화(새로운 역할 관계를 확립하고 팀을 구성하기), 그리고 교직원 계발(새로운 지식, 기술, 가치를 개별 교육자에게 소개하기) 등이 그 예다.

1) 문제 정의, 평가, 진단

Gottfredson(1984, 1993), Gottfredson, Rickert, Gottfredson과 Advani(1984) 등의 이론가들은 조직 발달 컨설테이션 접근인 프로그램 개발 평가(Program Development Evaluation: PDE)를 개발했는데, 이러한 평가에서 학교 시스템은 문제를 정의하는 데서 시작하여 궁극적으로 영속적 변화를 위한 조직 혁신에서 정점을 이루는 과정을 따를 수 있다. 이 모델을 따를 때 시스템 변화 주체가 되고자 하는 컨설턴트는 먼저 경험적으로, 그리고 실제적으로 문제를 이해해야만 한다. 이를 위해 개념적 모델을 세우고, 관련 문헌을 조사하고, 기능적 문제 분석에 기반하여 개입전략이 도출될 수 있는 문제해결 계획(Dwyer, Osher, & Wagner, 1998; Knoff, 2000)을 활용하게 된다. 이러한 과정에는 요구 평가(needs assessment)가 포함되며, (1) 학교와 지역사회 구성원들이 그 문제를 얼마나 심각한 문제로 인식하고 있는지에 대한 평가, (2) 문제의 범위와 역동의 평가(학교와 지역사회 내 사건 및 영향 데이터 포함), (3) 문제해결에 현재 관여하고 있는 학교와 지역사회 인사, 위원회, 프로젝트 팀의 식별, (4) 그 문제와 그로 인한 단기적, 장기적 영향을 해결하기 위해 시행되어 온 최근의 개입 및 프로그램에 대한 평가가 이루어진다 (Knoff, 2000).

Lowman(2005)은 조직 평가에서 진단의 중요성에 대한 Harry Levinson의 기여에 대해 저술한 바 있다. 임상심리학자인 Levinson은 조직의 평가와 개입에 대해 시스템적으로 생각한 최초의 이론가 중 한 명인데, 유능한 평가 없이는 선택된 치료가 지각된 문제를 해결하거나 영속적인 변화를 고무하는 데 효과적일 것이라고 확신할 수 없다고 주장하였다(Levinson, 2002). ODC를 사용하는 컨설턴트는 두 종류의 진단과정을 사용할 수 있는데, 조직의 역기능에 대한 평가(Lowman, 1993)와 조직의 건강함과 의도된 최적화(intended optimization)에 대한 평가(Lowman, 2005)가 포함된다. 두 진단과정에서, Levinson은 어떤 자료가 누구에 의해 수집되어야 하는지 그리고 아마도 더 중요하게는 자료가 수집되고 있는 사람들 간에 어떤 심리적 과정이 발생하는지를 결정하기 위해 심리역동적 원리를 사용할 것을 주장한다. 요약하면, 평가의 결과는 수정 전략 개발을 안내해야만 하는데, 조직이 무엇을 필요로 하는지 그리고 의도된 변화와 그러한 필요가 어떻게 관련되는지에 대한 이해를 바탕으로 계획이 세워진다(Lowman, 2005).

2) 시행 표준의 개발

프로그램 개발 평가(PDE) 방법을 사용하여 각 개입 요소를 위한 서비스 또는 활동의 양과 질을 포함하여 각 개입에 대한 시행 표준을 구체화한다. 가능할 경우, 표준은 출처 자료(source literature)에 보고된 선행연구의 경험적 증거에 기반하여 만들어지며, 구체적 · 현실적이고, 시행하는 사람의 직접적 통제하에 있어야 한다. 그러나 그러한 정보가 가용하지 않을 때, 시행자는 대상 행동에서 바람직한 변화를 만들어 내기 위해 필요한 개입의 양을 추정하고 이후에 개입의 효과성에 대한 자료를 모으도록 권장된다(Gottfredson, 1993).

3) 시행 표준의 측정과 평가

각 표준은 일지(logs)와 관찰기록과 같은 자료수집 방법을 통해 측정되고 얻어진 정보는 서비스 제공자의 직무기술서(job descriptions)에 통합된다. Gottfredson(1993)은 전략 또는 프로그램을 시행하는 사람들을 위해 개입의 강점과 충실도에 대한 자료는 표준과 비교하여 빈번하게 요약되어야 한다고 제안한다. 개입에 대한 피드백은 휴일처럼 서비스 제공에서 자연스럽게 쉬게 되는 때에 제공하는 것이 특히 유용한데, 이는 시행의 다음 단계에서 변화가 도모되고 평가될 수 있기 때문이다(Gottfredson, 1993).

시행 표준이 충족되지 않을 때, 개입의 확고한 시행을 방해하는 조직 내 장애물이 평가되어야만 한다. 그러한 과정은 역장분석(力場分析: force field analysis)이라고 명명되고(Lewin, 1951), 혁신을 막는 환경적 요소를 식별하기 위해 사용된다. 전형적으로, 다수의 물류 문제(logistical issues)가 밝혀지고 이는 조직의 표준 운영과정을 변경하도록 만든다. 그러나 변경이 더 어려운 것은 개혁을 막는 조직 구성원의 신념과 태도다. Gottfredson은 "이러한 장애물들은 종종 개혁을 얼어붙게 하지만 더 흔하게는 개혁 노력에 동참하려는 직원의 동기와 의지를 감소시킴으로써 개혁을 약화시킨다."(1993, p. 278)라고 말한다. 이러한 조직의 장애물을 극복하려는 과정은 길고 어렵기 때문에, 다학제적 전문가와 지역사회 구성원들처럼 인적 자원의 연합체를 만드는 것이 시스템 구성원들이 변화에 헌신하도록 장려하는 데 도움이 될 수 있다(Knoff, 2000).

3. 개입 지원 컨설테이션

Zins, Curtis, Graden과 Ponti(1988)에 의해 개발되고 Illback과 Zins(1995)에 의해 확장된 개입 지원 컨설테이션(Intervention Assistance Consultation: IAC)은 보다 제한적인 교육환경에 아동을 의뢰하기 전에, 덜 제한적인 교육장면에서 구조화된 문제해결전략의 사용으로 개별 학생의 요구에 반응하기 위해 개발된 시스템적 서비스 제공 모델이다. 이 연구자들은, (1) 잠재적으로 낙인되기 전에 학생들에게 도움을 제공하고, (2) 문제의 예방과 조기 발견을 강조하고, (3) 심리평가 또는 심리교육평가를 위한 의뢰 형태로 굳어지기 전에 교육자와 양육자가 학생의 문제에 대한 자신들의 초기 지각과 설명을 검토할 수 있도록 기회를 제공하기 위해 개입지원 컨설테이션 모델을 제안하였다(Zins & Ponti, 1990).

1) 개인 접근 대 팀 접근

지난 20년 동안 학교 시스템 내에서 교육자, 학부모, 지역사회 구성원 같은 이

해당사자들이 적극적으로 참여하여 서로 협력하는 내부 컨설테이션 팀을 강조하는 움직임이 있어 왔다(Illback & Zins, 1995). 비록 대부분의 개입 지원 프로그램이 특수교육과 일반교육 교사, 행정가, 교육 및 행동지원 인사로 구성된 문제해결 팀을 사용하긴 하지만, Zins와 Ponti(1990)는 큰 집단일수록 의사소통이 복잡해질 수 있고 효율성, 시간, 자원배분 등에서 상당한 비용이 따르게 된다고 주장한다. 소규모 팀으로 학교 시스템 내의 변화를 도모하기 위해 컨설테이션 과정을 효과적으로 사용할 수 있는데, 예방과 개입을 통해 학생들의 요구를 만족시키는 의뢰 전 개입 팀(pre-referral intervention teams)이 그 예가 될 것이다(Kerwin, 1995). 게다가 각각 한 명의 컨설턴트와 컨설티가 대부분의 문제에 효과적인 해결책을 개발할 수도 있다. 개입 지원 컨설테이션 과정에서 대부분의 이슈가 개인 컨설테이션을 통해 다루어지는 반면, 필요한 경우 팀의 전문성도 활용할 수 있다(Zins & Ponti, 1990).

2) 컨설테이션과 자료기반 개입 훈련

최근 들어 컨설테이션 사용이 훨씬 광범위해지긴 하였으나, 개입 지원 컨설테이션(IAC)과 같은 접근들이 효과적이 되기 위해서 개인은 컨설테이션 방법에 대해 훈련을 받을 필요가 있다. 훈련은 교사들에게 IAC에 대해 가르치기 위해 학교 시스템 내 연수 기간에 외부 전문가를 초청함으로써 이루어질 수 있는데, 그 후에 주기적으로 짧은 추후 모임(booster session)을 갖거나 다른 교직원에게 컨설테이션 기술을 가르치도록 교내 전문가에게 요청하는 것을 포함할 수 있다. 두 방법 모두에서 집중적 훈련이 추천되는데, 즉, 참가자들이 강의뿐 아니라 적용을 목적으로 직접 시연해 보는 훈련이 필요하다(Zins, 1989). 이전 경험, 전문성이 있거나 훈련을 받은 적이 있는 사람들 또는 컨설테이션에 특히 흥미가 있는 사람들은 다른 사람들의 컨설테이션 기술을 촉진하는 것과 관련하여 심화된 훈련과 가르침을 받아야만 하며, 문제해결, 사례발표, 관련된 학술문헌 논의를 포함하는 정기적으로 계획된 동료검토(peer review) 활동이 그 예가 될 수 있다(Zins & Ponti, 1990).

IAC 방법을 사용하는 사람들에게 필요한 또 다른 역량은 자료기반 개입(data-based interventions)의 고안과 시행에 관한 지식이다. 이상적으로, IAC 팀은 구체적인 학업과 행동 영역에서 다양한 전문성을 가지고 있을 것이다. 그러나 응용 행동분석과 같은 기술과 몇몇 학업 영역에서의 최근 경험적 발전에 대해 추가적 훈련이 필요할 것이다(Zins & Ponti, 1990).

3) 지도력과 팀 구성원 자격

개입 지원 컨설테이션(IAC) 방식에서 대부분의 팀 구성원은 자발적으로 참여하게 될 것이지만, 다른 사람들은 학교심리사나 학교상담자처럼 조직 내 역할에 기초하여 임명될 것이다. Zins와 Ponti(1990)는 모든 구성원이 IAC 과정에 필요한 기술을 가지고 있거나 획득할 수 있는 자원봉사자일 것을 강조한다. 게다가 팀 구성원들이 쏟는 노력이 큰 만큼 휴가나 연수 점수 등과 같은 참여에 대한 인센티브가 주어져야 한다. 많은 문제는 학교의 권한 밖이기 때문에, 영속적 변화를 가져오기 위해서는 학교 시스템 밖의 기관들도 팀에 참여하도록 해야 한다(Hazel, 2007).

4) 기 록

개입 지원 컨설테이션은 공식적인 조직의 기능이기 때문에 교육자와 학생들을 돕기 위해 행해진 노력의 증거로 서면 자료가 마련되어야만 한다. 이러한 서면 기록은 명확한 문제 식별, 기저선 자료, 구체적인 개입 절차, 시행 충실도(treatment integrity)의 모니터링, 그리고 결과 자료를 포함해야만 한다. 그러한 정보는 이전의 지원 노력과 시행방법을 서류화할 때 유용할 뿐 아니라, 추후 평가

가 필요할 경우 평가 질문과 개입 개발의 뼈대를 만들 수 있는 자료를 제공하는
측면에서도 유용하다(Zins & Ponti, 1990).

5) 개입에 대한 허가

첫 장에서 간략히 다루어졌듯이, 컨설테이션을 하는 것에 대한 허가 문제는
종종 모호한 윤리적 이슈다. 아동과 직접 일할 때에는 부모의 허가가 필수적이
지만, 다른 경우에는 부모의 허가가 필요한지를 결정하기 위해 전문가의 판단이
필요하다. Zins와 Ponti(1990)는 의심이 들 때는 반드시 허가를 구하도록 권고한
다. IAC 모델에 따르면, 부모는 항상 IAC 과정이 시작되기 전에 자녀에 대한 교
사의 우려에 대해 알고 있어야 한다(Zins et al., 1988).

6) 진단적 개입

계획된 개입이 시작되기 전에 직원, 테크놀로지, 시스템의 구조에 대해 이해
하기 위해서 조직과 환경에 대한 진단이 이루어져야만 한다. 진단은 단일 사건
그 이상이며 조직 구성원이 진단 과정의 일부로서 문제해결과 목표설정에 관여
할 것을 요구하기 때문에, 시간 및 노동 집약적 과정, 문제를 고쳐 나가는 것에
대한 의지와 헌신이 중요하다(Zins & Illback, 2007).

변화를 진단할 때, (1) 조직의 현 상태와 현재 발생하고 있는 것, (2) 어떤 변화
전략이 없을 때 조직의 가능한 미래 상태, (3), 조직 구성원의 관점에서 이상적이
거나 선호되는 조직의 상태, (4) 현 상태로부터 이상적 상태로의 이동을 방해하
는 제약(Hersey & Blanchard, 1982; Katz & Kahn, 1978), (5) 직원, 시간, 돈 등 변화를
가져오기 위해 필요한 자원이 결정되어야만 한다. 진단 국면의 핵심적 목표는
현 상태와 이상적 상태 간의 불일치를 결정함으로써 문제 상황을 확인하고, 이
러한 자료를 분석하며, 이러한 불일치를 교정하기 위해 개입 전략을 개발하고

시행하는 것이다(Illback & Zins, 1995).

다수의 방법이 전형적으로 진단에 사용되며 특수한 상황들을 평가하기 위해 변형된다. Illback과 Zins(1995)는 (1) 직접 관찰, (2) 서면 기록과 서류 분석, (3) 인터뷰, (4) 질문지, 설문조사나 평정도구의 사용 등 네 가지 일반적인 자료 수집 방법을 사용할 것을 제안한다. 직접 관찰 시에 조직 컨설테이션 팀의 구성원은 교사회의(faculty meeting)와 같은 사건, 의뢰부터 배정까지 다학제적 평가 과정 같은 사례, 또는 어떤 사람의 일과에 대해 자료를 얻기 위해 하루 동안 그 사람을 따라다니는 것처럼 사람을 관찰할 수 있다. 이러한 관찰 동안 관찰 대상과 관여하게 되는 다른 사람들뿐 아니라 관찰된 사건, 사례, 또는 사람이 다른 구성원들에게 미치는 효과를 모니터링해야 할 것이다.

서류 기록이나 자료를 검토하고 분석할 때, 조직의 팀 구성원은 학교 이사회 회의록, 학생 파일, 신문, 주정부와 연방정부의 법률, 예산 보고서 등 문제의 설명과 관련된 자료들을 수집할 수 있다. 인터뷰도 실시될 수 있는데, 그때 행정가, 교사, 보조원(support staff), 학부모, 학생 등 문제의 설명과 관계된 개인들은 검토 대상인 문제에 대해 자신의 관점을 제공하게 된다. 마지막으로, 질문지, 설문조사, 평정도구는 특히 사기(morale), 지도력, 관계, 분위기 등의 이슈들을 검토하기 위해 사용될 수 있다. 컨설테이션 팀은 그러한 도구들을 개발하거나 조직 풍토 기술 질문지(Organizational Climate Description Questionnaire) 같은 이미 개발된 도구들을 사용할 수도 있다(Halpin, 1966; Illback & Zins, 1995).

7) 과정 개입

학교 조직의 기능을 향상시키기 위해 많은 전략이 시행될 수 있지만, 학교 고용인 간의 업무 관계를 향상시키기 위해 때때로 과정 개입(process interventions) 같은 전략들이 필요하다. 조직 발달에서 주요 초점은 인간관계와 집단 역동 문헌에 기술된 개념, 가치, 기술들에 있다. 이 영역들에서 개입은 전형적으로 의

사소통, 의사결정, 리더십, 팀 구축, 그리고 개인의 행동적 특징과 같은 문제들을 다루는 것을 목표로 한다. 소집단 또는 전체 학교 시스템이 개입의 초점이 될 수 있으며, 정보 공유, 차이 해결하기(그로 인해 협력을 증진시키기), 그리고 (헌신에 기여하는) 참여적 의사결정을 개입 지원 컨설테이션 과정의 일부로 사용한다(Friedlander & Brown, 1974; Illback & Zins, 1995). 진단적 개입과 달리, 과정 개입은 시스템의 한 요소에만 초점을 두며 전통적인 훈련과 교육 과정보다 영속적인 변화를 만들어 내는데, 이는 업무 장소에서 새로운 태도, 행동, 관계가 채택되기 때문이다(Beer, 1980; Illback & Zins, 1995).

　　과정 개입에서 사용되는 구체적 기술에는 설문지 피드백, 집단 개발과 팀 구축, 집단 간 개발과 시스템 구축, 그리고 과정 컨설테이션(process consultation)이 있다. 설문지 피드백 접근에서는 학교의 기능과 변화의 필요성에 대한 자료가 체계적으로 수집되는데, 사기, 조직 풍토, 직업 만족, 문제해결과 의사결정에서의 역할, 특정 문제에 대한 우려 등이 예가 될 수 있다. 인터뷰와 설문지 같은 기술이 그러한 자료를 모을 때 사용되며, 요약된 정보는 조직 구성원에게 다시 보고되는데, 학교 기능 면에서 이상과 실제 실무 간의 차이를 인식시킴으로써 변화의 동기를 유발한다(Goldstein, 1978). 사용되는 또 다른 개입은 집단 개발이나 팀 구축으로, (1) 참여자들 내의 업무 어려움을 식별하고, (2) 참여자들 간의 대인 간 어려움을 확인하며, (3) 더 우수한 업무 절차, 태도, 상호작용 패턴을 개발하고(French & Bell, 1978), (4) 집단 효과성과 효율성에 대한 장애물을 감소시키고 궁극적으로 집단의 기능을 향상시키는 것을 포함한다.

　　집단 간 개발과 시스템 구축 기술에서 목표는 행정가와 교사 등 독립적 업무 집단 간의 이해와 협력을 증가시키는 것이다(Beer, 1980). 조직 내의 여러 집단은 수행, 갈등 상황, 그리고 긴장에 대해 서로에게 정보를 제공하고(French & Bell, 1978), 협력을 향상시키는 방법을 탐색하며, 다른 집단들이 갖는 지각의 정확성을 증진시키기 위해 일한다. 네 번째 개입인 과정 컨설테이션은 흔히 학교에서 사용된다. 과정 컨설테이션은 의사소통 패턴, 집단 내 의사결정, 갈등 등 환경 내에서 발생하는 과정 사건들을 개인이 이해할 수 있게 돕는 여러 활동으로 구성된다. 이러한 전략을 통해 집단 구성원은 그들의 문제해결 기술과 의사결정 과정에 대해 알게 된다(Illback & Zins, 1995).

8) 기술구조(technostructural) 개입

업무에 사용되는 테크놀로지와 근로자 생산성, 만족도 간의 관계는 교육 조직에서 중요한 연구 영역이다. 학교는 그 구성원의 역할, 책임, 의사결정의 기초를 정의하는 복잡한 구조다. 주정부 및 연방정부의 규제와 사법적 의무조항(judicial mandate)은 학교 시스템의 정책에 영향을 주고, 교육위원회는 결정을 내리기 위해 정책 지침과 행동 체제(action formats)를 사용하며, 학교구는 만들어진 결정을 시행하기 위해 내부 행정 절차를 만든다. Beer(1980)는 5개 영역의 구조적 개입, 즉, 보상 체계, 수행 관리, 통제 시스템, 직무 설계, 그리고 조직 설계를 구분하였다(Illback & Zins, 1995).

명시적(급여 체계, 정년, 승진) 및 암묵적 보상 체계(노력의 인정) 모두 조직 내에서 개인의 행동을 조절하기 위해 사용된다. 연구에 따르면 그러한 보상 체계를 조절하는 것이 실질적이고 지속적인 변화를 만들 수 있다(Luthens & Kreitner 1975). 예를 들면, 교사의 업무 수행은 보통 성과급으로 보상받지는 못하지만, 보상과 언어적 칭찬을 통해 우수성을 인정하는 것은 변화를 독려하기 위해 상당한 동기부여가 될 수 있다.

업무 수행을 관리할 때의 초점은 업무 행동을 상세히 기술하고 측정하고 수정하는 시스템을 만드는 것에 있다. 목표 달성 척도화(goal attainment scaling)는 목표를 세우고 프로그램을 측정하기 위해 사용될 수 있는데, 측정 시스템 내에 치료나 수행 목표를 확인하는 것을 포함하며 영역 간 비교와 유동적인 데이터 통합을 가능케 한다(Illback & Zins, 1995; Kiresuk & Sherman, 1968). 또 다른 접근인 수행 평가는 수행 자료를 수집하고 개인 또는 집단에게 발견한 것을 알리는 것을 포함한다.

수행 평가로부터의 피드백이 조직의 일상적 절차가 될 때 근로자의 만족도와 생산성을 향상시키는 듯하다(Beer, 1980). 마지막으로, 수행 검토와 개발에서 업무 기능(job functioning)은 발달적 과정으로 기술되며 결과에 대해서는 덜 강조된다. 역할 기능에서의 강점과 약점 영역이 슈퍼바이저와 슈퍼바이지에 의해 확인되고, 과정 목표와 개선을 위한 활동들이 시행된다(Beer, 1980; Illback & Zins, 1995).

조직은 자원을 관리하기 위해 통제 시스템을 사용한다. 재정적 자원이 체계적으로 할당되는 것 같기는 해도, 학교가 인간, 테크놀로지, 정보적 자원을 관리하는 명확한 절차는 없는 것 같다. 따라서 일부 교육기관은 그들의 인적 자산 목록을 만들고 그 사용을 확인하기 위해 인력회계시스템(human resource accounting systems)을 만들어 왔다(Flamholtz, 1974; Illback & Zins, 1995).

게다가 직무 설계 개입(job design interventions)은 직장생활의 질과 생산성 이슈에 영향을 미치는 과업의 특징을 다루는데, 조직 구성원이 그들의 일이 의미 있고, 책임이 무거우며, 변화하고, 만족을 가져올 것이라고 믿을 때 더 행복하고 생산적이라는 기대를 동반한다. 직무는 업무를 변경하고, 다른 작업 단위와 비교하여 작업 단위를 변화시키거나, 일이 행해지는 물리적, 심리적 환경을 변화시키기 위해 재설계될 수 있다(Illback & Zins, 1995).

마지막으로, 조직 설계(organizational design)는 전반적 기술구조 개입으로 근본적 이슈 다섯 가지를 다루어야 한다. (1) 대상 인구의 특징과 필요는 무엇인가?, (2) 이 조직에 가해지는 외적 변화(예, 지역사회로부터의 변화)에 대한 반응성은 얼마나 중요한가?, (3) 어떤 새로운 문제나 상황이 나타날 때, 조직 과정이 이러한 정보를 흡수하는 방법은 무엇이고 특징적 반응양식은 무엇인가?, (4) 현재 인적, 재정적, 정보적, 기술적 자원이 어떻게 효율적, 효과적으로 배분되며, 더 바람직한 상황은 무엇인가?, (5) 현재 프로그램들을 조율하기 위해 어느 정도로 노력하고 있으며, 이러한 관리 노력은 어느 정도로 효과적인가?(Illback & Zins, 1995, p. 231). 이 질문들에 대한 답을 통해 식별되는 문제에 기초하여, 조직 재구조화 여부를 고려해야만 한다.

9) 개인 개입

이 영역에서 개입은 문제가 고립된 것으로 보이고 특정 개인이나 집단 사람들의 행동 변화가 필요할 때 사용된다. 조직에 문제가 있을 수 있지만, 일부 사람들은 단순히 그들의 역할 기대에 맞지 않는 것이 사실이다. 따라서 Illback과 Zins (1995)는 사람-상황 일치를 만드는 최상의 기법은 합당한 직업에 딱 맞는 사람을 발견하여 배치하는 것이라고 주장한다. 예를 들어, 교사를 선택할 때, 역량을 판단하기 위해 인터뷰에 의존하는 대신에 업무 샘플이나 지필 측정치, 강의 관찰, 구조화된 인터뷰, 관련된 배경 정보 검토가 사용될 수 있으며 이는 개인과 교직 간의 부합도를 향상시킬 것이다.

그러나 학교 시스템 내에서 개인이 적절히 수행하지 않으면, 결함 평가, 교정, 또는 해고가 있게 될 것이다. 이 방법들은 문제 행동을 식별하고, 수행 향상을 위한 권고를 하고, 교정을 위한 시간계획을 확립하며, 정당한 법 절차와 최종 결과에 대해 설명하는 과정을 포함해야 한다.

지속적인 전문성 신장은 해고될 정도로 수행력이 떨어지지 않는 사람들의 경우에 새로운 기술을 습득하도록 돕는 뛰어난 수단이 된다(Illback & Zins, 1995). Sheridan과 Henning-Stout(1994)는 "컨설턴트가 조직 관행에 영향을 미치는 최상의 기회는 아마도 공식적인 직원 연수를 통해서일 것이다. 연수 프로그램은 모든 교직원의 지식 기반을 효과적으로 향상시키기 위해 시행될 수 있다."라고 말한다(Sadker & Sadker, 1982, p. 103). 직원 연수 기회에 더하여, 교육자의 개인적 성장과 발달(예: 개인적 상담)을 꾀하는 전략들과 자기 슈퍼비전(self-supervision)이 개인적 문제를 고치는 데 도움이 될 것이다(Illback & Zins, 1995).

10) 프로그램 평가와 책무성

흔히 간과되기는 하지만, 평가 계획은 개입 프로그램의 성공에 필요한 요소다. 개입 지원 컨설테이션에서 평가와 책무성(accountability) 절차가 세워지지 않는 한, 팀은 개인 개입이 효과적인지, IAC 프로그램이 그 목적을 달성하고 있는지를 확신할 수 없을 것이다. 따라서 책무성은 목표 수립하기, 일상적 기록 유지하기, 개입 설계와 결과를 일관되게 서류화하기를 포함한다. Zins와 Ponti(1990)는 IAC가 시행된 후에 다학제 팀 의뢰, 심리교육평가, 교육 배치율이 추적되어야만 한다고 권고한다. 부수적으로, 제시된 문제의 수와 유형, 다른 서비스와 비교하여 컨설테이션에 투여된 시간의 비율, 실시된 개입의 결과, IAC 과정에 참여하는 컨설티 범위(컨설테이션에 대한 그들의 만족도와 효과성 지각을 포함하여)가 모니터링 되어야만 한다.

4. 조직 및 시스템 컨설테이션의 효과성

십여 년 전에, Forman(1995)은 컨설테이션과 관련된 많은 요소가 연구를 통해 탐색되어 온 반면, 학교 시스템의 권위 구조, 의사결정 구조, 보상 구조, 의사소통 구조 같은 조직 변인은 적절히 다루어진 적이 없다고 주장하였다. 따라서 지난 십여 년 동안, 이론가들은 학교 시스템에서 조직 및 시스템 컨설테이션(OSC)을 조작적으로 정의하려고 시도해 왔고, 연구자들은 이러한 접근의 효과성에 대한 결과 연구를 시행하기 시작하였다.

Gottfredson, Gottfredson과 Hybl(1993)은 중학교에서 학생 행동을 개선하기 위해 고안된 3년 프로그램에서 조직 발달(OD) 컨설테이션 방법이 어떻게 사용되었는지를 기술하였다. 이 프로그램에서 프로그램 개발 평가(PDE) 방식이 사용되었는데, (1) 학교 규칙의 명료화, (2) 규칙 시행의 증가된 일관성, (3) 향상된 학급 관리와 조직, (4) 학생의 행동에 대한 학부모와의 증가된 의사소통, 그리고 (5) 적절한 행동의 강화 등 서로 다른 수준에서 문제 행동의 원인을 다룰 때 강력한 시행을 가능케 하는 맥락을 제공하기 위함이었다. 컨설턴트는 각 프로그램 요소의 구체적 수행 기준을 확인하고 새로운 전략 시행을 모니터링하기 위해 교사 및 행정가와 함께 일하였다. Gottfredson 등(1993)은 가장 효과적인 개선을 보인 팀이 속한 학교는 높은 치료 충실도(treatment fidelity)를 보장하였을 뿐 아니라, 적절한 학생 행동도 증가했다고 보고하였다.

　게다가 많은 학교 시스템이 개입 지원 컨설테이션(IAC)을 채택해 왔지만, 그러한 접근의 장단기 효과가 검증된 적은 없다(Illback & Zins, 1995). 많은 연구자(Illback & Zins, 1995; Zins et al., 1988; Zins & Ponti, 1990)가 OSC의 효과성을 확립하는 연구의 필요성을 제기해 왔다. 컨설턴트, 컨설티, 그리고 내담자의 행동에 미치는 조직적 요소의 효과에 대해 여전히 알지 못하는 부분이 많이 있으며, OSC가 실제로 효과적이라는 결론을 내리기 전에 추가적 연구가 행해져야만 한다. 그럼에도 교육장면에서 조직의 발달적 변화가 얼마나 중요한지에 대해 계속적으로 이해하게 되면서 OSC 접근의 유용성이 인식되기 시작했다는 것은 분명하다.

5. 조직 및 시스템 컨설테이션 사례연구

OSC / 아동 사례 1

　고등학교 교장이 학교간호사와의 회의를 요청하면서 학교심리사, 학교상담자, 사회복지사에게 연락하였다. 교장은 3개월 후면 졸업하게 될 고등학교 3학년 수석 졸업자인 Maria와 어색한 상황에 놓이게 되었다고 이야기하였다. 교장은 학교간호사가 그 학생이 임신한 지 5~6개월은 되었다고 의심하고 있으며, 시간이 관건이기 때문에 지금 당장 회의를 해야 한다고 하였다.

　컨설턴트 팀이 학교간호사와 만날 약속을 정할 때, 간호사는 자신이 무엇을 해야 하는지 걱정했다. 학교간호사와 그 일에 대해 이야기하면서, 컨설턴트는 그 간호사가 학생과 사적으로 이야기한 적이 있고 학생이 임신을 부인한다는 것을 알게 된다. 간호사는 지금 학생과 태아의 안전에 대해 걱정하고 있다. 학생이 18세이기 때문에 간호사는 학생의 부모에게 연락을 해야 하는지 아닌지, 그리고 이 상황에서의 진행방법에 대해 잘 알 수가 없다. 또한 그녀는 학교 교직원이 어떤 행동도 취하지 않는 것이 학교 내 다른 학생들에게 Maria의 임신을 암묵적으로 인정하는 셈이될 것이라고 우려하고 있다.

컨설턴트 팀은 간호사에게 그들이 이 문제를 살펴보고 가능한 한 빨리 그녀의 우려사항에 반응할 것이라고 알린다. 학교구의 정책과 절차 매뉴얼을 검사할 때, 컨설턴트는 학생의 임신을 다루는 조항은 없다는 것을 알게 된다. 따라서 컨설턴트는 그들이 세 가지 문제를 가지고 있다고 결론짓는다.

1. Maria의 임신에 대해 할 수 있다면 어떤 일이 행해져야 하는가?

2. 학교는 그 문제를 마리아의 가족과 논의해야 하는가?

3. 앞으로 비슷한 사건이 민감하고 세련되게 다루어질 수 있으려면 어떤 정책이 만들어질 필요가 있는가?

논의할 문제

1. 컨설티는 누구이고 내담자는 누구인가?

2. 결정을 할 때 컨설턴트가 Family Education Rights and Privacy Act (FERPA) (20 U.S.C. § 1232g; 34 CFR Part 99)나 Buckley Amendment를 고려해야 하는 이유는 무엇인가?

3. 이 사례연구가 조직의 문제라고 어느 정도 생각하는가?

4. 이 문제를 다루기 위해 만들어져야 하는 당장의 권고사항과 장기적 권고사항은 무엇인가?

OSC / 아동 사례 2

Doug은 최근 심각한 청력 손상을 가진 것으로 진단받은 유치원생이다. 그는 지금 양쪽 귀에 보청기를 사용하며 특수교육 지원 서비스를 받고 있다. 그의 의사는 Doug이 교실에서 사용할 수 있는 청각 훈련기(auditory trainer)를 제공받아야 한다고 권고해 왔다. National Institute on Deafness and Other Communication Disorders에 따르면, 청각 훈련기는 "사람이 말하는 사람에게 주의를 기울일 수 있도록 하고 배경 소음의 방해를 줄이는 전기 장치다. 이 장치는 흔히 교실에서 사용되는데, 교사는 소리를 전달하기 위해 마이크를 부착하고 아동은 소리를 받기 위해 헤드셋을 쓰게 된다(http://www.nidcd.nih.gov/health/voice/auditory.asp)."

Doug의 부모님은 청각 훈련기의 시행을 요청하는 의사의 편지를 전달했고, 아들의 개별교육프로그램(Individualized Education Program: IEP)에 청각 훈련기를 포함시키기 위해 IEP 회의를 요청해 왔다. 특수교육 슈퍼바이저는 교육감이 청각 훈련기에 돈을 쓰려고 하지 않으므로, 학교 시스템은 청각 훈련기에 대한 부모의 요청을 거부할 수밖에 없다고 표명했다. 그러나 학교는 부모가 학교에서 사용할 수 있게 훈련기를 제공한다면 교실에서의 사용을 허용할 것이다. 학교심리사는 학교구의 아동연구팀에 자신의 우려를 표명했다. 그는 이 반응이 과연 옳은지, 그리고 다음에 어떤 단계를 취해야 할지 확신이 없기 때문이다.

논의할 문제

1. 이 사례에서 시스템 장벽을 이해하기 위해서는 어떤 진단적 개입이 행해져야 하는가?
2. 보조공학 장치에 대한 체계적 지식은 이 사례의 결과에 어느 정도로 영향을 미칠까?
3. 컨설턴트는 이 문제나 해결책에 어떤 역할을 하는가?
4. 이 시나리오 내 교육감의 역할에 대해 다루어야만 하는가? 책임을 져야 하는 사람은 누구인가?

OSC / 아동 사례 3

Becky는 뇌성마비를 앓고 있는 5학년 학생이다. 그녀는 총명하고 매력적인 아이인데, 그녀의 선생님에 따르면 모든 수업에서 매우 잘 수행하고 있다. 그녀의 수업에서 다른 아이들과 최대한 통합시키기 위해, Becky는 화장실이나 '특수학급'(체육, 미술, 음악)으로 그녀를 데려다주는 개인 도우미가 있으며, 이는 그녀가 이러한 수업에 완전히 참여할 수 있도록 돕는 데 필요한 사소한 조정을 하기 위해서였다. 한 해가 다 끝나 갈 무렵, Becky의 부모님은 그녀의 중학교 진학 문제를 논의하기 위해 선생님을 만난다.

이 미팅에서 Becky의 부모님은 다른 건물에 있는 중학교는 3층 건물이지만 엘리베이터가 없음을 알게 된다. Becky의 선생님은 Becky의 모든 수업이 1층에서 있을 것이라고는 장담할 수 없다고 크게 걱정하며 체육, 미술, 음악, 기술 수업이 건물이 다른 층에서 열리기 때문에 이러한 수업에 Becky가 통합되는 것은 불가능할 것이라고 말한다. 게다가 6학년 사물함은 3층에 있고, 이는 Becky가 사물함에 접근할 수 없게 할 것이다. 결국 Becky의 선생님은 'Becky가 필요한 것들을 더 잘 마련해 줄' 사립학교에 다니기 시작하는 것이 좋겠다고 제안한다.

Becky의 부모님은 화가 나서 집에 돌아와 이 문제에 대해 의논한다. 그들은 Becky가 공립학교 시스템에서 매우 잘 성취해 왔으며, 그녀가 크게 성장해 온 장소에서 그녀를 빼 내는 것이 현명하지 못하다고 느낀다. 게다가 Becky의 친구들도 모두 중학교에 진학할 계획이므로, Becky의 부모는 학교에서의 사회적 접촉을 제거하는 것이 딸에게는 매우 분노할 만한 일이 될 것이라고 우려한다. Becky의 부모님은 학교구의 부교육감과 약속을 잡는다. 그들은 Becky가 모르게 이 문제를 해결하기 원하기 때문에 이 문제에 대해서는 Becky에게 말하지 않고 있다.

1. 이 시나리오에서 누가 컨설턴트의 역할을 할 수 있는가?

2. 이 상황에서 만들어지는 결정의 예측하지 못한 결과는 무엇이 있을까?

3. Becky가 다른 학교를 다녀야 한다고 권고하는 학교구의 이유는 무엇인가? 논리적으로 옹호할 수 있는 이유인가?

OSC / 가족 사례 1

 Juan은 16세의 고등학교 2학년으로 지적 기능은 최상의 수준이지만, 심각한 읽기장애가 있다. Juan은 대학에 가고 싶어 하며 특히 건축이나 공학 분야에서 일하게 되기를 희망한다. 2학년생인 Juan은 고등 수학 수업을 듣고 있지만 특히 역사와 영어 수업에서는 그의 읽기 기술 때문에 크게 어려움을 겪고 있다. Juan은 개별교육프로그램(IEP)에 따라 읽기에 도움을 줄 순회 특별교육 서비스를 받아 왔다.

 Juan이 수학과 과학 수업에서 뛰어난 성적을 얻고 있긴 하지만, 영어와 역사 수업에서는 보통 C나 D 학점을 받는다. 그의 부모님인 Rivera 씨 부부는 이 성적으로는 대학 입학이 어려울 것이라고 크게 걱정하며, Juan이 특수교육 지원을 받고 있는데도 그가 모든 수업에서 적어도 B를 받지 못하는 이유를 의아해한다. Rivera 씨 부부는 읽기 장애가 있는 학생들에게 어떤 도움이 제공될 수 있는지 조사해 왔고, 학교에서 아동 · 청소년이 성공할 수 있도록 돕는 보조공학장치(assistive technology devices)가 있다는 것을 알게 되었다.

 Rivera 씨 부부는 (1) 학교가 그들의 아들을 위해 보조공학 평가를 제공하지 않은 것에 항의하고, (2) 학교가 즉각적으로 Juan에게 Kurzweil reader, 즉 문장을 스캔해서 이어폰을 쓰고 있는 학생에게 크게 읽어 주는 장치를 제공하며, (3) 보조공학장치를 효과적으로 사용할 수 있게 Juan에게 훈련을 제공해 달라고 요구하기 위해 IEP 회의를 요청하였다. Rivera 씨 부부는 학교에 있는 시간 동안 Juan에게 노트북 컴퓨터를 제공할 것을 요구하고 있다. 그들의 우려와 요청사항에 대해 논의하기 위해 학교심리사, 학교상담자, Juan의 일반 그리고 특수 교육 교사, 학교 교장, 그리고 특수교육 코디네이터가 Rivera 씨네 가족과 미팅을 하고 있다.

논의할 문제

1. 어떤 증거가 Rivera 부부의 요청을 지지하는가?
2. 특수교육이 필요한 아동·청소년을 지원할 때 보조공학의 역할은 무엇인가?
3. 개입 충실성과 효과성에 대한 정보는 어떻게 수집되어야 하는가?
4. 피드백상으로 수행 기준이 달성되고 있지 않다면, 무엇이 행해져야 하는가?

OSC / 가족 사례 2

자폐 스펙트럼 장애가 있는 초등학생 대상 학교구 프로그램에 다니는 자녀를 둔 학부모 집단이 학교구가 경험적으로 기반한 커리큘럼과 적절한 교수방법, 행동적 개입을 제공하지 못하는 것에 대한 불쾌감을 표현하기 위해 모임을 요청해 왔다. 학부모들은 학교구가 구식의 교수법 및 행동관리방법을 사용하고 있으며, 교수진이 자폐 아동들과 성공적으로 일하기 위해 필요한 훈련을 받지 않았다고 주장한다. 학부모 집단은 학교구가 이러한 아동들을 위한 교육 프로그램을 수정하지 않는 한 개별적으로 적법절차과정(due process procedure)을 밟을 것이라고 말한다.

커리큘럼 위원회는 학교구 교육감의 요청에 따라 미팅을 잡고, 장애 학생들의 요구를 만족시킬 커리큘럼을 선택하라는 권고에 따라 특수 요구를 지닌 아동의 교수와 행동수정과 관련한 증거기반 실무를 조사하기 위해 소위원회를 구성하기로 한다. 소위원회는 어디에서 시작해야 할지 그리고 어떤 자원이 자문에 도움이 될지에 대해서도 막막해한다. 게다가 소위원회 구성원 중 한 명은 부모들의 우려를 누그러뜨리고 곧 해결책이 나오게 될 것임을 약속하기 위해 학부모 집단과 만나도록 요청받았다. 이 사람은 무엇을 말해야 할지 아무 생각이 없고, 부모들이 이전보다 더 화가 나고 불만족스러워한다고 느끼며 학부모 집단과의 미팅을 마치게 되었다.

특별 소위원회뿐 아니라 커리큘럼 집단도 이 과제를 다루기에는 부적절하다고 느끼고 있다.

논의할 문제

1. 이 사례 연구에서 컨설턴트, 컨설티, 내담자는 누구인가?
2. OSC에서 아동 중심적으로 보이는 문제들은 실제로는 흔히 시스템 문제다. 이 시나리오에서도 같은 상황인가?
3. 이 문제는 어떻게 하면 학교 시스템을 위한 긍정적 변화로 간주될 수 있는가?
4. 새로운 프로그램의 효과성을 평가할 때 OSC팀이 Type Ⅲ 오류를 피하려면 어떻게 해야 하는가?

OSC / 가족 사례 3

학교가 시작하고 첫 번째 달이 끝나 갈 무렵, Camilla 교장이 출근했을 때 Franks 씨 부부는 특수교육 권익옹호자(special education advocate)를 대동하고 초등학교 건물 회의실에 앉아 있었다. Camilla 교장은 비서에게 물어서야 Franks 씨 부부가 아들인 Mitchell을 위한 특수교육 프로그램을 논의하기 위해 학교에 왔다는 것을 알게 되었다. Camilla 교장은 Franks 씨 부부 및 권익옹호자와 함께 그들의 우려를 논의하게 되었고, Mitchell이 부모의 승인도 없이 덜 집중적인 특수교육 서비스 프로그램으로 이동되었음을 알게 된다.

분명히 이전 학년도 말에 Mitchell의 특수교육 교사는 Mitchell이 독립적으로 학업을 수행하고 있고 같은 프로그램의 다른 아이들보다 훨씬 적은 도움을 필요로 한다고 믿었다. 학업 수행에서의 Mitchell의 성공과 독립성에 기초하여, 교사는 그가 다음 학년도에는 순회 특수교육 서비스만 필요할 것이라고 믿었다. 따라서 Mitchell을 학습 도움실(resource room)에서 가르치는 대신, Mitchell이 걱정하는 바가 있는지 살펴보고 그의 학교 과제나 숙제가 정확히 이루어지고 있는지를 확인하기 위해 특수교육 교사가 매일 시작과 끝에 따로 만나기로 하였다. 특수교육 디렉터에게 자문을 구한 후, 교사는 덜 집중적인 특수교육 프로그램을 추천하게 된 근거를 설명하는 편지를 Mitchell을 통해 부모에게 보냈으며 배정변경 서류를 동봉하였다. Franks 씨 부부는 이러한 변화에 대한 그들의 동의를 나타내기 위해 이 서류에 서명하면 되었다. 그 교사는 순회 특수교육 교사에게 Mitchell의 파일을 보냈고, 그녀는 Mitchell을 자신의 케이스에 추가하였다.

그러나 Franks 씨 부부는 이 편지를 결코 받은 적이 없고 배정 변경에 동의하지도 않았다. 교장은 Mitchell이 그 편지를 잃어버렸거나 다른 곳에 잘못 두어서 그의 부모에게 전달하지 못한 것이라고 추측한다. 그러나 Franks 씨 부부는 Mitchell이 덜 집중적인 프로그램으로 '떨어뜨려졌다'는 것에 매우 화가 나 있고, 그에게 보충 시간이 필요하다고 생각한다. 그들은 교장이 특수교육 교사를 불러 회의 전 청문회를 열어야 한다고 요구하였다. Franks 씨 부부는 권익옹호자에게 자문을 구한 후 적법절차 과정을 통해 상환청구(recourse)를 하기로 결정하였다.

논의할 문제

1. 이 시나리오에서 컨설턴트의 역할은 무엇인가?
2. 이 사례는 어떤 측면에서 시스템 수준의 자문 문제인가?
3. 교육법은 어떻게 이 문제와 관련이 되는가?
4. 어떤 종류의 개입이 이 사례에 적절할까?

OSC / 교사 사례 1

Emily는 4학년생으로, 2학년 때 읽기와 수학에서 학습장애가 있다고 진단되었다. 결과적으로 지난 2년간 그녀는 읽기와 수학에서만 특수교육 서비스를 따로 받아 왔다. Emily는 올해 특수교육 지원에도 불구하고 계속해서 어려움을 겪어 왔고 4학년 기간 중 만족할 만한 학업 성취를 이루지 못하였다. Emily의 학급교사인 Edwards 씨는 최근 Emily의 부모를 만나 Emily가 유급되어야 한다는 것을 알렸다.

Emily의 부모는 4학년이 거의 끝나 가도록 교사가 그들에게 이러한 문제를 거론

한 적이 없다는 것에 격분하였다. Emily의 부모는 이 문제에 대해 불만을 제기하기 위해 학교구의 교육감에게 접촉하였고, 그는 다시 이 문제를 학교심리사에게 의뢰하였다. 학교심리사는 Emily의 부모 및 교사들과 미팅을 잡기 전에, 이 문제의 본질을 이해하기 위해 교장과 이야기하였다. 교장은 Emily의 교사가 학교에서 가장 우수한 교사가 아니라는 사실에 덧붙여, 그녀가 출산휴가로 상당 기간 학교에 나오지 않았다는 사실을 털어놓았다. 그 교사가 돌아왔을 때, 그녀는 4학년 커리큘럼에서 아이들에게 기대되는 만큼 Emily가 내용을 숙달하지 못했음을 발견하였다. 특수교육 교사와 회의를 할 때, Emily의 교사는 대체 교사가 학급에서 학생들의 행동을 관리하는 데 큰 어려움이 있었으며 학업적 이슈는 부차적인 문제가 되어버렸다는 것을 알게 되었다.

학교심리사는 Emily의 일반 교사 및 특수교육 교사, 교장, 특수교육 디렉터, 부모와 미팅을 잡았다. 그녀는 이 문제가 여러 수준에 걸쳐 있다고 인식하였고 이 이슈를 OSC 관점에서 살펴봄으로써 회의를 시작하기로 계획하였다.

논의할 문제

1. 학교심리사가 이 문제의 시스템적 본질을 확인하는 것이 적절한가? 아니면 이 문제를 Emily에게 관련된 것으로만 다루어야 하는가?
2. 이 문제는 어떻게 정의되고 진단될 수 있는가?
3. 이 문제에 대한 적절한 개입은 무엇인가?
4. 이 문제의 장기적 영향은 무엇인가?

OSC / 교사 사례 2

Eric은 운동언어장애인 실행증(apraxia)으로 진단받은 1학년생이다. 실행증이 있는 아동들은 혀, 입술, 턱, 입천장의 정확하고 매우 정교한, 그리고 특수한 일련의 움직임을 계획하고 만드는 것이 매우 어려운데, 이러한 움직임은 알아들을 수 있게 말을 하는 데 필수적이다. Eric의 교사는 그의 의사소통 기술이 떨어지는 것이 사회적 발달과 학업 성취 모두에 부정적으로 영향을 미치고 있다고 보고한다. 그녀는 특히 Eric의 명료하지 못한 발음이 읽는 것을 학습하는 능력을 방해하고 있음을 걱정하고 있는데, 그가 새로운 단어를 해독하기 위해 필요한 음소들을 발음하는 것이 어렵기 때문이다.

그의 개별교육프로그램(IEP)에 따르면 Eric은 현재 일주일에 두 번 20분씩 언어치료를 받고 있으며, 교사와의 면담을 통해 교사의 우려를 알게 된 후 Eric의 부모는 언어 서비스를 매주 5일씩으로 늘려달라고 요청해 왔다. 그들은 Childhood Apraxia of Speech Association of North America의 홈페이지를 살펴본 결과, 실행증이 있는 아동이 매우 불명확하거나 거의 발화가 없는 말하기를 보이거나 매우 심하게 영향을 받은 경우에 경미한 실행증인 경우보다 많은 치료를 요청할 수 있음을 알게 되었다. Eric의 부모는 숙련된 언어병리학자들의 제안대로 중간~심각한 수준의 실행증이 있는 아동은 일주일에 3번에서 5번까지 개별적인 언어치료를 받아야 한다는 것에 동의하고 있다.

IEP 팀이 Eric의 IEP를 수정할 목적으로 함께 모이게 되었다. 그러나 Eric의 부모가 언어서비스의 증가를 요청할 때, 언어치료사는 그녀의 현재 스케줄은 Eric의 치료 세션을 늘릴 여유가 없다고 말하면서, Eric의 부모가 학교 밖에서 개인 언어치료 서비스를 구해야 할 것이라고 제안하였다. Eric의 부모는 학교가 이 서비스를 제공할 것이라고 믿었기 때문에 이 제안에 격분하였지만, 그들이 학교 밖에서 서비스를 받을 수 있는지 결정하기 위해 건강보험 약관을 점검해 보겠다고 동의하였다. 다른 팀 구성원들은 언어치료사가 이러한 제안을 하는 것이 적절한지에 대해 의아해하며 서로를 바라보고만 있다.

논의할 문제

1. 이 사례 연구에서 문제는 무엇인가?
2. 이 사례는 어떻게 학교 시스템 내 책무성(accountability) 이슈의 예가 되는가?
3. 이 시나리오에서 누가 컨설턴트의 역할을 해야만 하는가?
4. 학교 시스템은 Eric의 장애를 개선하기 위해 함께 노력하면서 어떻게 Eric과 그의 부모를 지원할 수 있는가?

OSC / 교사 사례 3

　Innovation 씨는 최근 Helpful School District 내 중학교 학교상담자로 고용되었다. 그는 막 대학원을 졸업한 초임 상담자로, 자신의 새로운 역할을 위해 실행하고 싶은 프로그램 아이디어가 많았다. Innovation 씨의 최고의 목표는 일주일에 한 번씩 교대로 각 학급을 방문하여 분노조절, 사회화, 시민의식 등에서 학생의 역량을 강화시키기 위한 포괄적인 발달적 지도 수업(developmental guidance curriculum)을 실시하는 것이다. 개학 몇 주 전 교장을 만났을 때, 교장은 조심스럽게 그의 생각을 지지했지만 한편으로 과연 Innovation 씨가 모든 것을 다 들어맞게 할 수 있을지 걱정을 표시했다. 교장의 반응에 당황하긴 했지만, Innovation 씨는 아동의 성장과 발달에 긍정적 영향을 줄 기회를 갖게 된 것에 여전히 흥분해 있었다.

　개학 2주 전, Innovation 씨는 지도 팀을 만났고 그들은 상담자로서 그의 책임에 대해 이야기해 주었다. 다른 학교상담자들은 그들의 직업 책임을 학생들의 시간표를 짜고, 표준화된 시험의 시행을 감독하며, 학생지원과 IEP 팀 회의를 주관하고, 학교의 일상적 위기상황을 다루는 것이라고 설명하였다. Innovation 씨가 시행하고 싶어 하는 프로그램을 설명했을 때, 다른 상담자들은 경계하는 듯 보였고, 그에게 "이 학교는 그런 종류의 학교가 아닙니다."라고 설명하였다. Innovation 씨는 깜짝 놀라서 무슨 뜻인지를 물었고, 상담자들은 그가 대학원에서 배운 새로운 아이디어들이 모두 좋긴 하지만, 단지 그들은 학급에서 학생들을 상담하고 있을 시간이 없다고 답하였다. Innovation 씨는 문제를 예방하기 위해 아동들과 일하는 것이 그가 학교상담사가 된 이유라고 말하면서 항의했다. 상담자 중 한 명이 다른 사람들을 보면서 이렇게 말하였다. "그렇다면, 이게 당신을 위한 이상적 직업은 아닐 것 같군요."

논의할 문제

1. 이 시나리오에서 문제는 무엇인가?
2. 이 문제를 다루기 위해 OSC는 어떻게 사용될 수 있는가?
3. Innovation 씨가 컨설턴트로서 기능할 수 있는가?
4. 변화를 소개할 때 시스템 내 장벽은 무엇인가?

OSC / 시스템 사례 1

학교구의 학교심리사인 Overworked 박사는 일 년간 자신의 책임이 꾸준히 늘어나 결국 최초(initial) 및 연간(annual) 심리교육평가에 대해 법에 규정된 타임라인을 충족시킬 수 없게 되었음을 알게 되었다. 그는 특수교육 교사이고 심리서비스 슈퍼바이저인 Owens 부인에게 이러한 딜레마에 대해 설명하였고, 그녀는 추가적 심리서비스를 위해 누군가와 계약을 할 만한 재원이 남아 있지 않다고 답하였다. 그래서 Overworked 박사는 학교구 부교육감에게 자신의 문제와 Owens 부인의 답변을 설명하게 되었다. 부교육감은 그에게 '할 수 있는 최선'을 다하라고 조언하였고 학교구는 법에 규정된 타임라인을 따르지 못한 것에 기인한 고소를 감당할 여유가 없음을 상기시켰다.

결과적으로, Overworked 박사는 법에 규정된 타임라인을 넘어선 새로운 평가들과 그를 만날 수 없다고 불평하는 교직원 및 학부모들로 매우 난처한 상황에 있게 되었다. 그는 어떻게 해야 할지 알 수가 없었고, 학교구에 다른 학교심리사가 없기 때문에 업무량과 자신의 책임을 완수하기 위해 필요한 시간 간의 불일치에 대해 자문을 구할 사람도 없었다. Overworked 박사는 업무 관련 스트레스로 불면증에 시달리는 시점에 이르게 되었다. 이 문제에 대해 의사를 찾아갔을 때, Overworked 박사는 고혈압이 생겼음을 알게 되었다. Overworked 박사의 의사는 건강에 대한 장기적인 악영향을 피하기 위해 그의 인생에서 실질적 변화가 필요하다고 그에게 조언하였다.

논의할 문제

1. 이는 시스템 수준의 문제인가?
2. 이 문제는 어떻게 또는 과연 예방될 수 있는가?
3. 계획된 조직 변화는 이 시나리오에서 어떤 모습일까?
4. 이 문제에 대한 부교육감의 역할은 무엇인가?

OSC / 시스템 사례 2

　주 정부 장애 부서(department of disabilities: DOD)의 대표가 Jackson 부인의 편에서 전화를 걸었다. Jackson 부인의 아들 Jayson은 이웃 학교구에 위치한, 심각한 신경장애 학생들을 위한 특수교육 프로그램에서 서비스를 받고 있다. 대표는 Jayson이 심각한 간질장애를 가지고 있고 지나치게 더워지면 통제할 수 없는 발작을 일으킨다고 설명하였다. 가족의 사례관리자(caseworker)에게 자문을 구한 후, Jayson의 어머니는 버스 코디네이터에게 Jayson이 학교에 가거나 집에 돌아올 때 냉방이 된 버스로 이동해야 한다는 신경과 전문의의 편지를 보여 주었다.

　버스 코디네이터는 그 요청에 반응하지 않았고, 날씨는 빠르게 더워지고 있었기 때문에 Jayson의 어머니는 크게 걱정을 하고 있었다. 결과적으로 Jackson 부인은 Jayson의 원래 학교구와 방문 학교구 모두에 연락을 취했고, 그녀를 도와줄 수 있는 누군가와 연결해 주기를 요청하였다. Jackson 부인은 교장, 심리학자, 사회복지사, 특수교육 디렉터 등 여러 명의 자동응답기를 거쳤지만, 그들은 그녀에게 전화를 걸지 않았거나 알지 못했다고 변명하면서 Jackson 부인이 다른 사람에게 전화를 걸어야 한다고 제안하였다.

　Jackson 부인은 어느 학교구에서도 자신을 도와줄 사람을 찾지 못했기 때문에,

결국 도움을 구할 수 있는지 알아보기 위해 DOD에 전화를 하게 되었다. Jayson의 건강이 위험에 처했기 때문에, DOD 대표는 이 딜레마를 풀기 위해 단기적으로 무엇이 행해질 수 있는지 그리고 장기적으로 Jayson의 이동 문제를 어떻게 해결할 것인지를 알아보기 위해 Jayson의 원래 학교구로 즉각 연락하였다. 행정비서는 이 전화를 받았고 누구에게 이 전화를 연결시켜야 하는지를 고민하고 있다.

논의할 문제

1. 의사소통에서의 단절은 왜 일어났는가?
2. Jackson 부인이 자신과 아들이 요청한 도움을 받을 수 있도록 하는 것은 누구의 책임인가? 또는 누구의 책임이어야만 하는가?
3. Jackson 부인의 전화에 답신을 하지 않은 교직원들의 행동은 어떻게 다루어져야 하는가?
4. 이 사례에서 DOD 대표의 역할은 무엇인가?

OSC / 시스템 사례 3

Clarkson 부인과 아들 Kevin은 최근 집에 불이 나서, 이웃 지역에 살고 있는 Clarkson 부인의 여동생 집에 임시로 살고 있다. 이 사실을 알게 된 Traditional School System의 고등학교 교장은 Clarkson 부인에게 Kevin이 이 학교구 내 학교를 더 이상 다닐 수 없고 Clarkson 부인의 여동생이 살고 있는 지역을 담당하는 Novel School System으로 전학을 가야 한다고 알려 왔다. Clarkson 부인은 비슷한 상황의 다른 학생들이 임시로 Traditional School System에서 교육을 받는 것이 허용되는 반면, 교장이 'Kevin을 좋아하지 않기 때문에' 그가 학교에 다니는 것을 허락하지 않는다고 믿고 있기 때문에 주 정부의 장애 부서에 자문을 구하였다.

장애 부서는 Clarkson 부인을 Traditional School System의 사회복지사인 Campbell 씨에게 의뢰하여 그녀의 불평을 다루도록 하였다. 교장에게 연락했을 때 Campbell 은 교장이 Clarkson 부인의 아들이 학교구로 돌아오는 것을 허락하고 싶어 하지 않음을 알게 되었다. Campbell 씨는 주(state) 법이 집이 없는 학생들이 집을 잃음으로써 다른 곳에서 살고 있다고 해도, 그들이 마지막으로 영구 거주권을 가졌던 학교구에서 교육을 받도록 규정하고 있음을 설명하였다. 그녀는 또한 교장에게 Clarkson 부인은 Traditional School System의 서비스 지역에 영구 주택을 구할 수 있을 때까지 임시로 여동생 집에 살고 있음을 알렸다. 이러한 정보에도 불구하고 교장은 Kevin이 학교구에 돌아오는 것을 허용하지 않았다. 학교 사회복지사인 Campbell은 교장의 반응에 대해 어떻게 해야 할지 알 수가 없다.

논의할 문제

1. 이는 누구의 문제인가?
2. 과정 개입(process intervention)을 실시하는 데 장애물은 무엇인가?
3. 시행 지원(implementation support)은 어떻게 구할 수 있을까?
4. 교장이 주 법을 따르도록 장려하기 위해 보상 시스템은 어떻게 만들어져야 할까?

✎ 요 약

이 장에서는 모델의 역사와 사용에 대한 근거를 포함하여 조직 및 시스템 컨설테이션(OSC)을 소개하였다. 조직의 준비성 단계, 시행 지원, 보급 등을 포함하여 조직발달과 조직변화 이슈를 논의하였다. OSC의 두 가지 일반적 모델인 조직 발달 컨설테이션(ODC)과 개입 지원 컨설테이션(IAC)을 소개하였고, 문제 정의, 평가, 진단, 시행 표준의 개발, 시행 표준의 측정과 평가를 포함하여 ODC 과정을 정리하였다. IAC에 대해서는 개인 대 팀 접근, 컨설테이션과 자료기반 개입 훈련, 지도력과 팀 구성원 자격, 기록, 개입에 대한 허가, 진단적 개입, 과정 개입, 기술구조 개입, 개인 개입, 그리고 프로그램 평가와 책무성 같은 여러 이슈를 논의하였다. 마지막으로 OSC 방법의 효과성을 지지하는 증거를 제시하였다.

제 **7** 장
수업 컨설테이션

1. 개 요

수업 컨설테이션(Instructional Consultation: IC)의 창시자인 Rosenfield(1995)는 수업 컨설테이션을 특수교육 분야의 협력적 컨설테이션과 학교심리학의 교수 심리학을 통합하는 과정이라고 기술한다. 앞 장에서 제시된 컨설테이션 모델들이 교육 관련 전문가와 정신건강 관련 전문가들에게 모두 유용하게 사용될 수 있는 실무였다면, 이 장에 제시된 수업 컨설테이션의 실제는 학생들의 학업적 문제에 관해 컨설팅을 해 주는 교육 전문가에게 적합한 컨설테이션이다. 특히, 교육 전문가들은 학생들의 교육적 문제와 성장에 관한 컨설테이션에 자주 참여하고 수업 컨설테이션이 증거기반 실무(Evidence-Based Practices: EBPs)에 초점을 두기 때문에 수업 컨설테이션은 교육 전문가들이 사용하기에 적합한 컨설테이션 방법이다. 비록 수업 컨설테이션이 학업적 진보와 더불어 학업적인 문제에 초점을 두고 있다고 하더라도 컨설턴트들은 교실관리와 관련된 이슈를 다루기 위해 수업 컨설테이션을 사용할 수도 있다(Rosenfield, 2002). 이 장에 제시된 정보들의 상당 부분은 Rosenfield(1984, 1987, 1992, 1995, 2002)와 Gravois 그리고 Rosenfield(2002, 2006)의 여러 책에서 다루고 있는 주제들에서 발췌하였으므로 독자들이 해당 분야에 대해 좀 더 자세히 알고 싶다면 원본을 보는 것을 권한다.

　학생들의 학업성과에 수업의 질과 시간 사용이 얼마나 큰 영향을 주는지에 관한 연구들이 많이 있다(Walberg, 1985). 이러한 요소들은 유치원생과 초등 저학년생들, 학업성취가 낮은 아동들에게 특히 중요하다. 불행하게도, 교사들은 높은 수준의 수업전략을 사용하지 않고 수업을 하면서 학생들에게는 수업에 적극적으로 참여하였는지 수업 내용을 숙달했는지를 확인한다(Rosenfield, 1995). 더욱이 선행연구에 의하면 희망하는 바와는 다르게 교사들이 최신의 관련 문헌들에 대해 잘 모르는 경향이 있으며, 좀 더 실용적인 접근을 선호하고, 학술지 및 다른 문헌에서 제시하는 최신의 증거기반 실무를 사용하는 데 어려움이 있다고 한다(Rosenfield, 1995). 따라서 교육 전문가와 지원인력들은 교사들의 교수방법을 개선시키기 위해 수업 컨설테이션(IC)을 사용하는 것이 필요하다.

2. 수업 컨설테이션의 기본 가정

　과거에는 학생의 학업문제를 아동 '개인 내부의' 특성으로 보았지만 최근에는 교수의 질과 같이 보다 쉽게 학생의 학업 문제를 개선시킬 수 있는 변인들을 고려할 것을 강조하는 경향이 있다. 학교심리학과 특수교육 분야에서는 특수교육 서비스에 적합한 대상자로 판명되거나 장애아로 분류되는 학생의 수를 감소시키기 위한 목적으로 높은 수준의 수업과 증거기반 실무의 형태로 의뢰 전 개입(prereferral intervention)에 대한 방향으로 강하게 변화되고 있다. 이러한 의뢰 전 개입은 특수교육 분야에서 다양한 배경을 가진 학생들의 불균형적인 의뢰와 배치를 감소시키기 위해 설계되었다고 볼 수 있다(Gravois & Rosenfield, 2006; Rosenfield, 1995). 정상적으로 기능하지 못하는 학습자라는 개념 대신에 과제(배워야 하는 것), 학습자(학습을 수행하기 위한 준비도), 처치(교수법이나 학습관리전략)라는 개념을 가지고 수업 시스템에 초점을 두면 컨설턴트들이 학습의 어려움을 아동 개인의 특성으로 보는 것을 막아 준다(Rosenfield, 1984).

수업 시스템에 초점을 두면 아동이 학습에서 겪는 어려움은 교수적 부조화로 개념화될 수 있으며, 교육 전문가가 제공하는 컨설테이션은 교사와의 협력을 통해 이러한 부조화를 분석하여 과제, 학습자 및 처치 간에 조화된 상호작용을 촉진해 준다(Rosenfield, 1995). 컨설테이션 과정에서 교사와 컨설턴트 간의 관계는 이러한 과정의 변화를 일으키는 데 가장 중요한 요소다(Rosenfield, 1995). 따라서 IC의 가장 기본이 되는 가정은 다음 세 가지다. 첫째, 모든 아동은 배울 수 있다. 둘째, 가장 적절한 개입은 교실에서 일어나는 교사와 학생 간의 상호작용이다. 셋째, 교사들 간, 그리고 다른 교육 지원 인력들 간에 서로 문제해결적 관계로서 자문(컨설테이션)하는 것은 매우 생산적이다(Rosenfield, 1992; Wizda, 2004).

3. 수업 컨설테이션에서의 의사소통

IC의 가장 중요한 가정은 언어-시스템적 접근이 컨설테이션의 과정에서 기본적으로 수립되어야 한다는 것이다(Rosenfield, 2000). 이러한 시스템적 접근은 컨설턴트와 컨설티가 대화를 통해 수업과 학생의 진보에 대한 새로운 의미를 함께 만들어 가는 언어적 사건으로서 컨설테이션을 범주화한다. 컨설티가 컨설테이션 과정에 참여할 때 컨설턴트는 자문적(consultative) 대화가 이루어지도록 해야 하며, 대화로 발전할 수 있도록 공간을 마련하고 지속적인 노력이 이루어져야 한다. Rosenfield(2000)는 컨설턴트가 이러한 역할 수행을 학습할 때, 사회심리학 분야에서 연구되어 온 청중조율(audience tuning), 현실공유(shared reality), 대

응편향(correspondence bias) 등의 주제를 포함한 의사소통 경향을 인지해야 한다
고 주장한다(Higgins, 1999).

청중조율이란 이야기를 듣는 청중이 무엇을 듣고자 하는지를 화자가 어떻게
지각하느냐에 따라 그것에 맞추어 말의 내용을 수정하는 것을 의미한다. 현실
공유란 화자가 전달하고자 하는 내용의 객관성에 대한 믿음을 전달하는 현상
을 말한다(예를 들어, 적극적인 경청 반응을 보이는 컨설턴트에게 교사가 어떤 문제에
대해 이야기할 때, 교사는 그 문제를 보다 객관적인 사실로 바라보게 될 가능성이 크
다). 대응편향이란 상황보다는 사람을 행동의 근원으로 보는 경향성을 의미한다
(예: 문제를 일으키는 시스템적 변인보다는 문제의 근원을 학생 개인에게서 찾는 것;
Rosenfield, 2002).

4. 수업 컨설테이션의 과정

Rosenfield(1995, 2002)는 IC를 문제해결 과정으로 설명하였는데, 그에 따르면
문제해결 과정의 기본 구조는 심리학 관련 문헌에 설명된 다른 종류의 컨설테이
션과 유사하다. IC는 Meyers, Parsons와 Martin(1979)이 설명하고 있는 컨설테이
션의 4가지 수준을 모두 포함한다. (1) 평가, 인터뷰, 관찰을 통해 학생에 관한 데
이터를 수집하여 내담자에게 직접적인 서비스를 제공한다. (2) 컨설티를 통해 내
담자에게 간접적인 서비스를 제공한다(컨설티가 데이터를 모으고 개입을 실행하는
1차적 책임을 지는 방법으로 IC에서 가장 널리 사용되는 수준). (3) 1차적인 목표가 컨
설티의 행동 변화를 통해 학생 내담자의 부수적인 변화를 유도하기 위한 것일
때 컨설티에게 서비스를 제공한다. 그리고 (4) 학교 내에서 수업 시스템의 효과
적인 변화를 유도하기 위해 시스템적으로 서비스를 제공하며, 이것이 조직 기능
의 개선을 가져오길 희망한다(Rosenfield, 1995).

Knotek, Rosenfield, Gravois 및 Babinski(2002)는 IC가 효과적인 동맹수립, 순

차적 숙고, 대안적 가설의 생성 등 컨설티 중심의 컨설테이션과 관련된 특징을
지니고 있기 때문에 사회구성주의적 노력으로서 그 효과를 발휘한다는 것을 발
견하였다(Caplan & Caplan, 1993; Caplan, Caplan, & Erchul, 1995). 더욱이 IC는 컨설
테이션의 다른 모델들과 마찬가지로 진입, 문제 확인, 개입 설계, 개입 실행, 개
입 평가의 단계로 이루어진다(Gravois, Rosenfield, & Gickling, 1999; Rosenfield,
2002).

1) 1단계: 진입과 계약

　　수업 컨설테이션은 컨설턴트와 교사가 수업과 관련된 이슈나 문제를 해결하
기 위해 협동적 관계를 수립할 경우 가장 성공적으로 이루어진다. 이러한 관계
에서 교사들은 (1) 컨설티로서 자신의 역할을 받아들이고 이해해야 하고, (2) 컨
설테이션 과정을 준비해야 하며, (3) 컨설테이션의 목적에 대해 일반적인 분별
력을 갖추어야 한다. 그리고 (4) 컨설테이션이 교육이나 정신건강 지원 인력들
과 함께 경험한 다른 활동들과 다르다는 것을 인식해야 한다(Rosenfield, 1995).
Gillies(2000)는 교육 전문가들을 위해 교육 실무에서 컨설테이션을 포함할 수 있
도록 컨설테이션 순서에 대해 설명하고 있다. 새로운 교사를 모집할 때 컨설테
이션에 대한 이해와 컨설테이션에 전념할 수 있는지에 초점을 두어야 하며, 지
속적으로 컨설테이션을 통해 교원의 전문성 신장을 지원하고, 어려운 문제가 있
을 때 자문을 받을 수 있도록 도와주며, 실제로 1년에 한 번 정도 컨설테이션을
위해 동료관찰을 하도록 하고, 컨설테이션 측면에서 이전의 업무를 고찰하고 새
로운 업무를 계획할 수 있도록 매년 관련 회의를 구성하도록 하고 있다.
　　컨설테이션 관계를 수립하는 데서 어려운 문제 중 하나는 교사들이 학생들이
겪고 있는 문제를 아동 개인 내부의 특성으로 보는 의료적 모델로 생각하던 것
에서 벗어나 학습의 문제를 협동적, 교실 중심적, 문제해결적 접근으로 보도록
하는 것이다. 이러한 접근방법은 문제를 일으키는 원인이나 해결에서 교사의 역

할이 중요한 부분이기 때문에 이러한 인지적 변화는 쉽지 않다. Knotek 등(2002)
은 IC 과정에서 사회적 구성주의를 어떻게 사용하는지를 다음과 같이 설명하고
있다.

"Vygotsky의 지식의 사회 구성주의에 대한 이론은 컨설티 중심 컨설테이션의
과정 및 목표와 일치한다. 마찬가지로 이 이론은 IC의 과정에서, 수업 컨설턴트
로서 팀 구성원들이 각자 이해한 내용을 발전시킨다는 측면으로 다시 설명될 수
도 있다. 사회적 환경 내에서 발생하는 컨설테이션 관계의 발전은 컨설테이션
딜레마를 재정의하게 하며, 컨설티는 컨설테이션 문제에 대해 새로운 개념을 가
질 수 있도록 도와줄 수 있는 대인관계적 과정이다."(p. 305)

문제에 대해 새로운 관점을 가진다는 것은 컨설티들이 문제 해결을 위한 기술
을 더욱 향상시키고 향상된 기술을 내재화할 수 있는 합리적 의사소통(rational
communication)을 통해 수업과 관련된 문제에 대한 이해가 향상되는 것이다.

교수 문제의 원인에서 귀인을 변화시키려 할 때 교육자들이 직면하는 장애물
은 아동과 교육과정 사이의 교수적 불일치를 수정하도록 도와주는 교육적 지원
인력의 능력에 대한 교사의 인식이다. Rosenfield(1995)에 의하면, 교사들은 학교
심리사들이 수업과 관련된 영역에서의 훈련이 부족하다는 인식 때문에 학교심
리사를 수업과 관련된 문제를 해결할 수 있는 전문가로 인정하지 않는다. 이러
한 편견을 제거하기 위해 교사들은 아동이 가지고 있는 문제가 아동의 학습 문
제인지 아니면 교수적 문제인지를 판단하기 위해 문제해결을 위한 구성원으로
기꺼이 참여할 수 있어야 한다(Rosenfield, 1995).

2) 2단계: 문제 확인 및 분석

(1) 의뢰 과정

IC에서 문제 발견의 단계는 매우 중요한 단계로, 일반적으로 아동에 대한 교
사의 의뢰로 시작되며 의뢰인터뷰를 한 번 혹은 여러 번 진행한다. 컨설턴트들

은 자문적 과정에서 협력관계의 특성을 설명하는 것으로 시작하여 문제 발견에 도움이 되는 중요한 정보를 유도하여 얻어 내는 데 초점을 둔다(Rosenfield, 1995).

최초의 인터뷰에서 컨설턴트는 행동에 대한 구체적인 정보를 얻기 위해 컨설티의 행동신호를 바탕으로 사용하는 언어를 매우 조심스럽게 선택하여 표현해야 한다. 이러한 언어의 사용은 교실에서의 문제를 해결하는 컨설턴트의 능력에 대해 교사가 긍정적인 인식을 가지도록 하는 데 도움을 줄 수 있다. 더욱이 좋은 의사소통 기술은 매우 중요하며, 특히 다른 사람이 말하는 것을 서로 완전히 이해하기 위해서는 서로 이해한 내용을 명확히 하려는 노력을 통해 잘못 이해하는 부분이 없도록 하는 것이 중요하다. 인터뷰 마지막에서는 교육 전문가와 교사들은 다음과 같이 해야 한다. (1) 문제 확인하기, (2) 아동이 현재 보이는 행동과 교사가 희망하는 아동의 수행 간의 차이를 명확히 하기 위해 추가적으로 필요한 정보가 무엇인지를 결정하기, (3) 문제 발생 빈도, 기간, 강도, 선행사건을 명확히 하기, 그리고 (4) 아동이 어려움을 겪고 있는 교실에서의 과업과 교사가 현재 사용하고 있는 수업전략에 대한 데이터 수집하기(Rosenfield, 1995) 등이다.

(2) 관찰

문제 발견과 분석 단계에서 데이터는 구조화된 관찰방법을 통해 수집해야 한다. 관찰 과정에서 예측하지 못한 변인들이 발견될 수도 있고, 교실 상황에서 이전에 몰랐던 교수방법이나 교사의 행동에 대해 교사가 지각하게 될 수도 있다(Rosenfield, 1995). 구조화된 관찰 수행에 대해 좀 더 자세한 설명이 필요하다면 3장에 제시된 관찰방법에 대해 다시 한 번 읽어 볼 것을 권한다.

(3) 교육과정기반 평가 및 교육과정기반 측정

특수교육과 학교심리학 분야의 훈련에서 기인한 교육과정기반 평가(Curriculum-Based Assessment: CBA)는 교실에서 이루어지는 다양한 교과목의 교육과정을 조사하여 학생들의 수업 수준(교수적 수준)에 관한 정보를 수집하는 과정으로,

CBA는 학생들의 수업 수준에 관한 중요한 정보를 제공해 줄 수 있다. 교육과정 기반 평가는 다음의 5가지 질문에 대한 대답을 하기 위해 사용될 수 있다. (1) 학생이 알고 있는 것이 무엇인가?, (2) 학생은 무엇을 할 수 있는가?, (3) 학생은 어떻게 생각하는가?, (4) 학생이 잘 모르는 것에 대해 어떻게 접근하고 있는가? 그리고 (5) 교사가 가르쳐야 하는 것은 무엇인가(Gickling & Rosenfield, 1995)? 교육과정기반 측정(Curriculum-based Measurement: CBM)은 CBA의 한 종류로 측정과 수업 사이의 관계를 강조하는 방법이다. CBM을 사용할 때에는 교사가 표준화된 측정 절차를 사용하여 교육과정을 수행하는 동안 학생들의 수행 정도를 계속해서 측정하는 것이다(Wesson, 1991).

CBA와 CBM 방법은 둘 다 빈번하고 반복적인 측정치를 사용하며, 짧은 간격의 검사를 포함하고, 책을 큰 소리로 읽거나 단어의 철자를 쓰는 것과 같은 결과물을 사용하며, 컨설테이션의 평가 과정을 위해 사용될 수도 있다(Shinn, Rosenfield, & Knutson, 1989)는 것이다. 그러나 CBA와 CBM의 가장 큰 차이는 문제의 진단에 대한 서로 다른 접근법이다. CBA는 교육과정이나 수업, 그리고 기술 간의 불일치를 결정함으로써 문제를 확인하기 위해 데이터를 사용하고, CBM은 특정 문제가 있는 학생의 성취와 일반적인 또래 아동들 간의 성취 비교를 통해 문제를 확인하는 방법을 취한다(Deno, 1989). CBM에서는 또래 동료들과의 비교를 바탕으로 문제를 정의하고 문제가 아동 개인에게 있다고 가정한다. 이 경우에 교육과정은 개인이 겪는 어려움의 정도가 어느 정도인가를 알기 위해 사용된다(Burns, MacQuarrie, & Campbell, 1999).

CBA에서 교수적 접근(instructional approach)은 문제와 직접적으로 연관되어 있으며, 수업계획과도 관련이 있고, Gutkin과 Curtis(1999; Burns, Dean, & Klar, 2004)가 제안한 문제 발견과 개입의 특성과도 상호의존적이다. CBA와 CBM의 데이터들은 전통적인 학업성취도 점수, 배치된 프로그램에서 수집된 정보, 능력에 대한 교사의 평가와 비교해 볼 때 신뢰할 수 있고 타당한 정보다(Deno, 1985; Wesson, 1991). 종종 교사들은 아동에 대한 정보가 해당 아동을 잘 나타내는지 아

닌지를 설명하는 데에는 자신감이 있을지 모르지만 이러한 주관적 느낌의 정보들이 얼마나 정확한지에 대해서는 자신감이 부족하다(Rosenfield, 1995).

표준화된 규준참조 측정을 통해 얻은 정보와 비교해 볼 때 CBA는 어린 아동들이 교육과정 내에서 어려움을 겪는 수준과 학업 수준, 다양한 교수기법의 효과성을 포함해 교육과정-개입에 대한 의사결정을 하는 데 도움이 되는 데이터를 얻게 해 준다(Rosenfield, 1995; Zigmond & Miller, 1986). CBA의 또 다른 중요한 기능 중 하나는 오류분석(error analysis)이다. 이는 아동에게 과제를 준 후 아동이 과제 수행에 어떻게 접근하는지에 대한 논의를 통해서 혹은 교육과정 자료에 대한 학생의 수행을 분석함으로써 아동이 보여 준 수행오류의 유형을 판단한다(Meyers, 1985; Rosenfield, 1995). Rosenfield(1995)에 의하면, "보통 아동의 오류 패턴에는 어떤 논리가 있는데, 즉, 전략에서의 일관되지만 부정확한 기저 오류를 반영하거나 교수 자체에서의 결함을 반영한다."(p. 311). 이러한 오류에 대한 지식은 효과적인 개입을 설계하는 데 필요하다.

Burns, Dean, 그리고 Klar(2004)는 자문적 모델에서 CBA의 효과성을 살펴보기 위한 데이터는 제한적이라고 설명하였다. 그러나 Kovaleski, Gickling, Morrow, 그리고 Swank(1999)에 의해 수행된 연구들에 의하면 문제 발견과 개입 설계를 위해 컨설턴트가 CBA를 사용한 결과, 학생의 과업 완성도, 과업 이해도, 과업 수행시간에서 향상된 결과가 나타났다. Burns, Dean, 그리고 Klar(2004)는 Gickling과 Rosenfield(1995) 그리고 Bickel, Zigmond, McCall 및 McNelis(1999)가 수행한 다른 연구의 결과들을 살펴보더라도 CBA가 컨설테이션에서 효과적으로 사용될 수 있다고 주장하였다.

그러나 CBM은 형성 평가와 총괄 평가 둘 다에 사용될 수 있으며 특수교육에서 학생들의 학업성취도 향상과 상당히 연관되어 있다(Fuchs, Deno, & Mirkin, 1984; Wesson, 1991). Fuchs와 Fuchs(1986)는 체계적인 형성 평가의 메타 분석을 실시하여 CBM 사용 이후 학생들의 학업성취도가 통계적으로, 그리고 실제적으로 상당한 상승이 있었다는 사실을 발견하였다. 특히 학생들의 학업성취도 데이터를 그래프로 그리는 것이 기록된 자료를 테이블표로 그려서 비교하는 것보다 훨씬 유리한 결과를 보였다. 즉, 교사들은 그래프화된 데이터를 보다 정확하고 빈번하게 분석하며, 결과적으로 학생들에게 더 직접적으로 피드백을 제공해 준다는 사실에 기인한다(Wesson, 1991).

　　1분당 단어를 얼마나 정확하게 읽을 수 있는가에 대한 목표 설정(goal-setting) 및 진전에 대한 모니터링(progress-monitoring) 전략(교사가 개발한 것 혹은 CBM)과 추후 컨설테이션 방법(대학의 컨설턴트 혹은 추후 그룹 컨설테이션)의 효과를 살펴보기 위한 연구에서 나타난 결과는 다음과 같다. 첫째, CBM 그룹이 교사가 설정한 목표 그룹에 있는 학생들보다 진전이 훨씬 높았다. 둘째, CBA 목표 설정과 진전에 대한 모니터링, 추후 그룹 컨설테이션을 받은 처치집단이 다른 처치집단보다 단락당 단어 읽기와 단락 읽기 시험(Passage Reading Test, 1분당 정확하게 읽은 단어 수) 총점이 훨씬 높았다(Wesson, 1991).

　　그러나 컨설테이션 방법으로 살펴보았을 때(CBM의 효과를 무시하고), 학생이 정확하게 읽은 분당 단어 수에서 더 뛰어난 컨설테이션 방법(대학의 컨설테이션 혹은 추후 그룹 컨설테이션)은 없었다. CBM의 목표와 측정시스템을 사용하지 않은 그룹에서 만난 교사들은 컨설팅 회의의 목적에 대해 이해하지 못한다는 의견이 많았으며, 컨설팅을 위해 어떠한 대화를 할지 잘 모르겠다고 말하였다. 그러나 CBM 컨설테이션 그룹에서는 그래프로 학생의 진전 상황에 대해 논의하고 특정 학생의 진보 상황에 대해 특별한 의견을 나누는 형태로 대화가 이루어졌다. 연구자들은 컨설테이션 그룹이 다른 그룹들보다 뛰어난 수행을 보였다고 말할 수는 없지만 교육 행정가들은 그룹 컨설테이션이 비용적으로 좀 더 효과가 있기 때문에 더 선호한다고 한다. 분명한 점은 CBM을 사용한 컨설테이션이 가장 바람직한 결과를 도출하는 데 가장 중요한 변인으로 나타났다는 것이다(Wesson, 1991).

3) 3단계: 개입 설계

적절한 개입을 제안하기 위해 컨설턴트는 수업의 질에 대한 지식을 갖추어야
한다. 특히 교사들은 아동의 수업 수준과 맞지 않는 과제를 하라고 시키거나, 적
절한 문헌에 대한 자문을 잘하지 않는 경향이 있기 때문이다(Rosenfield, 1995).
교사들은 문제 확인, 작은 단계(small step)로 배워야 하는 기술에 대한 시연, 적
절한 예시 사용, 그리고 교육 자료를 학생들이 얼마나 잘 수행했는지를 평가하
는 데 어려움이 있다. 따라서 컨설턴트들은 교사들이 학생을 가르치는 동안 학습
을 하게 돕고, 실제로 교사들이 사용하는 시간이 학생들에게 학습이 이루어지는
데 도움이 될 수 있도록 질 높은 개입 계획을 설계하고 평가할 수 있어야 한다.

교사와의 협력에서는 수업 절차, 교육과정 자료, 학습자의 수행을 바탕으로
한 결과를 가지고 학생의 학습환경에 대해 이야기해야 한다(Haring & Gentry,
1976). 더욱이 지속적인 평가는 질 높은 수업에서 매우 중요한 요소다. 증거기반
개입(evidence-based intervention)이 모든 아동에게 효과적인 것은 아니기 때문이
다(Rosenfield, 1995). 학교기반 정신건강 및 교육 전문가들의 절차에 대한 전문
성이 IC의 성공에서 중요한 것처럼 내용에 대한 그들의 지식도 교수법과 개입
기술에 대한 경험과 관련이 있다(Hart, Berninger, & Abbott, 1997). 질 높은 수업의
한 부분으로 적용될 수 있는 개입은 증거기반 실무(EPD)의 부분이 될 수 있어야
한다. 즉, 여러 참고 문헌에서 효과적이라고 경험적으로 증명될 수 있는 교수
방법과 기술이 그 예가 될 수 있다. 읽기/쓰기와 수학 영역에서 CBA/CBM과
EBPs를 쉽게 활용하기 위한 IC의 사용에 대한 간단한 사용 예시를 다음에 제시
하였다.

(1) 읽기와 쓰기 문제와 수업 컨설테이션

읽기 문제는 가벼운 문제부터 심각한 문제까지 미국 학생들의 약 25% 정도
가 겪고 있을 정도로 일반적이다(Gunning, 1998). 지난 20년간 연구자들은 음운

론적 인식, 즉 단어를 구성하는 소리로 나누어 보는 능력은 단어인지 처리를 촉진하고 단어인지 기술도 향상시킨다는 것을 밝혀냈다(Berninger, Thalberg, DeBruyn, & Smith, 1987; Wagner, Torgesen, & Rashotte, 1994). 효율적인 독자는 구술적 언어와 수용적 언어, 음소 인식, 시각적 단어 인식, 단어 분석(파닉스: 발음 중심 교수법, 구조 분석, 맥락적 신호 사용), 구절의 유창성, 듣기와 어휘 읽기, 문자 이해에 대한 능력과 지식이 있어야 한다(Margolis, 2004).

더욱이 음운론적 인식 훈련과 발음 중심 교수법의 조합은 음운론적 인식 훈련 하나만 사용할 때보다 효과적이라고 한다(Williams, 1980). 최근의 연구들은 단어인지 기술을 향상시키기 위한 방법으로서 철자법 인식 훈련(글자의 요소와 단어의 패턴에 학생들이 집중하도록 함)을 음운론적 인식 훈련과 발음 중심 교수법과 함께 훈련하는 것을 제안하고 있다. 따라서 철자법 인식 훈련을 수반한 음운론적 인식 훈련과 통합한 단어 인식 훈련과 글자와 음소의 연결을 만드는 파닉스는 학생들의 단어 인식을 향상시키는 데 도움이 되는 것으로 보인다(Hart et al., 1997).

약하거나 중간 정도의 읽기 장애를 가진 아동들을 대상으로 (CBM과 함께 IC를 사용, CBM만 사용, CBM을 사용하지 않은 통제그룹으로) 3가지 다른 처치를 한 뒤 그 결과를 비교한 Fuchs, Fuchs, Hamlett과 Ferguson(1992)의 연구에서 CBM을 사용한 두 그룹이 통제그룹의 아동들보다 유창성과 이해력을 측정하는 읽기 수행에서 훨씬 뛰어난 것으로 나타났다. 그리고 CBM 절차를 적용하는 데서 IC의 도움을 받은 교사들은 좀 더 다양한 수업을 계획할 수 있었다. 그리고 IC-CBM 집단의 아동들은 정보를 회상하여 쓰게 하는 평가에서 훨씬 우수한 수행을 보인 것으로 나타났다. 더욱이 다단계 계층적 선형 모델(multilevel hierarchical linear modeling)을 사용하여 초등학교 학생들이 다양한 철자-음운론적 연계 목표로 교육을 받은 그룹과 단일 철자-음운론적 연계를 목표로 교육을 받은 학생들 그룹의 성장곡선을 비교한 결과, 다수의 철자-음운론적 연계를 목표로 교육을 받은 그룹이 발음을 듣고 글자를 쓰는 문제에서의 성장률이 훨씬 높은 것으로 또 다른 연구에서 나타났다. 이 연구의 저자들은 학생들의 단어인지 기술을 향상시키는 데 도움을 주기 위해서 IC 과정에서 컨설턴트들이 다양한 전략(파닉스, 단어군, 통단어 전략)을 사용하는 것을 추천한다고 주장하였다(Hart et al., 1997). 또한 IC 컨설턴트들은 체계적인 훈련을 받기 전에 모델링이 우선되어야 한다는 측면에서 교사들이 직접적이고 체계적인 교수방법의 순서를 따르도록 하고 있다. 교육자들은 각각의 전략을 검토하고 학생들에게 수행한 과제에 대한 피드백을 제공하고 전략을 어떻게 사용하는지에 대한 코치를 제공하며, 자기-모니터링과 평가를 권장하고 학생들이 전략을 정확하게 사용할 수 있을 때 자기강화를 사용할 수 있도록 학생들을 교육해야 한다(Margolis, 2004).

(2) 수학 문제와 수업 컨설테이션

또 다른 연구에서는 연구자들이 학생들의 수학계산 성취도를 모니터하기 위해 자기-모니터링(self-monitoring) 방법과 교사가 CBM을 사용하는 방법에 대한 컨설테이션 방법 간의 효과에 어떠한 차이가 있는지에 대해 살펴보았다. 한 그룹의 교사들은 대학교 기반의 컨설테이션(university-based consultation)을 받았고 다른 그룹은 수학 계산에서 약간의 장애가 있는 학생들의 진전 상황을 살펴보기 위해 사용된 CBM 기술의 충실도를 향상시키기 위해 자기-모니터링을 하도록 하였다. 비록 두 그룹 모두 교사가 자신의 수업에 변화를 주려는 의지가 없거나 변화를 줄 수 없어서 기대한 만큼 수시로 활발하게 학생들의 진전이 나타나지는 않았지만 CBM을 적용하였을 때 두 그룹이 비슷한 반응을 보였다(Allinder & BeckBest, 1995). 따라서 IC 과정에서 컨설턴트들은 교사들에게 새로운 교수법을 채택할 필요가 있다고 제안할 때, 변화를 주기는 어렵지만 변화는 천천히 일어날 수 있다는 것을 인식해야만 한다.

교사들은 새로운 교수법을 적용할 때 자연적인 결과로서 학생들의 학업성취도 향상이 나타난다면 새로운 교수법 적용에 강화를 받을 수 있다. 그러나 이러한 학생들의 학업성취도 향상이 교사에게 강화를 줄 만큼 자주 혹은 많이 일어나지 않을 수는 있다.

4) 4단계: 개입 실행

수업 개입은 전통적으로 수업 교사 주도로 실행되어 왔기 때문에 이 단계에서 컨설턴트의 역할은 교실 내에서 교사가 수업 절차를 관리하거나 수정하는데 도움을 주는 것이다. Rosenfield(1995)는 이 단계의 과정을 "취약한 아동에게 필요한 수업에 대한 결정들이 종종 많은 학교에서 행해지는 '정상적인' 방법과는 차이가 있으며, 교사의 일상적인 활동 속에 통합되어야 한다."라고 말하였다 (p. 311). 교사들은 사전에 정해 놓은 속도에 맞추어 교육과정을 운영해야 하는 책임과 아동들이 좀 더 느린 속도이지만 숙달 수준에 도달할 수 있도록 조정된 교육과정을 운영해야 하는 책임이 있기 때문에 저항을 보일 수 있다. 비록 많은 연구결과가 학생들은 자신의 학업 수준(instructional level)에 맞는 교육자료를 통해서 좀 더 진전을 보인다는 결과를 지지하고 있다 하더라도 교사들은 이 결과를 그대로 받아들이지는 않는 것처럼 보인다. 컨설턴트들은 이러한 결과를 가지고 교사들을 강화할 수 있고, 실행되고 있는 개입이 치료적 충실성과 타당성이 있다는 것을 교사에게 확신시킬 수 있다(Rosenfield, 1995).

5) 5단계: 개입 평가

이 과정의 마지막 단계에서 컨설턴트와 컨설티는 앞에서 설명한 것처럼 CBA/CBM을 사용하여 수행할 수 있었던 개입이 성공했는지를 먼저 결정해야 한다. 또한 컨설턴트들은 컨설티의 역할로 유발될 수 있는 변화들에 대해 컨설티들과 협의할 수 있다. 연구들에 의하면 IC 과정은 컨설티의 기량 향상에 긍정적인 변화를 이끈다는 사실을 지지하고 있다. IC가 컨설티의 문제해결 기술과 그들의 관련 업무 문제에 대한 인식에 도움을 준다는 것을 조사한 질적 연구에서 Knotek 등(2002)은 IC에 참여하는 것이 컨설티들에게 중요하지만 계속해서 반복적으로 나타나는 요소에서의 변화와 관련이 있다고 지적하였다. 즉, 컨설티들이 더 크고, 정의되지 않은 문제들에 대해 관심을 가지던 데서 IC에 참여하면서 도달할 수 있는 긍정적인 목표를 가진 문제로 관심의 초점이 변화된 것도 포함된다. 더욱이 IC에 참여한 교사들은 본인이 정규교실에서 학생들의 성취에 도움을 줄 수 있는 학생집단에 대해 새롭게 알게 되었다. 마지막으로, IC 참여자들은 학업적 문제를 보이는 학생들을 위한 수업을 개발하는 데 효과적으로 데이터를 사용하도록 격려하였다. IC의 목표율에 도달한 후에는 컨설턴트와 컨설티는 특정 문제 혹은 내담자와 관련된 관계를 종료하고 IC의 결과와 과정에 관한 문서기록을 제공해야 한다. 이 단계에서 컨설턴트는 학생이나 다른 사람들과 추후에 일할 수 있도록 컨설테이션의 마지막 과정에 관해 명확히 이야기해야 한다(Rosenfield, 1995).

(1) 수업 컨설테이션 팀

Rosenfield와 동료들은 IC가 학교 시스템에 제공되는 것을 촉진하기 위해 수업 컨설테이션 팀(ICT; Rosenfield & Gravois, 1996)이라고 불리는 특정 지원팀 모델을 개발하였다. 이들 팀은 대안적 서비스 전달 프로그램 구축을 돕기 위해 학교 시스템의 요청에 대한 반응으로 만들어졌다(Rosenfield, 1995). 다양한 배경의 학생들이 특수교육 프로그램에 너무 많이 의뢰되고 있는 문제, 혹은 특수교육 대상자의 판별과 배치 과정에 대한 대안을 개발하고자 하는 문제 때문이다.

수업 컨설테이션 팀은 교사에게 도움을 주어서 일반교육 환경 내에서 학생의 학습이나 행동적 문제를 해결하는 데 일차적으로 집중하기 때문에 초기 개입 시스템을 대표한다. ICT 모델은 교육적 전달 시스템과 평가 개발을 결합하여 IC 혹은 협동적 문제해결을 한다는 점에서 다학제적 학교기반 지원팀의 개념을 근간으로 설정하고 있다. [그림 7-1]은 ICT의 3가지 요소를 설명하고 있다. 변화 촉진자는 ICT의 중요 요소로 ICT의 요소와 학교를 변화시키는 과정에 대한 훈련을 받고 경험을 쌓은 사람으로 팀을 구성하여 컨설테이션 기술을 코치하는 역할을 한다. ICT 구성원들은 개개인이 팀의 구성원으로서 기술 향상에 초점을

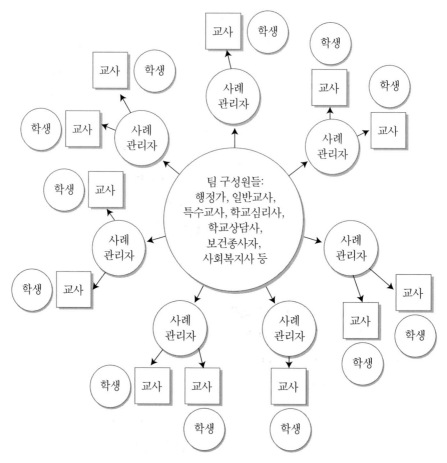

[그림 7-1] 수업 컨설테이션 서비스 제공 팀의 구성

두되, 다학제적 팀으로서 적절하게 기능할 수 있도록 해야 한다(Gravois, Knotek, & Babinski, 2002). 〈표 7-1〉에는 다양한 훈련 방법과 참여자의 지식과 기술 향상에 영향을 미치는 수준에 대해 제시되어 있다. ICT에서는 각각의 구성원이 컨설테이션 기술을 향상시키고 적용할 수 있도록 요구함으로써 구성원들이 컨설테이션 기반 서비스 전달을 한다. 개별 팀 구성원은 ICT에 도움을 요청한 교사에게 사례관리자 컨설턴트(case-manager consultants)로서 역할을 수행한다(〈표 7-2〉 참조). 이러한 서비스 전달 모델의 구조는 그룹이나 팀으로 문제를 해결하

| 표 7-1 | 훈련기법과 참여자에 대한 영향력 |

훈련기법	영향력 수준	영향력의 증거
이론과 개념 이론과 개념에 대한 강의식 발표	인식	참여자들은 문제를 확인하고 일반적인 개념들을 명확히 할 수 있다.
모델링과 시연 (예, 라이브, 비디오 등)	개념적 이해	참여자들은 개념을 분명히 하고 요구되는 적절한 행동을 기술할 수 있다.
피드백과 함께 모의 상황에서 연습 (예: 역할놀이, 글쓰기 연습 등)	기술 습득	참여자들은 모의 상황이나 구조화된 상황에서 기술을 사용할 수 있다.
적용 시 코칭과 슈퍼비전	기술 적용	참여자들은 실제 상황에서 기술들을 융통성 있게 사용할 수 있다.

출처: Educating Practitioners as Consultants: Development and Implementation of the Instructional Consultation Team Consortium, by T. A. Gravois, S. Knotek, & L. M. Babinski, 2002, *Journal of Educational and Psychological Consultation, 13,* p. 115.

는 방식에서 컨설턴트와 컨설티 간의 관계인 한 명의 팀 구성원과 교사 간의 양자관계로 문제를 해결하는 방법으로 초점이 바뀐다. ICT 설계의 중요한 목표는 전통적인 그룹 문제 해결방법에 대한 강조는 줄이고 대신에 팀 구성원 개개인이 개별 수업 컨설턴트로서 컨설티의 기술을 향상시키기 위해 팀을 활용하는 것이다.

주간(weekly) 팀 미팅은 문제해결을 유도하고, 사례에 대해 논의를 하고, 교사와 학생을 위한 지원을 하고, 개별 구성원들이 효과적인 컨설테이션 기술을 사용하도록 하기 위해 개최된다. 더욱이 ICT는 기존의 학교 조직 문화와 맞서서 이러한 환경 내에서 컨설테이션 서비스를 적용할 수 있도록 도와준다. 비록 수많은 연구가 컨설테이션을 옹호하고 있지만, Zins, Elias, Greenberg와 Pruett(2000; Gravois et al., 2002)이 수행한 연구에서 설명하고 있는 것처럼 컨설테이션이 널리 사용되기 위해서는 조직적 장악력과 정책에서의 변화가 수반되어야 한다고 연구자들은 주장한다.

예비 컨설티들이 전통적인 서비스 전달 방법을 통해 학생들의 학업적·행동적 문제를 해결하려고 하면, 비록 궁극적으로는 이러한 과정을 통해 추후에 다루어야 할 사례 수는 감소 시킬 수 있다하더라도 컨설테이션과 관련된 새로운 기술을 배울 시간은 점점 줄어들게 된다.

수업 컨설테이션 팀의 유효성에 관한 연구가 현재 계속해서 이루어지고 있으며, Fudell, Gravois와 Rosenfield(1994)는 수업 컨설테이션 팀(ICT)을 위해 실행 단계(a level-of implementation) 측정도구를 개발하였다. 이는 궁극적으로 치료 충실도로 개입의 효과성에 대한 정확한 평가를 하기 위해 개입 모델이 계획한 바와 같이 적용되어야 하기 때문에 결과 평가에 앞서 준비가 되어 있는지를 확인하기 위한 것이다(Rosenfield, 1995). 마찬가지로 Bartels와 Mortenson(2005)은 IC 모델을

표 7-2 수업 컨설테이션의 3가지 요소

과정변인(process variables)	전달변인(delivery variables)

협동적 컨설테이션 과정: 다양한 전문가 사이에서 비계층적 관계를 활용한 단계기반 문제해결
• 문제해결 단계와 사례 관리자와 의뢰교사 간의 상호작용
• 사례 관리자와 교사 간의 효율적인 의사소통
• 문제해결 단계:
  계약
  문제 발견
  협동적 개입 개발
  책임감 기술
  개입에 대한 모니터링 계획
  특정 데이터 수집, 조직화, 그래프화
• CBA와 관찰기반 평가를 활용한 정확한 분석 절차
	협동적 컨설테이션 과정이 학교 내에서 전달되고 유지되는 구조
	• 대표팀 구성원들과의 정기적인 미팅
	• 분명하게 명시된 의뢰 과정
	• 의뢰교사가 문제해결 과정의 구성원이 됨
	• 적극적인 행정지원 및 참여
	• 사례관리자의 활용
	• 의뢰와 학생의 진전 과정 문서화

평가 설계(evaluation design)	
• 훈련의 평가 • 시행의 평가 • 결과의 평가	

출처: The Practice of Instructional Consultation, by S. Rosenfield, 1995, *Journal of Educational and Psychological Consultation, 6*, p. 322.

따르는 학교 팀이 어느 정도 개선이 이루어지고 있는지를 살펴보기 위해 수행에 대한 피드백과 체크리스트를 사용하였으며, 반복측정 설계로 측정한 피드백과 체크리스트 결과를 제시함으로써 체계적인 문제해결에 개선이 있었다고 한다.

ICT의 효과성을 평가한 연구들에 의하면 85% 이상의 사례가 팀으로 다루어졌고, 목표를 충족했으며, 의뢰된 학생들이 다학제적 접근으로 평가되었고, 특수교육에 배치된 학생의 수가 감소하였으며, 이러한 과정에 참여한 교사들은 그들의 경험에 대한 만족도가 높은 것으로 나타났다(Gravois & Rosenfield, 2002; Knotek, Rosenfield, Gravois, & Babinski, 2002).

(2) 개입에 대한 반응과 IC

다음 장에서는 개입에 대한 반응(Response to Intervention: RTI)에 대한 간단한 고찰과 함께 IC 모델에서 개입에 대한 반응을 어떻게 사용하는지 제시할 것이다. Knotek(2005)은 협력적 컨설테이션에서 RTI를 어떻게 활용하는지에 대한 훌륭한 개관 논문을 제시하였다.

6장에서 언급한 바와 같이 RTI는 증거기반 개입(Evidence-based Interventions: EBIs)에 대한 아동의 반응에 따라 다층화된(multitiered) 문제해결 패러다임이다. 이러한 개입의 강도는 아동의 학업적 혹은 행동적 문제의 심각성에 따라, 증거기반 전략에 대한 학생들의 반응에 따라 달라지기 때문에 RTI의 단층 시스템(tiered system)에서 학생들에 대한 개입의 강도가 점차 높아질 수 있다(Gresham, 2004; Knotek, 2005).

비록 수많은 형태의 RTI가 존재한다고 하더라도 이러한 모델에서 중요한 요소는 이중 불일치 결정(Dual-discrepancy Decision: DD) 틀이다. 이 틀은 학교에서 약하게 혹은 매우 높은 비율로 보이는 문제를 가진 학생들을 평가하고 개입하는 데 사용될 수 있다. 이중 불일치 결정(DD) 틀에서는 EBI를 적용하기 전이나 후에 학생의 수행 수준에 대한 반응을 보고 의사결정을 한다(Gresham, 2002). 이러한 틀에 근간이 되는 논리적 근거는 만약 학생이 결정적인 학업적 기술에서 수행이 상당히 부족하여 효과적인 교수방법을 제시하였음에도 부적절한 학업수행을 보인다면, 이러한 학생을 학습장애가 있는 것으로 설명할 수 있다는 것이다(Knotek, 2005; Kovaleski, 2003).

RTI 과정은 학교 시스템에서 3~4단계의 과정으로 진행되며, 단계가 올라갈수록 점점 소규모의 학생들에게 적용할 수 있고, 점점 개입의 강도가 높아지는 형태로 이루어진다. 특정 단계와는 상관없이, 요구를 정의하고, 계획을 설계하고, 그 계획을 실행하며, 개입에 대한 학생의 반응을 평가하는 문제해결 과정이 컨설테이션을 통해 촉진된다.

RTI 모델을 수행하는 데서 교사들에게 데이터 기반 의사결정을 활용하여 개입에 대한 정보를 알려 주고, EBIs를 설계하고 실행하는 데 필요한 기술을 습득하는 데 IC가 도움을 줄 수 있다(Knotek, 2005).

Knotek(2005)은 인식, 개념적 이해, 기술 획득 및 적용의 과정을 개입 모델에 반응하고, 교수 컨설테이션을 통해 촉진되는 것(IC/RTI)으로 기술하고 있다. 컨설턴트들은 먼저 다른 훈련을 받은 전문가들, 즉 다단계적 문제해결 과정에 대한 사전 지식과 다양한 수준의 경험을 가진 사람들에게 RTI에 대한 인식을 향상시키는 역할을 먼저 해야 한다. 둘째, 컨설턴트들은 컨설티에게 RTI의 개념에 대한 이해를 안내하고 향상시키도록 하기 위해 IC를 사용할 수 있다. 즉, 학생들의 학업적 · 행동적 필요를 충족시키기 위해 효과적인 교수법의 정확한 전달과 개입을 위한 평가에 강조점을 두는 것을 포함한다. 이 단계에서 컨설턴트들은 특수교육 모델 내에서 전통적인 시험-배치 모델에 의존하는 것이 아니라 학생의 문제에 대해 대안적인 방법과 수단을 사용하여 학생들을 돕도록 교육자들과 일할 수 있다. 셋째, RTI는 EBIs를 설계하고 실행하는 사람들에게 새로운 기술을 개발하는 것을 요구하기 때문에 컨설턴트들이 교육자와 함께 일하는 것은 교사들이 어떠한 기술을 배우고 훈련해야 할지를 알게 하는 데 도움을 줄 수 있다.

마지막으로, 기술의 적용을 향상시키기 위해 컨설턴트들은 적절한 피드백과 토론으로 RTI 모델을 연습하도록 계획할 수 있다(Knotek, 2005).

교육자들이 RTI 모델을 배우고 적용하는 데 도움을 주기 위해 IC 과정을 활용할 때, 컨설턴트들은 컨설티들이 중요한 정보를 확인하고 학생들의 기능적인 측면을 조작할 수 있도록 컨설티들의 능력을 향상시킬 문제해결 프레임을 제공한다. 이를 통해 적절한 EBIs가 실행될 수 있다. 컨설턴트들은 개입의 충실성을 모니터링하는 데서 컨설티들에게 도움을 줄 수 있고, 이에 따라 개입의 충실도가 높아질 수 있다. 더욱이 IC/RTI 모델은 이미 있는 팀 구조를 적용하는 것을 포함하기 때문에 학교 시스템에서 RTI를 제도화하는 데 도움을 줄 수 있다(Knotek, 2005). IC의 혜택을 필요로 하는 특정 사람들은 아마도 제한적인 영어 사용자와 영어 학습자일 것이기 때문에 다음 장에서 IC에서의 다문화적 이슈에 대해 논의할 것이다.

(3) IC에서의 다문화 이슈

　　IC 과정으로 특히 혜택을 받는 사람은 제한적인 영어 실력(limited English proficiency: LEP)을 가진 소수민족 학생들과 영어 학습자들(English Language Learners: ELL; Lopez, 2000)이다. 이런 LEP/ELL 학생들은 주로 이중언어교육, 다중문화교육, 제2외국어로서의 영어교육 서비스를 받고 있다(Macias, 1998). 그리고 IC는 이러한 서비스를 실행하는 학교 관계자들의 노력을 지원하기 위한 수단으로 제시되었다(Lynch & Hanson, 1998). LEP/ELL 학생과 그들의 가족에게 IC 서비스를 제공하는 데서 컨설턴트와 컨설티는 문화 및 언어와 관련된 이슈가 어떻게 LEP/ELL 학생들의 학습에 영향을 주는지를 결정하기 위해 협력적 관계를 형성해야 한다(Lopez, 2000). IC 맥락에서 LEP/ELL 학생에 대한 평가는 제2외국어 습득, 이중언어, 언어유창성에 대한 지식을 필요로 한다(Rhodes, Ochoa, & Ortiz, 2005). 그러나 LEP/ELL 학생과 그 가족들과 일하는 데서의 가장 큰 장애물 중 하나는 의사소통의 장애를 유발하는 언어 차이이다. 그러므로 교육자들은 이러한 장애를 감소시키기 위해 학교 통역 서비스에 의존하는 경우가 많다(Lopez, 1995; Ochoa, Gonzalez, Galarza, & Guillemard, 1996).

IC에서의 통역자 사용에 대한 질적 연구에서 Lopez(2000)는 이러한 서비스는 장애물이면서 그 과정의 촉진제도 될 수 있다고 결론 내렸다. 이 연구에서 학교 환경과 내담자의 문화적 환경에 대한 이해가 익숙한 통역자의 경우, 컨설턴트와 컨설티가 그 학생들이 모국에서의 학교생활과 현재 학교에서의 생활이 어떻게 다른지를 평가하는 데 도움을 줄 수 있으며, 포트폴리오 평가와 교실에서의 토론 등을 포함해 학업과제와 사건에 대한 내담자의 접근을 유도할 수 있다는 것을 발견하였다(Rosenfield, 1987).

통역자의 통찰력은 학업 프로그램에서 요구되는 프로젝트를 완성하기 위해 필요한 기술들을 학생들이 습득할 수 있도록 적절한 개입을 고안해 내는 것을 돕는다. 이처럼 학교장면에 있는 내부 통역자들은 학교 문화와 학생의 문화적 배경을 연결하는 다리 역할을 하는 데 도움을 줄 수 있다. 더욱이 내부 통역자들은 외부 통역자들보다 내담자와 라포를 더 잘 형성할 수 있다. 그러므로 학교의 컨설테이션 과정에 필요한 내부 통역자를 훈련시키는 것을 고려하도록 제안하였다. 그러나 이 연구에서 컨설티들은 또한 이 학생들 및 학부모들과 직접적으로 의사소통을 할 수 없기 때문에 많은 정보가 누락될 수 있다는 것을 지적하였다. 예를 들어, 통역자와 친숙하지 못한 내담자들은 개인적이고 비밀스러운 정보를 통역자와 이야기하는 것을 불편하게 느낀다. 또 몇몇 통역자는 학생이나 부모들과 인터뷰하는 동안 이야기한 모든 것을 통역하지 못하거나 메시지를 잘못 전달할 수 있다는 사실에 기인한 문제도 있다(Lopez, 2000).

그러므로 Lopez(2000)는 IC 과정에 대한 이 연구를 기초로 몇 가지 제안을 제시하였다. 그 내용은 다음과 같다. (1) IC 환경에서 일하는 데 능숙하지 않은 통역자들은 컨설테이션 내담자와 라포를 형성하는 데 방해가 될 수 있다. (2) 통역자를 통해 일을 하면 중요한 문제를 확인할 수 있는 데이터가 왜곡되거나 누락될 수 있다. 그리고 (3) 통역자를 활용했을 때의 비용과 이익에 대해 컨설테이션 동안 분석이 되어야 하며, 이를 바탕으로 컨설턴트와 컨설티들은 LEP/ELL 학생들에게 제공되는 서비스의 질이 통역자를 통해 자문했을 때 심각하게 손상되는지 아닌지를 결정할 수 있다. 따라서 Lopez(2000)는 "통역자가 필요할 때 통역 서비스를 제공하는 훈련을 받은 통역자를 고용해야 한다. 훈련받은 통역자를 활용하는 것이 불가능하다면 이중언어를 쓰는 학교 관계자를 고용하여 그들에게 컨설테이션 활동 동안 어떻게 통역을 하는지에 대해 훈련을 제공해야 한다. 컨설턴트들은 또한 통역 서비스에 필요한 모든 언어에 대해 높은 수준의 유창성을 갖추고 내담자의 문화적 배경에 익숙한 통역자를 고용해야 한다."(p. 386)라고 제안하였다. 추후 연구에서 Lopez(2006)는 IC가 LEP/ELL 학생들을 보조하는 데 도움을 주기는 하지만, 컨설턴트들은 IC 과정이 최대한 효과적으로 수행되도록 이중언어 습득 관련 문제를 다루어야만 한다고 주장하였다.

또 다른 연구에서 연구자들은 특수교육에 배치된 주류(mainstream) 학생들과 비교하여 소수집단 학생의 불균형적인 의뢰 및 배치 비율에 대하여 ICT의 영향력을 조사하였다. 2년간의 ICT 시행 이후, ICT 프로젝트를 한 학교에서는 프로젝트를 수행하지 않은 학교들과 비교해 볼 때 특수교육에 의뢰되고 배치되는 고위험성의 소수집단 학생 수가 상당히 감소한 것으로 나타났다. 놀랍게도 ICT 프로젝트를 수행한 학교에서는 특수교육에 의뢰되고 배치된 소수집단의 학생이 이전에 비해 거의 반 정도까지 감소하였다. 이러한 결과는 이전의 연구에서도 ICT 모델을 적용하는 것이 특수교육에서의 전체 의뢰와 배치를 감소시키는 결과를 초래한다는 일관된 결과와 맥을 같이한다고 볼 수 있다(Gravois & Rosenfield, 2002, 2006; Levinsohn, 2000). 연구자들은 소수집단 학생과 비소수집단 학생들 간의 공인된 학업성취도의 차이를 줄이는 데 도움을 주기 위해서는 우수한 교수방법이 중요하다고 강조하였다(Gravois & Rosenfield, 2006).

(4) 실행의 장애물

IC 사용에서 가장 큰 장애물 중 하나는 교육 전문가들이 학습 문제가 있는 학생들을 일반 교실에서 다루는 바람직한 특수교육의 대안으로 바라본다는 점이다. 이는 결국 문제에 대한 책임을 다른 누군가, 즉 그러한 이슈를 다루는 더 효과적인 기술을 가진 것으로 지각되는 사람에게로 이동시키게 된다. 더욱이 학업적 문제를 가진 학생들은 종종 교실에서 행동적 문제가 있다는 증거가 있기 때문에 행동관리와 교실에서의 방해 행동을 다루는 책임감이 다른 사람에게로 전가될 수도 있다. 또 다른 이슈는 직원의 이동성이다. 진정한 변화가 일어나기 위해서는 3년에서 5년 정도 걸리는 경향이 있기 때문에 컨설테이션과 협업 훈련을 받은 직원들이 해당 전문직을 떠나거나 다른 지역에 있는 다른 직업을 가지게 되면 학교 내에서의 자연스러운 변화 과정에 방해가 될 수 있다(Hall & Hord, 2001; Wizda, 2004).

또 다른 저항 요소 중에는 학생들의 학업적 문제를 다루기 꺼리는 학교심리사도 포함된다(National Research Center on English Learning and Achievement, 1998). Wizda(2004)는 변화에 관한 문헌들이 이러한 저항을 설명하는 데 도움이 될 수 있다고 이야기한다. 변화는 느린 과정이다. 시스템은 시스템 안에 포함되어 있는 각각의 개인이 변화될 때까지 변화될 수가 없기 때문이다. 교사나 심리사들이 현재 그들의 역할에 대한 모든 책임감을 유지하면서 새로운 서비스 전달 모델에 유능해지기 위해 배우고, 이해하고, 훈련받아야 한다면, 이러한 요구가 과도한 것으로 느껴져 새로운 기술들을 채택하는 노력을 중단할 수도 있다.

Wizda(2004)는 변화는 서둘러서는 안 되며, 각 개인이 비록 효과적이지는 않았지만 자신이 편안하고 익숙하던 이전의 기술들을 사용하는 것을 포기하는 데 대해 슬퍼할 수 있는 시간을 허락해 주어야 한다고 제안하였다. 또한 개인들이 새로운 실무를 바로 적용하거나 새로운 기술을 적용하거나 채택하는 데 걸리는 최소한 혹은 일정 수준의 시간을 허용해 주어야 한다(Hall & Hord, 2001). 이렇게 할 때 교사들은 어느 때라도 다양한 수준의 기술을 보여 줄 수 있으며(Wizda, 2004), 결과적으로 어떤 사람들은 IC 과정을 모델링하는 한편, 다른 사람들은 자신의 속도에 맞추어 기술을 배우고 적용할 시간을 갖게 할 수 있다.

5. 수업 컨설테이션의 사례들

IC / 아동사례 1

  Mike는 Progressive 초등학교에 다니는 3학년 학생으로 학업 문제가 있다. 특히 읽기와 언어, 사회과학 교과목에서 어려움을 겪는다. 그는 1학년을 유급했다. "읽기에서 진전을 보일 수 있는 능력을 방해하는 미숙하고 서툰 행동 때문"이었다. 그는 읽기 시간에 책상 밑에 숨거나 수업 중에 연필을 깎으러 가거나 화장실, 양호실에 가는 등 수업 시간에 자주 돌아다녀 학생지원팀에 의뢰되었다. 또한 그는 쓰기와 관련된 활동에서는 수행을 거부하기도 하였다. Mike의 어려움에도 당시 Mike의 선생님은 비록 Mike를 가장 낮은 수준의 읽기 그룹에 포함시키기는 했지만 계속해서 수업시간에 기초 읽기 시리즈를 사용하여 가르쳤다. 낮은 수준의 읽기 그룹은 학생 수가 적었기 때문에 Mike는 선생님의 시간과 도움을 더 받을 수 있었다. 읽기 활동 시간에 Mike의 과제집중 시간을 향상시키기 위해 선생님은 반응대가(cost-response) 기법을 사용하였다. 반응대가 기법은 읽기 활동 시간에 Mike가 자기 자리에 앉아서 10분 동안 적절하게 과제를 수행하면 10분마다 숙제나 문제 풀기를 차감해 주는 방법이었다. 그런데 Mike는 읽기 수업에서 'D'와 'F'를 받으며 더 뒤처지는 것처럼 보였다. Mike의 선생님은 Mike가 말은 잘하며, 말하기 활동에서 이해력이 좋은 것으로 보였기 때문에 Mike의 읽기에서 진보가 좋지 않은 것을 이해할 수가 없었다. Mike의 읽기 이해력에 관해 질문했을 때 선생님은 "Mike는 읽기 이해력이 좋다. 내가 Mike에게 단락을 읽어 주면 그는 그 이야기에서 무슨 일이 일어났는지 정확하게 이해하고 있었다. 나의 유일한 추측은 Mike가 읽기 활동을 할 때면 게을러진다는 것이다."라고 답했다.

논의할 문제

1. 왜 이 사례가 IC를 통해 다루어질 수 있는 문제의 예시라고 보는가?
2. 컨설턴트의 첫 번째 목표는 무엇이어야 하는가?
3. 교사는 자문적 관계에서 어떻게 접근해야 하는가?
4. Mike의 사례에서 RTI는 어떻게 사용될 수 있는가?

IC / 아동사례 2

   Paige는 Innovation 중학교에 다니는 5학년 학생으로, 상냥하고 사랑스러운 소녀로 설명할 수 있다. 그녀는 학교에서 주의집중력이 좋고 열심히 하며, 집에서 해 온 숙제는 항상 90% 이상 정확하게 잘해 온다. 그녀는 '읽기'와 '언어' 과목에서는 'A'와 'B' 학점을 받지만 수학 과목 성적은 조금 떨어진다. 그녀의 선생님은 Paige가 아직도 손가락으로 숫자를 세거나 더하기 혹은 빼기를 위해 공책에 선을 긋는 것을 알게 되었다. Paige는 숫자 계산에서는 자동으로 계산할 수 없어 곱셈 문제를 풀기 위해서는 곱셈표를 사용하여 계산한다.

   Paige의 선생님은 Paige에게 몇 개의 예시 문제를 주고 연습공책에 비슷한 종류의 문제(예: 나누기)를 여러 개 계속해서 연습을 시키고 나면 그녀가 문제를 잘 푼다는 사실을 알아냈다. 그녀에게 다양한 종류의 문제(예: 더하기, 빼기, 문장 문제, 곱셈, 나눗셈)가 있는 과제나 숙제를 주면, 그녀는 자주 실수를 하는 경향이 있어 문제를 정확하게 푸는 경향이 약 25% 이하인 것으로 나타났다. Paige의 표준화된 시험에서의 점수는 수학 과목을 제외하고는 모든 과목에서 전국 백분위(percentile rank)가 50% 이상이었다. 그러나 수학 과목에서는 지난 3년간 표준화된 시험의 점수가 전국 백분위로 18%, 17%, 22%로 각각 나타났다. 그녀의 부모님은 Paige가 수면에 어려움을 겪고 있으며 학교에 가기 싫어하는 문제로 회의를 요청하였다.

> **논의할 문제**
>
> 1. 이 사례에서 IC의 역할은 무엇인가?
> 2. CBM을 통해 수집한 정보들이 이 문제를 더 잘 이해하기 위해 컨설턴트와 컨설티에게 어떻게 도움을 줄 수 있는가?
> 3. 이 시나리오에서 컨설티는 누구인가?
> 4. 개입의 효과성을 어떻게 측정할 수 있는가?

IC / 아동사례 3

Noah는 유치원을 2년째 다니고 있는 학생이다. Noah의 학교기록에 의하면 그는 유치원에 다니기 전에 유아원을 다녀 본 경험이 전혀 없다. Noah의 이전 유치원 선생님은 Noah를 유쾌하지만 조용한, 보통 수업에 참여하지 않는 소년으로 설명하였다.

그러나 교사나 수업 보조 교사가 Noah를 개별적으로 도와주면 Noah는 자신을 도와주는 어른을 기쁘게 하기 위해 수업에 적극적으로 참여하고 열심히 공부했다. 거의 1년 동안 1:1의 개별적 수업에도 Noah는 유치원에 다닌 처음 1년 동안 소문자는 5개, 대문자는 2개 인식할 수 있었으며, 소리로 글자를 인식하는 것은 한 글자도 인식하지 못했다. 유치원에서의 첫 1년 동안 수업 진보가 너무 느렸고 Noah가 미성숙하고 이전의 학교 경험이 없다는 점 때문에 Noah가 한 해 더 유치원 생활을 하도록 제안하였다. 유치원에서 2년을 보낸 뒤에도 Noah는 여전히 첫해동안에 알았던 글자와 동일한 개수만큼의 대문자와 소문자를 인식할 수 있었다. Noah의 선생님은 그의 글자 인식과 소리 인식을 향상시키기 위해 정규교육과정의 교육 자료를 사용하여 매일 아침 약 30분, 오후에는 45분간 개별적으로 Noah를 지도하였다. Noah의 친구들은 매달 5개의 글자와 소리를 배우는 동안, Noah는 읽기 선행 기술에서 꽉 막혀 있었다. 학교에서의 Noah의 행동에 대해 질문했을 때 Noah의 선생님은 수업시간에 Noah가 집중하여 수업을 잘 하기 위해 동기화가 잘

되었다고 느낀다고 대답했다. Noah는 교사나 수업 보조교사의 관심과 칭찬을 즐기는 것으로 보였다. 그러나 Noah의 진전이 늦은 것, 특히 Noah가 유치원을 2년째 다니고 있다는 것은 걱정이다. Noah의 진전이 늦는 것 때문에 Noah의 선생님은 Noah를 좀 더 효과적으로 도와줄 방법을 의논하고자 Noah의 사례를 학생서비스 회의에 가져왔다.

논의할 문제

1. 이 사례에서 RTI의 역할은 무엇인가?
2. 개입의 효과성을 확인하는 데 필요한 적절한 시간은 어느 정도인가?
3. 아동의 수업 수준과 제시된 정보 사이에 교육과정의 불일치가 있는가?
4. Noah가 보이는 어떠한 행동들이 컨설테이션 과정의 부분으로 측정되어야 하는가?

IC / 가족사례 1

　　브라질에서 이민 온 Whitley 부인은 5세부터 16세까지 5명의 자녀를 둔 편모로, 아이들은 모두 지역 학교에 다니고 있다. Whitley 부인은 가족을 부양하기 위해 두 개의 직업을 가지고 있다. 낮에는 유명한 법률사무소에서 법률 비서로 일하고, 저녁에는 지역 내의 작은 가게에서 사무실 관리자로 일한다.

　　Whitley 부인은 16세인 장녀와 15세인 장남에게 12세, 9세, 7세 동생들을 각각 돌보도록 하고 있다. 모든 자녀가 최근까지 'B'와 'C' 학점을 받는 보통의 학생들이었다. 그러나 9세인 Sam이 4학년에 가서 학년을 통과하기 어려울 정도를 많은 문제를 보였다.

　　Sam의 선생님인 Ramirez 씨는 Sam이 선생님이 내는 시험에서 'D'와 'F' 학점을 받으며, 숙제도 항상 해 오지 않거나 대부분 틀려서 숙제 점수가 항상 'F' 학점이라고 하였다. Ramirez 선생님은 Sam이 수업에서 배운 기술을 보강하기 위해 충분한 연습을 하지 않는다고 느꼈으며, 만약 숙제라도 다 완성해서 제출한다면 지금보다 훨씬 잘할 것이라고 생각했다. 그러나 Whitley 부인은 저녁에는 두 번째 일을 하느라 집에 없기 때문에 Sam이 숙제를 하는 동안 보호나 감독을 제공해 줄 수가 없다. 그래서 그녀는 큰딸과 아들에게 Sam이 숙제를 다 하는지 살펴보라고 시켰다. 그러나 그녀의 큰딸과 아들은 자신들은 Sam이 무엇을 해야 하는지 모르고, Sam은 자신이 무엇을 해야 하는지 이해하지 못하며, 자신들은 자신의 숙제를 해야 하기 때문에 Sam의 숙제를 봐 주기가 어렵다고 항의하였다. Sam은 4학년을 통과하기가 어려울 위험에 처해 있으며, Whitley 부인은 그녀가 2번째 직업을 유지하면서 Sam을 어떻게 도와줄 수 있을지 몰라서 매우 걱정이다. Whitley 부인은 또한 자신의 시간적 제약과 경제적 상황에 대해 솔직하게 말한다면 Ramirez 선생님과 학교에서 자신을 자녀를 돌보지 않고 부모로서 적절하지 않다고 느낄 것이라는 걱정을 하고 있었다.

논의할 문제

1. IC에서 고려해야 할 다문화적인 이슈는 무엇인가?
2. 이 예시는 IC에 적절한가, 아니면 다른 컨설테이션 이론에 더 적절한 예시인가?
3. 이 시나리오에서 내담자는 누구인가?
4. 이 사례에서는 누가 컨설턴트인가?

IC / 가족사례 2

Jamal는 최근에 동네에 있는 유아원(preschool)에서 프로그램을 마친 똑똑하고 영리한 어린아이다. 그의 부모인 Wilson 씨 부부는 Jamal에게 지적으로 뛰어난 영재성이 있다고 믿고 Jamal이 주에서 요구하는 영재성의 판단 기준에 적합한지를 판단하기 위해 학교심리사에게 평가를 받기로 하였다.

학교심리사인 Truscore 씨가 작성한 Jamal에 대한 심리평가 보고서에 의하면 Jamal의 IQ지수는 124점이며, 특정 주제에 강한 호기심이 있고, 풍부한 어휘력과 빠른 속도로 수학 문제를 푸는 능력 등을 포함해 영재학습자들과 연관된 특성을 상당히 많이 가진 학생으로 보고하고 있다. Wilson 씨 부부는 이 보고서를 학교 교육청에 제출하였다. 영재교육판별팀은 이 평가 결과를 살펴보고, 평가보고서에서

Jamal의 영재성에 대해 보고하고 있지만 Jamal이 5세가 되는 내년 하반기에 재평가하는 것이 더 좋다고 결론을 내렸다. 5세가 되면 Jamal이 지적으로 뛰어난 영재라는 가정을 더욱 지지할 증거가 더 많을 수 있기 때문이다. 영재교육판별팀은 Wilson 씨 부부에게 Jamal이 재평가를 하기까지의 시간 동안 Jamal을 그 지역의 유치원(kindergarten) 프로그램에 등록시켜 Jamal이 계속해서 성장하고 발전하도록 제안하였다. Wilson 씨 부부는 아들을 유치원에 등록하기에 앞서 Jamal이 내년도에 등록할 학교의 교실을 살펴보기로 하였다. Wilson 씨 부부는 선생님이 좋았으며, 교실은 활기차고 환대하는 분위기였으나, 교실에서 배우는 내용의 대부분이 Jamal이 이미 알고 있는 내용이라는 것이 매우 걱정이 되었다. 이러한 경험을 바탕으로 Wilson 씨 부부는 Jamal을 1학년으로 바로 등록해야겠다고 결심하였다. 유치원 등록기간인 다음주에 Wilson 씨 부부는 1학년을 다니는 데 요구되는 신청서를 작성하였다. 교장선생님이 왜 신청했는지를 질문하자, Wilson 씨 부부는 학교 교육청이 자신의 아들의 영재성을 인지하려고 하지 않는 이상 자신의 아들이 학교에 흥미를 가지고 적절하게 도전받을 수 있다고 확신이 드는 다른 조치가 없기 때문이라고 설명하였다.

논의할 문제

1. 이 사례에서 왜 의사소통의 이슈를 중요하게 생각해야 할까?
2. 이 사례에서 왜 IC가 사용될 수 있는가?
3. 이 시나리오에서 컨설티와 내담자는 누구인가?
4. 이 사례에서 생각해 볼 수 있는 개입의 종류에는 어떤 것이 있는가?

IC / 가족사례 3

Browne 가족은 부자이며 성공한 가정으로, 가장 어린 자녀인 John은 사립 초등학교를 다닌 후 공립학교를 다녔다. John은 Browne 가족의 자녀 중 다섯째이며, Browne 가족의 자녀들은 학교에서 수행이 아주 우수했고 유명하고 경쟁력 있는 전문대학과 대학에 다니고 있다.

　John이 공립학교에 다닐 때 Browne 씨 부부는 John이 다닌 사립학교는 '너무 경쟁적'이었다고 고백하였으며, 자신들이 느끼기에 John에게는 공립학교 시스템이 훨씬 적합하다고 믿었다고 말했다. John은 7학년을 부지런하고, 열심히 하며, 조용한 학생으로 시작하였으며, 그의 선생님은 그의 정확하고 깔끔한 학업과 숙제에 놀라워하였다. 그러나 선생님들은 John이 불안해하고 교실에서 거의 말을 하지 않으며, 흥분한 것처럼 보이고, 반 친구들과의 관계에서 최소한의 사회성만 보인다는 사실을 알게 되었다. 학기 중 첫 번째 학부모 회의에서 John의 부모는 John이 매일 저녁 학교 숙제를 하는 데 4~6시간을 쓴다고 말했으며, 이미 만족할 수준인데도 계속해서 답을 고친다고 보고하였다. John의 선생님은 깜짝 놀랐다. 선생님이 내준 숙제는 기껏해야 매일 저녁 30~45분 정도면 끝낼 수 있는 분량이었기 때문이다. 선생님은 John의 부모에게 다음 학생서비스 회의에서 John의 진전에 대해 논의를 해 보고 John의 문제를 어떻게 도와줄 수 있는지 살펴보겠다고 하였다. 약속한 바와 같이 John의 선생님은 다음 주에 열린 학생서비스 회의에서 John의 숙제 완성 행동에 대해 이슈를 제기하였다. 팀원들은 놀라워했고 몇몇 팀원은 이러한 문제에 개입을 제공하는 것이 적절한지에 대해 불확실해했다. 제시된 문제가 집에서만 나타난 문제이기 때문이다. 학생서비스 회의 구성원들은 John의 학교에서의 진전에 대한 증거로 John의 성적을 지적하였고, 정말로 이것이 문제가 되는지 의문스러워하였다.

논의할 문제

1. 이 사례가 IC에 적절한가?
2. 문제가 있는지 없는지를 결정하는 데 학교에서 적절한 진보가 있는지 없는지 판단하는 것으로 충분한가?
3. 이 시나리오에서 컨설티는 누구인가?
4. 이 사례에서 John의 가족과 함께 일하는 것이 왜 중요한가?

IC / 교사사례 1

Puzzled 씨는 Know-It-All 고등학교의 5년 차 수학 선생님이다. 이전에 사립 엘리트 고등학교에서 계산법을 가르쳤으며, 해당 학교에서 칭찬받고 존경받았다. 그러나 Puzzled 선생님은 연봉과 은퇴 후의 더 나은 복지를 위해 공립학교로 이직했다.

공립학교에 고용되고 나서 Puzzled 선생님은 가르치는 부분에서 상반된 평가(긍정적인 평가와 부정적인 평가)를 경험하게 되었다. 학생들은 계산법 수업에서 잘 수행하였지만 대수학 I과 기하학 교과목에서는 학생들의 수행이 우수하지 못했다. Puzzled 선생님은 수학과 학과장인 Sharp 선생님과 회의를 하였다. 학과장은 Puzzled 선생님의 수업에서 많은 수의 중간 학년 학생이 실패했을 뿐만 아니라 그 학생들의 많은 부모들이 수학 수업에서의 자녀들의 수행에 불만을 제기하는 것에 대해 걱정하고 있었다. Puzzled 선생님은 학생들의 실패 이유에 대해 진심으로 혼란스러웠으며, 학과장인 Sharp를 자신의 수업에 초대해서 수업을 관찰해 달라고 요청하였다. Puzzled 선생님이 수업을 하는 동안 Sharp 선생님은 학생들이 진심으로 Puzzled 선생님을 좋아하고 있다는 것을 느꼈고 Puzzled 선생님이 학생들과 좋은 라포를 형성하고 있다는 것을 알게 되었다. Puzzled 선생님은 칠판에 도전적인 문제를 제시하는 것으로 수업을 시작하였고, 학생들이 전날 저녁에 수행한 숙제를 걷어서 준비시간 동안에 학생들의 숙제 점수를 채점하기 위해 옆으로 놓아 두었다. 수업이 시작하자 Sharp 선생님은 Puzzled 선생님이 학생들에게 수업을 가르치기 전에 그날 수업에 대한 숙제를 전날 저녁에 학생들에게 미리 준다는 사실을 알게 되었다. Puzzled 선생님은 수업을 시작하자 학생들이 전날 저녁에 수행한 숙제의 개념을 설명하였고, 아직 학생들이 어떻게 푸는지 배우지도 못한 문제들로 가득 찬 다음 숙제를 수업시간에 내주는 것으로 수업을 마쳤다.

논의할 문제

1. 이 사례에서 내담자는 누구인가?
2. 개입 계획을 수립하는 데 도움이 될 수 있는 관찰기법으로 어떠한 방법을 사용할 수 있는가?
3. 성공을 어떻게 측정할 수 있는가?
4. 이러한 문제를 효과적으로 해결할 수 있는 다른 자문적 접근법으로 어떠한 것이 있을 수 있는가?

IC / 교사사례 2

　Salty 선생님은 중학교 불어 교사로 20년째 교육을 하고 있다. 그녀는 8학년과 9학년 학생들을 위해 대학 준비용 불어 수업을 하며, 진심으로 불어로 말하는 것을 좋아한다. 그러나 Salty 선생님은 학생들이 좋아하는 교사는 아니며, 학생들에게 참을성이 없고 빈정대는 말투로 말하는 선생님으로 명성이 나 있다.

　수십 년 동안 해당 중학교에는 2명의 친절하지만 간섭하지 않는 스타일의 행정가가 있었다. 비록 Salty 선생님이 '까다로운' 선생님으로 명성이 있었지만 행정가들은 Salty 선생님이 자신을 가장 잘 알며, 자신의 수업 스타일에 대해 걱정할 필요가 없다고 생각했다. 교육 행정가들은 Salty 선생님의 수업을 듣는 학생들이 고등학교 수준의 불어에 대한 준비가 잘 되어 있기 때문에 Salty 선생님 자신도 업무를 잘하고 있는 것이라고 생각하였다.

　그러나 이 행정가들이 은퇴하고 새로운 교감선생님과 교장선생님이 이 중학교의 운영 방향을 조정하는 위치로 부임했다. 새로운 행정가들이 통일되지 못한 수업 크기에 대해 몇 가지 조사를 하던 중 독일어와 스페인어, 라틴어 수업은 사람들로 넘쳐나는 데 비해 Salty 선생님의 수업에 등록된 학생 수는 지난 5년간 급격히 줄어들고 있다는 사실을 알게 되었다.

　교감 선생님은 Salty 선생님의 5교시 불어 수업에 대해 정규 평가를 했을 때 Salty

제7장 수업 컨설테이션

선생님의 수업에서 학생들이 보여 준 행동들이 무례하며, 학생들이 서로 문자 메시지를 보내거나 이야기를 하며, Salty 선생님이 수업시간에 내준 과제를 수행하라는 요구를 무시하는 것을 알게 되었다. 일부 학생들은 Salty 선생님이 학생들에게 이야기하자 선생님에게 무례하게 말을 하였다. 결국 이들은 복도 통행을 허가받지 않았음에도 교실 밖으로 나가 버렸다. 더욱이 몇몇 학생은 교실 뒷자리에 깊숙이 구부리고 앉아서 Salty 선생님의 주의를 피해 걱정스럽게 바라보고 있었다. 교감선생님은 수업이 끝나자 교실을 떠나 교장선생님 방으로 들어가면서 말했다 "우리에게 문제가 있어요."

논의할 문제

1. 무엇이 문제이며, 문제를 어떻게 정의할 수 있는가?
2. 만약 컨설티가 자문적 과정에서 저항을 보인다면 어떻게 할 수 있는가?
3. 이 사례에서 적절한 컨설턴트는 누가 될 수 있는가?
4. IC에 방해가 될 수 있는 것들로 어떤 다른 것이 있을 수 있는가?

IC / 교사사례 3

Young 씨는 지난 25년간 체육교육과 건강 교사로서 Progressively Smaller 교육청에서 일해 왔다. 점점 학생 수가 줄어들고 있기 때문에 교육청에서는 교사가 필요한 곳에 새로운 교사를 뽑지 않고 해당 교육청 교사가 은퇴하는 것으로 교사를 줄이고 있었다. 그러나 이러한 방법에도 학교 시스템에 있는 높은 위치의 행정가들은 한 명의 체육교육 담당 교사를 중학교 학생들에게 영어를 가르치는 교사로 재배치하는 것이 필요하다는 것을 알게 되었다. Young 씨는 체육교육 부서에서 가장 나이가 어리기 때문에 만약 그가 이 학교 시스템에 고용되기를 원한다면 영어 교사로 배치되어야 한다. 비록 Young 씨는 지금 은퇴하고 싶지만 자신이 연금을 받기 위해서는 5년 동안 더 일을 해야 한다는 사실을 알게 되었다.

Young 씨는 자신이 고용된 곳에서 어떠한 일이라도 잘 수행하기 위한 의욕이 충만하며, 자신의 새로운 역할을 잘 수행하기 위해 훈련이 필요하다고 생각하여 7월 초 중학교 교감선생님을 만나 이와 같은 필요성을 설명하였다. 특히 Young 씨는 증거기반 개입에 대해 훈련을 받는 것이 필요하다고 느꼈다. 전문서적을 통해 증거기반 중재가 학생들이 수업을 듣는 데 어려움이 있을 때 사용할 수 있는 선호되는 개입 방법임을 알게 되었기 때문이다. Young 씨는 영어 수업에서 학생들이 유창하게 읽을 수 있는 것이 가장 중요하며, 읽기에 어려움이 있는 아동과 청소년이 수업시간에 일부 있을 것이라고 생각하였다. 비록 Young 씨의 의욕과 주도성에 놀랍고 기뻤지만 교장선생님은 Young 씨를 위한 특별 훈련 프로그램을 제공할 예산이 없었다. 결과적으로, 교장선생님은 학생서비스 팀에 학기 시작 전에 이루어지는 교사 전문성 신장 기간에 EBI에 관한 훈련 프로그램을 계획할 수 있는지 물어보았다. 그리고 그녀는 내년에 RTI 모델을 사용하도록 교사를 지원할 수 있는 ICT를 설립하기 위한 팀을 구성하고자 하였다.

논의할 문제

1. 학교의 학기가 시작하기 전 짧은 시간에 할 수 있는 것으로 무엇이 있는가?
2. 어떤 자원에 대해 학생서비스 팀이 컨설테이션해야 하는가?
3. ICT를 설립하기 위해 가장 빠른 방법은 무엇인가?
4. RTI 모델을 학교구에서 제도화하기 위해서는 어느 정도의 시간이 걸릴 것인가?

IC / 시스템 사례 1

Cutting Edge 교육청은 해당 지역 내에서 가장 부유한 지역과 가장 빈곤한 지역을 포함해 다양한 인종, 문화적, 사회경제적 그룹의 학생들에게 서비스를 제공하는 학교 시스템이다. 과거 이 학교 교육과정의 코디네이터는 친절하지만 연구에 우호적이지 않은 사람으로, 교육청에서 필요한 읽기 교재를 선택할 때 연구에 기반한 교재보다는 교육청의 예산 비용이나 교육과정에 다양한 배경이나 인종이 포함되어 있는지를 기준으로 교재를 선택하였다. 이 교육과정 코디네이터가 은퇴한 후 교육청에서는 새로운 교육과정 관리자로 Savy 씨를 고용하였다. 그녀는 여러 가지 업무 중 해당 교육청 학생들의 표준화된 시험점수를 살펴보고 몇 년마다 새로운 교육과정을 선택하는 업무를 총괄하였다. 이 학교 시스템에 있는 학생들의 읽기 성취도 점수를 살펴보던 중 Savy 씨는 읽기 점수에서 하위 1/4에 해당하는 학생들은 읽기 실력이 매년 최소한의 성장만 보인다는 사실이 걱정되었다.

Savy 씨는 이 문제에 관한 연구들을 계속해서 수집하고 해당 교육청의 일반교실과 특수교실을 여러 번 관찰하였다. Savy 씨는 읽기를 통합교육 프로그램으로 가르치는 반과 특수교육 대상 아동들을 따로 선별하여 가르치는 특별 프로그램에 대해 알아보기 위해 시간을 쓴 결과, 이 프로그램에는 진정한 교육과정이 없다는 사실을 발견하였다. 교사들은 일반적인 읽기 교육과정에 있는 활동이나 수업내용을 선택하거나 뽑아서 가르치며, 학생들의 읽기 실력을 향상시키기 위해 학생들에게 추가적인 훈련이나 연습을 더 제공하는 내용으로 수업을 운영하고 있었다. Savy 씨는 다른 학교 시스템에서 학생들의 읽기 수준을 3단계(자기주도적 수준, 교육적 수준, 혼란 수준)로 평가하기 위해 교육과정기반 평가전략을 사용하였다는 참고문헌의 연구를 기억해 내서 사용하려고 했다. 하지만 Cutting Edge 교육청에서는 이러한 실습을 채택하지도 않고, 매년 학기 말에 수집하는 표준화된 학업성취도 점수에 대한 데이터는 별도로 하더라도 학생들의 읽기에 대한 학년별 수준에 관한 아이디어도 없었다.

Savy 씨는 교육청이 읽기에 어려움이 있는 학생들을 위해 더 나은 무언가를 해야 한다고 느꼈고 이들을 위해 무엇을 할 수 있을지 궁금했다.

논의할 문제

1. 왜 수업적 불일치와 관련된 이슈가 이 사례에서는 적절한가?
2. 증거기반 실무에서 교육과정이 준거에 적당한지를 결정하기 위해 어떠한 준거가 사용되어야 하는가?
3. 이 사례에서 컨설티는 누구인가?
4. 이 사례에서 내담자는 누구인가?

IC / 시스템 사례 2

　Desiree는 Everyman 학교 시스템에 등록된 아프리카계 2학년 학생이다. 백인 부모에게 입양된 Desiree와 그녀의 어린 여동생 Calinda 또한 아프리카계로 모두 거대한 백인 거주지인 외곽지역에 거주하고 있다. 1학년을 마친 후 Desiree는 성공적인 수행을 보여 주었으며, 해당 지역 초등학교로 2학년 때 전학을 갔다. 2학년 첫 분기를 마친 후, Desiree의 선생님이 Desiree가 학급 내에서 학업성취가 매우 낮으며, 특수교육 서비스를 받을 수 있는지를 결정하기 위해 학교심리사에게 평가를 받아 보는 것이 좋겠다는 의견을 학생서비스 팀에 보고하였다. 학교 심리사가 당시에 담당해야 할 사례 수가 비교적 적었기 때문에 Desiree는 2학년 2번째 분기 동안에 평가를 받을 수 있었다.

　다학제적 팀의 구성원 중 한 명으로 학교심리사는 Desiree의 인지적 능력과 학업성취도 실력이 평균에서 상당히 떨어지는 것으로 평가하였다. Desiree의 시각과 청각적 지각력은 평균 수준이었으며, Desiree의 부모가 평가한 행동평정 척도에서 유일하게 상승한 것은 학교에 대한 부정적 태도였다. 수업시간에 Desiree의 행동을 관찰해 본 결과 학교심리사는 Desiree와 그녀의 담임선생님 간에 '나쁜 느낌'이 있다는 것을 알게 되었으며, 이러한 것이 Desiree가 가진 문제의 한 원인이 될 수 있다고 결론 내렸다.

　이러한 평가 결과를 바탕으로 Desiree에게 아직 2학년의 반년 정도가 남았기 때문에 해당 이슈는 학생서비스 팀에 의뢰되었다. 비록 평가보고서에 명시적으로 언급되지는 않았지만 학교심리사와 다학제적 팀의 구성원들은 Desiree와 담임선생님 간의 성격적 불일치를 하나의 문제로 보고 있는 것이 명백하다. 다학제적 팀은 특히 Desiree의 선생님이 학생서비스 팀의 구성원이기 때문에 이러한 문제를 어떻게 해결하는 것이 좋을지 확실하지가 않다.

논의할 문제

1. 어떻게 이 사례가 IC에 적절한 문제라고 볼 수 있는가?
2. 이 시나리오에서 내담자는 누구인가?
3. 교사와 Desiree의 교실에서의 경험을 향상시키기 위해 어떠한 관찰기법을 사용할 수 있는가?
4. 만약 개입이 성공했다면 어떻게 개입이 성공했는지를 결정할 것인가?

IC / 시스템 사례 3

Expeditious 학교구는 중간 정도 크기의 교외 학교 시스템으로, 가볍거나 중간 정도 수준의 학습 장애와 행동 장애를 가진 학생들이 일반 교육현장에 포함되어 있다. 이러한 학생의 적응과 수용을 위해 순회 특별교사와 일반교사가 협업하는 방식으로 장애를 가진 아동과 청소년의 욕구를 충족시키기 위한 서비스를 제공하고 있다. 중간에서 약간 심각한 수준의 학습이나 행동 장애가 있는 아동과 청소년들은 특수교육 교실로 배치해 수업을 제공하고 있다. 그러나 학교 시간 중 일부라도 본인들의 일반교실에서 수업을 받을 수 있도록 통합교육을 제공하고 있다. 특수교실과 같이 분리된 교실은 학습이나 약간의 지적 장애를 가진 학생들을 위해 설계된 교실로, 증거기반 학업 교육과정을 통해 반복과 연습을 사용하여 학업기술을 향상시키기 위한 프로그램을 운영하고 있다.

그러나 이러한 각 교실의 약 15~20%의 학생이 보통이나 심각한 수준의 정서적 장애와 행동적 장애를 가진 학생들이었으며, 이 학생들은 자신의 학습을 방해하는 행동을 수업시간에 나타내는 경향을 보였다. Expeditious 교육청의 행정가들은 이 학생들은 학업적 문제가 있기 때문에 학습과 지적 장애를 가진 학생들과 함께 수업하는 것이 적절하다는 것을 합리화하였다. 그러나 정서적 장애와 행동적 장애를 가진 학생들의 부모 중 일부는 이 교실에서의 교수방법이 학습 장애와 지적 장애를 가진 학생들에게 사용할 수 있는 교육과정과 충분히 차별화되지 않고 운영되는 것에 대해 우려를 나타내었다. 특히 이러한 종류의 장애를 가진 학생들의 정서 · 행동적 기술을 향상시키기 위해 필요한 사회적 기술, 분노 조절, 분노 감소, 기능적 일상생활 기술 등과 같은 교육이 포함된 교육과정이 없기 때문이다. 이 학생들의 부모들은 학습 장애를 가진 아동과 행동/정서적 문제를 가진 학생들이 함께 그룹으로 수업을 하는 것에 대해 강한 반대를 표하지는 않았지만 그들 자녀의 정서적 · 행동적 요구에 적합한 프로그램이 부족하다는 것은 문제라고 인식하였다.

논의할 문제

1. 왜 조직 및 시스템 컨설테이션(Organizational and System Consultation: OSC) 사례보다 IC 사례로 생각하는 것이 더 적당하다고 생각하는가?
2. 어떤 종류의 개입이 적절하다고 생각하는가?
3. 데이터 수집을 위해 어떤 관찰기법을 사용해야 하는가?
4. 이 사례에서 고려해야 할 다양성과 관련된 이슈로는 어떤 것이 있는가?

✎ 요 약

이 장에서는 학교 시스템 내에서의 수업 컨설테이션의 사용에 대한 정보를 제시하였다. 첫째, IC가 무엇인지 정의하고 학교 내에서 수업의 질을 높이는 것의 중요성을 설명하였다. IC의 기본이 되는 가정을 살펴보고 IC의 과정과 의사소통 패턴을 설명하였다. 그리고 문제 발견과 분석(CBM/CBA의 사용을 포함하여), 개입 실행, 종료, 기록표 작성을 포함한 IC의 단계를 설명하였다. 수업 컨설테이션 팀에 관한 정보, IC와 IC/RTI에서의 컨설티의 역할, IC와 관련된 다문화 이슈에 대해서도 살펴보았다. 마지막으로 IC를 적용하는 데 장애물이 되는 것에 대해서도 살펴보았다. 이 책의 마지막 장에서는 각 컨설테이션 방법의 효과성을 살펴볼 것이다.

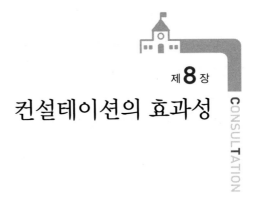

제**8**장
컨설테이션의 효과성

학교에서 활용할 수 있는 여러 가지 컨설테이션 서비스 모형의 이론적 가정을 자세하게 다룬 문헌들이 있다. 그리고 학교 시스템 안에서 다양한 컨설테이션 접근의 실행과정을 다룬 연구들도 있다. 여러 연구에 따르면 학교 관련 종사자들은 학교 시스템 안에서 컨설테이션 서비스의 중요성을 인지하고 있기 때문에 컨설테이션의 이론, 개념 및 실무에 대해 잘 알고 있다(Bramlett & Murphy, 1998; Cummings et al., 2004; Farrell, 2006; Gilman & Gabriel, 2004; Meyers, Meyers, & Grogg, 2004; Sheridan, Welch, & Orme, 1996; Zins & Erchul, 2002). 그러나 컨설테이션의 몇 가지 측면은 잘 알려져 있지 않다. 학업 장면과 현장에서 컨설테이션의 횟수, 유형, 양식들에 대해 더 연구할 필요가 있고, 이를 통해 컨설테이션의 발달이 이루어질 수 있다.

1장에서는 컨설테이션을 가르치는 것에 대한 몇 가지 권고를 다루었다. 하지만 Alpert와 Taufique가 2002년의 논문에서 언급하였듯이 이러한 학습 경험의 질에는 대부분 운이 작용한다. 더욱이 지금까지 컨설티에게 필요한 핵심적인 수업 활동(coursework)과 유능성, 포함시켜야 할 현장 경험의 종류 및 수련 감독자의 중요한 특징을 정의하는 데서 많은 진전이 이루어지지 않았다. 대학의 인간 서비스 전문직 종사자들은 컨설테이션을 가르치는 것에는 동의하였지만 효율적인 방법에 대해서는 아직 연구가 이루어지지 않고 있다.

컨설티와 내담자에 대한 컨설테이션 과정의 결과를 평가하는 연구도 이루어지지 않고 있다. 간접적인 서비스는 본질적으로 상호작용을 통해 변화를 일으켰다는 것을 추론할 수 있어야 한다. 많은 심리학적 연구가 추론에 근거를 둔 자료를 평가하기 어려운 반면, 컨설테이션 과정(컨설턴트가 컨설티를 통해 내담자의 기능에 영향을 미치는 개입 과정)에 대한 정보는 개입과 결과 사이의 거리를 더 멀어지게 한다. 변화의 정도를 자료를 통해 정확하게 측정할 수 있다는 것도 명확하지 않다. 더욱이 내담자의 행동 변화를 측정할 수 있다고 하더라도 임상적 의미도 명확히 해석해야 한다. 지금까지 몇 가지 컨설테이션 이론과 관련 있는 특징들이 쉽게 측정되고 있기는 하지만, 다른 이론들은 임상적 중요성을 제안하고 있다.

학교 시스템 같은 환경에서는 컨설티가 밝힌 문제를 적절한 컨설테이션 모델에 연결시키는 것이 많은 서비스 제공자의 목표다. 컨설턴트들은 목표를 성취하기 위해서는 다양한 컨설테이션 모델을 배워야 하고 각 모형의 효과성에 대해 알아야 한다. 마지막의 8장에서는 이 책에서 제시한 몇 가지 컨설테이션 모형의 효능을 다룬 연구들을 요약하였다.

1. 정신건강 컨설테이션

정신건강 컨설테이션 과정(MHC)의 결과를 다룬 연구는 그다지 많지 않다. 몇몇 연구는 MHC에 초점을 두고 있지 않다. MHC를 메타분석한 연구자들은 이 접근이 컨설티와 내담자들에게 긍정적인 효과가 있다는 것을 밝혔다(Medway & Updyke, 1985). 그러나 다른 연구자들은 이러한 연구들은 MHC만을 다룬 연구는 아니라고 하였다(Gutkin & Curtis, 1990). Sheridan 등(1996)은 Medway와 Updyke(1985)의 연구 이후로 보고된 효율성 연구들을 검토하여 MHC의 긍정적 효과를 또다시 밝혔다. 그러나 Sheridan 등(1996) 또한 그러한 연구들에서 이루어진 컨설테이션들이 순수한 MHC라는 것은 입증하지 못하였다. 현재는 MHC의 효과를 입증하는 실증적 증거들이 일부 보고되고 있다(Brown, Pryzwansky, & Schulte, 2006; Gutkin & Curtis, 1999).

MHC를 지지하는 연구자들은 대인관계 관련 변인에서 나타나는 변화를 측정하는 것은 컨설테이션 모델을 비롯해 상담 모델에서도 어렵다고 주장하고 있다. 즉, 대인관계 문제는 주관적이고 추론을 통하지 않고서는 측정하기 어렵다는 것이다. 경험주의자들은 행동이 컨설턴트의 영향에 따라 나타나는 결과라고 추론하는 것에는 문제가 있다고 생각한다. 연구결과의 측정과 해석의 명확성을 높이기 위하여 무선화된 임상 연구를 실시할 것을 촉구하기도 하지만, 그러한 연구결과를 실무에 그대로 적용하기는 어렵다는 문제에 직면한다. 이러한 연구자들은 대인관계적, 사회적 맥락의 중요성을 강조했고, 일부 표집을 사용해 객관적인 비교를 하게 되면 다양한 집단에 적용할 수 있는 정확한 해석이 불가능하다는 결론을 내리고 있다(Henning-Stout & Meyers, 2000). 다른 연구자들은 간접적인 효과보다 컨설턴트-컨설티 간의 관계의 질을 측정해야 한다고 주장하고 있다. 예컨대, 컨설턴트와의 대인관계 질이 좋으면 교사의 기능을 향상시키는 데 도움이 된다고 보고하고 있다(Bostic & Rauch, 1999).

경험적으로 지지받을 수 있는 연구를 위해서는 MHC가 수정될 필요가 있다. 문화와 다양성의 역할을 고려하는 연구자들은 자신들의 컨설테이션 경험에 근거하여 MHC와 다른 컨설테이션 모델들을 다른 집단에 적용하기 위해서는 상당한 수정이 필요하다는 것을 인정하고 있다(Behring, Cabello, Kushida, & Murguia, 2000).

2. 행동 컨설테이션

행동 컨설테이션(BC)을 다룬 실증적 증거들은 단일 사례연구설계에서 나타나고 있다. 이러한 설계를 통해 연구자들은 BC가 긍정적인 행동 변화를 촉진하는데 효과적이라고 결론지었다(Brown et al., 2001; Guli, 2005; Kratochwill & Van Someren, 1995; Medway, 1979, 1982; Sheridan et al., 1996; Wilkinson, 2005; Zins & Erchul, 2002). 18개의 부모 컨설테이션 연구를 개관한 결과 학업적(숙제), 사회적, 정서적(사회기술), 행동적(공격성) 문제가 주된 관심거리였고, Guli(2005)는 CBC 모델이 다른 형태의 BC보다 학교환경에서 긍정적인 변화를 만드는 데 더 효과적이라는 것을 발견하였다. 부모 컨설테이션 연구들에서 효과의 크기는 중간에서 높은 수준에 있고, 이는 CBC 모델에서 강조하고 있는 부모와의 협력을 BC에서 사용할 때 결과를 향상시킬 수 있다는 것을 시사한다.

BC를 하면 임상적으로 의미 있는 치료적 결과를 가져오기는 하지만, 고려해야 할 방법론적 문제들도 있다. 이전에 언급했듯이 일반적으로 개입의 효율성은 한두 명의 참가자를 연구한 사례연구 설계에서 입증되고 있다. 표집의 크기가 작으면 연구결과를 다른 집단에 일반화할 때 제한이 있게 된다. 또한 표집크기가 작으면 연구결과가 반복 확인될 가능성이 줄어들고, 치료의 통합 정도를 감소시키고, 절차를 명료화할 가능성도 제한된다(Guli, 2005; Wilkinson, 2005). BC의 효율성을 증가시키기 위해서는 피험자 간 연구 설계, 단일 피험자 연구에서의 중다 기저선 활용, 각 연구에서의 표집의 크기, 신뢰도, 타당도 자료를 보고해야 하고 연구결과가 반복 가능해야 한다(Guli, 2005).

단일 피험자 연구 설계를 할 때와 마찬가지로 효율적으로 BC를 하는 데는 몇 가지 장애물이 있다. 예컨대, 컨설테이션 훈련이 부족하고, 표적행동을 확인하기 어려울 뿐만 아니라 컨설티에 대한 훈련이 부족하다(Kratochwill & Van Someren, 1995). 전반적으로 볼 때 연구자들이 BC는 간접적 서비스 모형으로 유용하다고 제안하고 있지만, 반복연구들에 따르면 그 효율성을 입증하기 위해서는 더욱 다양한 표집과 문제들을 사용해서 반복 연구할 필요가 있다.

3. 사회인지이론 컨설테이션

사회인지이론 컨설테이션(SCTC)의 효능을 입증한 실증적 연구는 그리 많지 않다. SCTC의 경우 많은 연구가 모델(Brown & Schulte, 1987)보다는 개입 활용을 더 지지하고 있다(Bandura, 1977b, 1978, 1982b). 따라서 연구결과에서 발견된 효용성이 컨설테이션 과정과 명확히 연결되어 있다는 사실은 알려지지 않았다 (Kratochwill & Van Someren, 1995). 예컨대, SCTC는 컨설턴트와 컨설티 사이의 관계를 중요시한다. 연구자들에 따르면 만약 양자 간에 좋은 관계가 형성된다면 개입의 효율성에 관계없이 교사들이 컨설테이션 과정을 긍정적으로 받아들이게 된다. 더욱이 SCTC 과정에서는 완전한 협력이 요구되기 때문에, 컨설턴트와 컨설티 사이의 좋지 않은 관계는 치료 결과에 부정적인 효과를 가져올 수 있다. 또한 SCTC와 관련해서 컨설테이션 과정 동안에 컨설티가 가지는 동기와 자기효율성 신념은 중요한 요인이다. SCTC에서 컨설턴트는 컨설티와 내담자가 행동 기준을 설립할 때 동기를 부여하는 역할을 해야 한다. 이는 직접적인 지시 (instructions), 피드백, 모델링을 통해서 이룰 수 있다(Bandura, 1977a, 1982b). SCTC가 성공하기 위해서는 컨설턴트가 컨설티에게 새로운 기술을 가르침으로써 컨설티에게 동기를 부여하고 자기효율성 신념을 증가시켜서 궁긍적으로는 긍정적인 컨설테이션 결과를 가져오는 데 있다(Brown & Schulte, 1987). 이러한 순환과정에서 여러 가지 실수가 있을 수 있고 그러한 실수는 컨설테이션 과정의 효과성을 저하시킬 수 있다.

4. 아들러 컨설테이션

아들러 컨설테이션(AC)을 다룬 실증적 연구는 많지 않다. MHC를 개관할 때 언급하였듯이 대부분의 컨설테이션 연구는 행동의 원인을 추론하는 방법을 사용하지 않는다. 더욱이 개별적으로 AC에 초점을 두면 표집비교가 불가능하다. 연구는 많지 않지만 이런 유형의 컨설테이션이 교사(Mortola & Carlson, 2003; Schneider, 1998; White & Mullis, 1998)와 부모(Kottman & Ashby, 1999)에게 성공적이라는 것을 밝힌 사례연구는 있다. 연구자들은 AC를 사용할 때 교사들을 격려하는 것에 초점을 두고 있다. 교사들이 학생들을 격려할 때, 학생들은 지시받은 행동들을 더 잘 수행한다(Hillman & Shields, 1975; Rathvon, 1990). 경험적인 지지가 부족하기는 하지만 Dinkmeyer(2006)는 Adler의 개인심리학은 컨설테이션 모델로서 '특별히' 적합하다고 주장하였다. AC를 제공하는 데서의 장애물은 증거기반의 의사결정이 학교장면을 이끌어 가는 이 시대에 성과 평가가 제한적으로만 가능하다는 점이다. 또한 대학의 훈련 프로그램에서도 Adler 학파의 개념을 가르치는 것에 크게 비중을 두고 있지 않다는 점이다.

5. 조직 및 시스템 컨설테이션

조직발달 컨설테이션(ODC)과 개입보조 컨설테이션(IAC)을 포함하는 OSC는 아직 충분히 연구되고 있지 않다. 문헌에서 컨설테이션과 관련 있는 구조적 요소들이 많이 발견되었음에도 권한, 의사결정, 보상 제시, 학교 시스템 안에서의 소통 구조와 같은 학교 구조적 변인들은 아직 충분히 연구되지 않았다. 그러므로 지난 10년간 이론가들은 학교 시스템 안에서 OSC를 사용 가능하도록 정의하려 시도하였고, 연구가들은 이러한 접근들의 효율성을 다룬 성과 연구를 실시하였다.

Gottfredson(1993)은 중학교에서 학생들의 행동을 개선시키도록 고안된 3년 과정 프로그램에서 ODC 방법을 사용하는 것을 설명하였다(Gottfredson, Gottfredson, & Hybl, 1993). 이 프로그램에서는 비행의 원인을 설명하기 위해 프로그램 발달 평가 방법을 사용하였다. 프로그램은 (1) 학교 규칙의 명료화, (2) 규칙 시행에서의 일관성 증가, (3) 향상된 교실 관리와 구성, (4) 학생의 행동에 관한 부모와의 소통 증대, (5) 적절한 행동 강화에 초점을 두었다. 컨설턴트들은 교사, 행정가들과 같이 각 프로그램 구성을 위한 구체적인 행동 기준을 밝히고 프로그램 시행을 발전시킬 수 있도록 하기 위해 자주 피드백을 하고 이를 통해 제대로 시행하고 있는지를 모니터한다. Gottdredson 등(1993)은 가장 효율적인 증진 팀들이 있는 학교는 적절한 학생 지도의 중요성 증가에 상응하는 강한 처치충실성이 있다고 밝혔다. 따라서 ODC 모델을 지지하는 증거도 있다(Gottfredson et al., 1993).

비록 많은 학교 시스템이 IAC를 사용하고 있다고 해도, IAC의 장·단기적 효용성을 밝히는 자료는 그리 많지 않다(Zins & Illback, 2007). 많은 연구자가 OSC의 효용성을 밝힐 필요가 있다고 하였다. 특히 컨설턴트, 컨설티 및 내담자의 행동에 따른 구조 요소의 효과를 측정하는 것은 OSC의 효용성에 대한 확고한 결론이 내려지기 전에 필요하다.

6. 수업 컨설테이션

수업 컨설테이션(IC)은 특수교육에서의 협력적 컨설테이션 과정과 학교심리학의 교수심리학을 합쳐 만들어진 것이다(Rosenfield, 1995). 지금까지 IC의 효과성을 다룬 연구는 많지 않다. 그러나 이와 관련된 성과를 측정하기 위한 연구를 수행하기 위해 조정된 노력들이 이루어지고 있다. 예컨대, Fudell, Gravois 및 Rosenfield(1994)는 모델이 결과 평가 전에 바르게 실행되었는지를 확인하기 위

| 표 8-1 | 컨설테이션 모형 선택하기 |

사례에 대한 설명	특정 장면 고려사항	적절한 모델과 그 근거	시행 장단점	경험적 지지 또는 임상적 유용성	문제와의 일치 (예, 아니요, 아마도)
컨설티의 정의	부모	정신건강			
	교사	행동			
	교실	사회인지적			
	학교	아들러			
컨설턴트의 정의	자치구	조직/시스템			
(적절한 경우)	주의 표준	수업			
	연방법의 의무조항				

해 수업 컨설테이션 팀을 위한 실행 수준 측정을 개발하였다. 이 단계는 개입 효과를 정확하게 평가할 수 있는 전제조건인 처치충실성(treatment integrity)을 확보하기 위해 사용되었다(Rosenfield, 1995).

이와 마찬가지로 Bartels와 Mortenson(2005)은 학교 팀들이 IC 모델을 고수하는 정도를 기술하고 향상시키기 위한 수행 피드백과 체크리스트를 사용하였다. 수업 컨설테이션 팀의 효능성을 평가하는 연구에서 연구자들은 팀들이 관리한 사례의 85%가 목표를 달성했다는 것을 발견했다. 특히 종합적인 평가를 참조해 특수교육 프로그램에 배당된 학생 수가 줄었고, IC 과정에 참가한 교사들은 자신의 경험을 매우 만족스럽게 보고하였다(Gravois & Rosen-field, 2002; Knotek, Rosenfield, Gravois, & Babinski, 2002). 따라서 이러한 연구들에 나타나 있듯이 IC의 효능성은 기대되고 있다.

7. 결론

컨설테이션 서비스에 대한 지속적인 요구, 의사결정에서의 증거의 중요성에 대한 강조, 그리고 많은 인간행동은 관찰할 수 없다는 사실을 고려한다면, 컨설테이션 모델을 선택할 때 다양한 요인을 고려할 필요가 있다. 문제를 해결하는 데 도움이 되기 위해 컨설테이션 모델을 선택할 때, 각 방법을 지지하는 각 컨설테이션 모델의 이론적 틀, 실행 가능성 그리고 실증적 증거들을 고려해야 한다. 〈표 8-1〉은 다양한 컨설테이션 접근과 특정 사례를 연결 짓는 데 도움을 주고자 제시되었다. 끝으로, 컨설테이션을 공부하는 학생들은 실무자가 되면 연구에 기여함으로써 적절하고 효과적인 컨설테이션 실무에 대해 학교 인사들에게 필요한 정보를 제공할 수 있어야 한다. 이를 위해 학교환경 안에서 컨설테이션을 사용할 때에는 컨설테이션 모델을 결정하는 과정, 컨설테이션의 성과 그리고 과정의 충실도에 대한 평가를 꼭 고려하기를 바란다. 의미 있는 결론과 권고사항은 오직 컨설테이션 실무에 대한 연구를 통해서만 개발될 수 있기 때문이다.

참고문헌

Achinstein, B., & Barrett, A. (2004). (Re)Framing classroom contexts: How new teachers and mentors view diverse learners and challenges of practice. *Teachers College Record, 106,* 716-746.

Adelman, H. S., & Taylor, L. (2007). Systemic change for school improvement. *Journal of Educational and Psychological Consultation, 17,* 55-77.

Adler, A. (1957). *The education of children.* London: George Allen & Unwin Ltd.

Adler, A. (1992). *Understanding human nature* (C. Brett, Trans.). Oxford: Oneworld Publications. (Original work published 1927)

Agresta, J. (2004). Professional role perceptions of school social workers, psychologists, and counselors. *Children and Schools, 26,* 151-163.

Akin-Little, K. A., Little, S. G., & Delligatti, N. (2004). A preventative model of school consultation: Incorporating perspectives from positive psychology. *Psychology in the Schools, 4,* 155-162.

Alderman G. L., & Gimpel, G. A. (1996). The interaction between type of behavior problem and type of consultant: Teachers' preference for professional assistance. *Journal of Educational and Psychological Consultation, 7,* 305-313.

Allen, S. J., & Graden, J. L. (1995). Best practices in collaborative problem-solving for intervention design. In A. Thomas & J. Grimes (Eds.), *Best practices in school psychology III* (pp. 667-678). Washington, DC: National Association of School Psychologists.

Allinder, R. M., & BeckBest, M. A. (1995). Differential effects of two approaches to supporting teachers' use of curriculum-based measurement. *School Psychology Review, 24,* 287-298.

Alpert, J. (1976). Conceptual basis of mental health consultation in schools. *Professional Psychology, 7,* 619-626.

Alpert, J. L., & Taufique, S. R. (2002). Consultation training: 26 years and three questions. *Journal of*

Educational and Psychological Consultation, 13, 13-33.

American Academy of Child and Adolescent Psychiatry (AACAP), Official Action. (2005). Practice parameters for psychiatric consultation to schools. *Journal of the American Academy of Child and Adolescent Psychiatry, 44,* 1068-1083.

American Psychological Association (2002). Rules and procedures: October 1, 2001 [Ethics Committee Rules and Procedures]. *American Psychologist, 57,* 626-645.

Ansbacher, H. L., & Ansbacher, R. R. (1956). *The individual psychology of Alfred Adler: A systematic presentation in selections from his writings.* Oxford, England: Basic.

Anton-LaHart, J., & Rosenfield, S. (2004). A survey of preservice consultation training in school psychology programs. *Journal of Educational and Psychological Consultation, 15,* 41-62.

Arra, C. T., & Bahr, M. W. (2005). Teachers' and students' preferences for mathematics interventions: Implications for teacher acceptability in consultation. *Journal of Educational and Psychological Consultation, 16,* 157-174.

Arrendondo, P., Toporek, R., Brown, S. P., Jones, J., Locke, D., Sanchez, J., & Stadler, H. (1996). Operationalization of multicultural counseling competencies. *Journal of Multicultural Counseling and Development, 24,* 42-78.

Astor, R. A., Pitner, R. O., & Duncan, B. B. (1996). Ecological approaches to mental health consultation with teachers on issues related to youth and school violence. *Journal of Negro Education, 65,* 336-355.

Athanasiou, M. S., Geil, M., Hazel, C. E., & Copeland, E. P. (2002). A look inside school-based consultation: A qualitative study of the beliefs and practices of school psychologists and teachers. *School Psychology Quarterly, 17,* 258-298.

Auster, E. R., Feeney-Kettler, K. A., & Kratochwill, T. R. (2006). Conjoint behavioral consultation: Application to the school-based treatment of anxiety disorders. *Education and Treatment of Children, 29,* 243-256.

Bacon, E. H., & Dougherty, A. M. (1992). Consultation and coordination services for prekindergarten children. *Elementary School Guidance and Counseling, 27,* 24-32.

Baker, H. L. (1965). Psychological services: From the school staff's point of view. *Journal of School Psychology, 3,* 36-42.

Bandura, A. (1971). Psychotherapy based on modeling principles. In A. E. Bergin & S. L. Garfield (Eds.),

Handbook of psychotherapy and behavioral change: An empirical analysis (pp. 653-708). New York: Wiley.

Bandura, A. (1976). Self-reinforcement: Theoretical and methodological considerations. *Behaviorism, 4,* 135-155.

Bandura, A. (1977a). Self-efficacy: Toward a unifying theory of behavioral change. *Psychological Review, 84,* 191-215.

Bandura, A. (1977b). *Social learning theory.* Oxford, England: Prentice Hall.

Bandura, A. (1978). The self system in reciprocal determinism. *American Psychologist, 33,* 344-358.

Bandura, A. (1982a). The assessment and predictive generality of self-precepts of efficacy. *Journal of Behavior Therapy and Experimental Psychiatry, 13,* 195-199.

Bandura, A. (1982b). Self-efficacy mechanism in human agency. *American Psychologist, 37,* 122-147.

Bartels, S. M., & Mortenson, B. P. (2005). Enhancing adherence to a problem-solving model for middle-school pre-referral teams: A performance feedback and checklist approach. *Journal of Applied School Psychology, 22,* 109-123.

Beer, M. (1980). *Organizational change and development: A systems view.* Santa Monica, CA: Goodyear.

Behring, S. T., Cabello, B., Kushida, D., & Murguia, A. (2000). Cultural modifications to current school-based consultation approaches reported by culturally diverse beginning consultants. *School Psychology Review, 29,* 354-367.

Benard, B. (2004). *Resiliency: What we have learned.* San Francisco: West Ed.

Bergan, J. R. (1977). *Training in consultation Mental health, behavioral, and organizational perspectives.* Springfield, IL: Charles C Thomas.

Bergan, J. R., & Kratochwill, T. R. (1990). *Behavioral consultation and therapy.* New York: Plenum.

Bergan, J. R., & Schnapps, A. (1983). A model for instructional consultation. In J. Alpert & J. Meyers (Eds.), *Training in Consultation* (pp. 104-119).

Bergan, J. R., & Tombari, M. L. (1976). Consultant skill and efficiency and the implementation and outcomes of consultation. *Journal of School Psychology, 14,* 3-14.

Berninger, V. W., Thalberg, S., DeBruyn, I., & Smith, I. (1987). Preventing reading disabilities by assessing and remediating phonemic skills. *School Psychology Review, 16,* 554-565.

Bickel, W. E., Zigmond, N., McCall, R., & McNelis, R. H. (1999). *Final report: Instructional support team best practices in Pennsylvania.* Pittsburgh, PA: University of Pittsburgh.

Bostic, J. Q., & Rauch, P. K. (1999). The 3 R's of school consultation. *Journal of the American Academy of Child and Adolescent Psychiatry, 38,* 339-341.

Bramlett, R. K., & Murphy, J. J. (1998). School psychology perspectives on consultation: Key contributions to the field. *Journal of Educational and Psychological Consultation, 9,* 29-55.

Bramlett, R. K., Murphy, J. J., Johnson, J., Wallingsford, L., & Hall, J. D. (2002). Contemporary practices in school psychology: A national survey of roles and referral problems. *Psychology in the Schools, 39,* 327-335.

Bronfenbrenner, U. (1979). *The ecology of human development.* Cambridge, MA: Harvard University Press.

Brown, D., Pryzwansky, W. B., & Schulte, A. C. (2001). *Psychological consultation: Introduction to theory and practice* (5th ed.). Needham Heights, MA: Allyn & Bacon.

Brown, D., Pryzwansky, W. B., & Schulte, A. C. (2006). *Psychological consultation: Introduction to theory and practice* (6th ed.). Needham Heights, MA: Allyn & Bacon.

Brown, D., & Schulte, A. (1987). A social learning model of consultation. *Professional Psychology: Research and Practice, 18,* 283-287.

Brown, M. B., Holcombe, D. C., Bolen, L. M., & Thomson, W. S. (2006). Role function and job satisfaction of school psychologists practicing in an expanded role model. *Psychological Reports, 98,* 486-496.

Burns, M. K., Dean V. J., & Klar, S. (2004). Using curriculum-based assessment in the responsiveness to intervention diagnostic model for learning disabilities. *Assessment for Effective Intervention, 2a,* 47-56.

Burns, M. K., MacQuarrie, L. L., & Campbell, D. T. (1999). The difference between instructional assessment (curriculum-based assessment) and curriculum-based measurement: A focus on purpose and result. *Communiqué, 27,* 18-19.

Busse, R. T., Kratochwill, T. R., & Elliott, S. N. (1999). Influences of verbal interactions during behavioral consultations on treatment outcomes. *Journal of School Psychology, 37,* 117-143.

Caplan, G. (1963). Types of mental health consultation. *American Journal of Orthopsychiatry, 33,* 470-481.

Caplan, G. (1970). *The theory and practice of mental health consultation.* New York: Basic Books.

Caplan, G. (1974). *Support systems and community health.* New York: Behavioural Publications.

Caplan, G. (1995). Types of mental health consultation. *Journal of Educational and Psychological Consultation, 6,* 7-21.

Caplan, G., & Caplan, R. B. (1993). *Mental health consultation and collaboration.* San Francisco: Jossey-Bass.

Caplan, G., Caplan, R. B., & Erchul, W. P. (1994). Caplanian mental health consultation: Historical background and current status. *Consulting Psychology Journal: Practice and Research, 46,* 2-12.

Caplan, G., Caplan, R. B., & Erchul, W. P. (1995). A contemporary view of mental health consultation: Comments on types of mental health by Gerald Caplan 1963. *Journal of Educational and Psychological Consultation, 6,* 23-30.

Carlson, J., & Thorpe, C. (1984). *The growing teacher: How to become the teacher You've always wanted to be.* NJ: Prentice Hall Trade.

Colton, D. L., & Sheridan, S. M. (1998). Conjoint behavioral consultation and social skills training: Enhancing the play behaviors of boys with attention deficit hyperactivity disorder. *Journal of Educational and Psychological Consultation, 9,* 3-28.

Conoley, J. C., & Conoley, C. W. (1991). Collaboration for child adjustment: Issues for school and clinic-based child psychologists. *Journal of Consulting and Clinical Psychology, 59,* 821-829.

Cramer, K., & Rosenfield, S. (2003). Clinical supervision of consultation. *The Clinical Supervisor, 22,* 111-124.

Croake, J. W., & Myers, K. M. (1985). Adlerian methods in the pediatric setting: A response to Sperry and Meyer. *Individual Psychology: Journal of Adlerian Theory, Research, and Practice. 41,* 514-517.

Cummings, J. A., Harrison, P. L., Dawson, M. M., Short, R. J., Gorin, S., & Palomares, R. S. (2004). The 2002 conference on the future of school psychology: Implications for consultation, intervention, and prevention services. *Journal of Educational and Psychological Consultation, 15,* 239-256.

Curtis, M. J., Hunley, S. A., Walker, K. J., & Baker, A. C. (1999). Demographic characteristics and professional practices in school psychology. *School Psychology Review, 28,* 104-116.

Davis, K. M. (2003). Teaching a course in school-based consultation. *Counselor Education and Supervision, 42,* 275-285.

Davis, J. M., & Hartsough, C. S. (1992). Assessing psychosocial environment in mental health consultation groups. *Psychology in the Schools, 29,* 224-229.

Deno, S. L. (1985). Curriculum-based measurement: The emerging alternative. *Exceptional Children, 52,* 219-232.

Deno, s. L. (1989). Curriculum-based measurement and special education services: A fundamental and direct relationship. In M. R. Shina (Ed.), *Curriculum-based measurement: Assessing special needs children,* (pp. 1-17). NY: Guilford.

Deno, S. L. (1995). School psychologist as problem solver. In A. Thomas & A. Grimes, (Eds.), *Best Practices in School Psychology III* (pp. 471-484). Washington, DC: National Association of School Psychologists.

Derr, C. B. (1976). "OD" won't work in schools. *Brooklyn Education and Urban Society, 8,* 227-241.

Dinkmeyer, D., Jr. (2006). School consultation using individual psychology. *Journal of Ind. Psych., 62,* 180-187.

Dinkmeyer, D., Jr., & Carlson, J. (2006). *Consultation: Creating school-based interventions* (3rd ed.). New York: Routledge.

Dinkmeyer, D., Jr., Carlson, J., & Dinkmeyer, D., Sr. (1994). *Consultation: School mental health professionals as consultants.* Muncie, IN: Accelerated Development.

Dinkmeyer, D., & Mckay, G. (1980). *Systematic Training for effective teaching(STET): Teacher's Handbook.* AGS pub.

Doll, B., Haack, K., Kosse, S., Osterloh, M., Siemers, E., & Pray, B. (2005). The dilemma of pragmatics: Why schools do not use quality team consultation practice. *Journal of Educational and Psychological Consultation, 16,* 127-155.

Dougherty, A. M. (2000). *Psychological consultation and collaboration in schools and community settings* (3rd ed.). Belmont, CA: Wadsworth.

Dougherty, A. M., Tack, F. E., Fullam, C. B., & Hammer, L. M. (1996). Disengagement: A neglected aspect of the consultation process. *Journal of Educational and Psychological Consultation, 7,* 259-274.

Dreikurs, R. R. (1953). *Fundamentals of Adlerian psychology.* Chicago: Alfred Alder Institute.

Dreikurs, R. R. (1968). *Psychology in the classroom* (2nd ed.). New York: Harper & Row.

Dreikurs, R. R., & Cassel, P. (1971). *Discipline without tears.* New York: Harper & Row.

Drisko, J. W. (1993). Special education teacher consultation: A student-focused, skill-defining approach. *Social Work in Education, 15,* 19-28.

Dwyer, K., Osher, D., & Warger, C. (1998). *Early warning, timely response: A guide to safe schools.* Washington, DC: U.S. Department of Education.

Egan, G. (1994). *The skilled helper: A problem management approach to helping* (5th ed.). Belmont, CA: Thomson/Brooks/Cole.

Elliot, S. N. (1988). Acceptability of behavioral treatments: Review of variables that influence treatment selection. *Professional Psychology: Research and Practice, 19,* 68-80.

Erchul, W. P., & Chewning, T. G. (1990). Behavioral consultation from a request-centered relational communication perspective. *School Psychology Quarterly, 5,* 1-20.

Erchul, W. P., Raven, B. H., & Wilson, K. E. (2004). The relationship between gender of consultant and social power perceptions within school consultation. *School Psychology Review, 33,* 582-590.

Fairweather, G. W., Sanders, D. H., & Tornatzky, L. G. (1974). *Creating change in mental health organizations.* New York: Pergamon.

Farouk, S. (2004). Group work in schools: A process consultation approach. *Educational Psychology in Practice, 20,* 207-220.

Farrell, P. (2006). Developing inclusive practices among educational psychologists: Problems and possibilities. *European Journal of Psychology of Education, 21,* 293-304.

Flamholtz, E. (1974). *Human resource accounting.* Encino, California: Dickenson.

Flinders, D. J. (2005). The failings of NCLB. *Curriculum and Teaching Dialogue, 7,* 1-9.

Forman, S. G. (1995). Organizational factors and consultation outcome. *Journal of Educational and Psychological Consultation, 6,* 191-195.

French, W. L., & Bell, C. H. (1978). *Organization development: Behavioral science interventions for organization improvement* (2nd ed.). Englewood Cliffs, NJ: Prentice Hall.

French, J. R. P., & Raven, B. H. (1959). The bases of social power. In D. Cartwright (Ed.), *Studies in social power* (pp. 150-167). Ann Arbor, MI: Institute for Social Research.

Friedlander, F., & Brown, L. D. (1974). Organization development. *Annual Review of Psychology, 25,* 313-341.

Fuchs, D., & Fuchs, L. S. (1994). Inclusive schools movement and the radicalization of special education reform. *Exceptional Children, 60,* 294-309.

Fuchs, L., Deno, S., & Mirkin, P. K. (1984). The effects of frequent curriculum-based measurement and evaluation on pedagogy, student achievement, and student awareness of learning. *American Educational Research Journal, 21,* 449-460.

Fuchs, L., & Fuchs, D. (1986). Effects of systematic formative evaluation: A meta-analysis. *Exceptional Children, 53,* 199-208.

Fuchs, L. S., Fuchs, D., Hamlett, C. L., & Ferguson, C. (1992). Effects of expert system consultation within curriculum-based measurement, using a reading maze task. *Exceptional Children, 58,* 436-450.

Fudell, R., Gravois, T. A., & Rosenfield, S. (1994). *Level of Implementation Scale for instructional consultation teams.* Unpublished manuscript.

Fullan, M. (1982). *The meaning of educational change.* New York: Teachers College Press.

Fullan, M., Miles, M. B., & Taylor, G. (1980). Organization development in schools: The state of the art. *Review of Educational Research, 50,* 121-183.

Fuqua, D. R., & Newman, J. L. (2006). Moral and ethical issues in human systems. *Consulting Psychology Journal: Practice and Research, 58,* 206-215.

Gallessich, J. (1982). *The profession and practice of consultation.* San Francisco: Jossey-Bass.

Galloway, J., & Sheridan, S. M. (1994). Implementing scientific practices through case studies: Examples using home-school interventions and consultation. *Journal of School Psychology, 32,* 385-413.

Gazda, G. M. (1973). *Human relations development: A manual for educators.* Boston: Allyn & Bacon.

Gickling, E., & Rosenfield, S. (1995). Best practices in curriculum-based measurement. In A. Thomas & J. Grimes (Eds.), *Best practice in school psychology III* (pp. 587-595). Washington, DC: National Association of School Psychologists.

Gillies, E. (2000). Developing consultation partnerships. *Educational Psychology in Practice, 16,* 31-37.

Gilman, R., & Gabriel, S. (2004). Perceptions of school psychological services by education professionals: Results from a multi-state survey pilot study. *School Psychology Review, 33,* 271-286.

Gilmore, G., & Chandy, J. (1973). Teachers' perception of school psychological services. *Journal of School Psychology, 11,* 139-147.

Glasser, W. (1998). *The quality school: Managing students without coercion.* New York: HarperCollins.

Goldstein, L. D. (1978). *Consulting with human service systems.* Reading, MA: Addison-Wesley.

Gonzalez, J. E., Nelson, J. R., Gutkin, T. B., & Shwery, C. S. (2004). Teacher resistance to school-based consultation with school psychologists: A survey of teacher perceptions. *Journal of Emotional and*

Behavioral Disorders, 12, 30-37.

Gortmaker, V., Warnes, E. D., & Sheridan, S. M. (2004). Conjoint behavioral consultation: Involving parents and teachers in the treatment of a child with selective mutism. *Proven Practice, 5,* 66-72.

Gottfredson, D. C. (1984). A theory-ridden approach to program evaluation: A method for stimulating researcher-implementer collaboration. *American Psychologist, 39,* 1101-1112.

Gottfredson, D. C. (1993). Strategies for improving treatment integrity in organizational consultation. *Journal of Educational and Psychological Consultation, 4,* 275-279.

Gottfredson, D. C., Gottfredson, G. D., & Hybl, L. G. (1993). Managing adolescent behavior: A multiyear, multischool study. *American Educational Research Journal, 30,* 179-215.

Gottfredson, G. D., Rickert, D. E., Gottfredson D. C., & Advani, N. (1984). Standards for program development evaluation plans. *Psychological Documents, 14,* 32.

Graczyk, P. A., Domitrovich, C. E., Small, M., & Zins, J. E. (2006). Serving all children: An implementation model framework. *School Psychology Review, 35,* 266-274.

Graden, J. L. (2004). Arguments for change to consultation, prevention, and intervention: Will school psychology ever achieve this promise? *Journal of Educational and Psychological Consultation, 15,* 345-359.

Gravois, T. A., Knotek, S., & Babinski, L. M. (2002). Educating practitioners as consultants: Development and implementation of the Instructional Consultation Team consortium. *Journal of Educational and Psychological Consultation, 13,* 113-132.

Gravois, T. A., & Rosenfield, S. A. (2002). A multi-dimensional framework for evaluation of instructional consultation teams. *Journal of Applied School Psychology, 19,* 5-29.

Gravois, T. A., & Rosenfield, S. A. (2006). Impact of instructional consultation teams on the disproportionate referral and placement of minority students in special education. *Remedial and Special Education, 27,* 42-52.

Gravois, T., Rosenfield, S., & Gickling, E. (1999). *Instructional consultation teams: Training manual.* College Park: University of Maryland, Instructional Consultation Lab.

Greenberg, M. T., Weissberg, R. P., O'Brien, M. U., Zins, J. E., Fredericks, L., Resnik, H., & Elias, M. J. (2003). Enhancing school-based prevention and youth development through coordinated social, emotional, and academic learning. *American Psychologist, 58,* 466-474.

Gresham, F. M. (2002). Responsiveness-to-intervention: An alternative approach to the identification of learning disabilities. In R. Bradley, L. Danielson, & D. P. Hallahan (Eds.), *Identification of learning disabilities: Research to practice* (pp. 467-519). Mahwah, NJ: Lawrence Erlbaum.

Gresham, F. M. (2004). Current status and future directions of school-based behavioral interventions. *School Psychology Review, 33,* 326-343.

Guli, L. A. (2005). Evidence-based parent consultation with school-related outcomes. *School Psychology Quarterly, 20,* 455-472.

Gunning, T. G. (1998). *Assessing and correcting reading and writing difficulties.* Boston: Allyn & Bacon.

Gutkin, T. B. (1986). Consultees' perceptions of variables relating to the outcomes of school-based consultation interactions. *School Psychology Review, 15,* 375-382.

Gutkin, T. B. (1993). Cognitive modeling: A means for achieving prevention in school-based consultation. *Journal of Educational and Psychological Consultation, 4,* 179-183.

Gutkin, T. B. (2002). Training school-based consultants: Some thoughts on grains of sand and building anthills. *Journal of Educational and Psychological Consultation, 13,* 133-146.

Gutkin, T. B., & Bossard, M. D. (1984). The impact of consultant, consultee, and organizational variables on teacher attitudes toward consultation services. *Journal of School Psychology, 22,* 251-258.

Gutkin, T. B., & Curtis, M. J. (1982). School-based consultation: Theory and techniques. In C. R. Reynolds & T. B. Gutkin (Eds.), *The handbook of school psychology* (pp. 796-828). New York: Wiley.

Gutkin, T. B., & Curtis, M. J. (1990). School-based consultation: Theory, techniques, and research. In T. B. Gutkin & C. R. Reynolds (Eds.), *The handbook of school psychology* (2nd ed., pp. 577-611). New York: Wiley.

Gutkin, T. B., & Curtis, M. J. (1999). School-based consultation theory and practice: The art and science of indirect service delivery. In C. R. Reynolds & T.

Gutkin (Eds.), *The handbook of school psychology* (3rd ed., pp. 598-637). New York: Wiley.

Gutkin, T. B., & Hickman, J. A. (1990). The relationship of consultant, consultee, and organizational characteristics to consultee resistance to school-based consultation: An empirical analysis. *Journal of Educational and Psychological Consultation, 1,* 111-122.

Hale, J. (1998). *The performance consultants' fieldbook.* San Francisco: Pfeiffer.

Hall, G. E., & Hord, S. M. (2001). *Implementing change: Patterns, principles, and potholes.* Boston:

Allyn & Bacon.

Halpin, A. W. (1966). *Theory and research in administration*. New York: Macmillan.

Hanko, G. (2002). Making psychodynamic insights accessible to teachers as an integral part of their professional task: The potential of collaborative consultation approaches in school-based professional development. *Psychodynamic Practice, 8*, 375-389.

Hargreaves, A. (1994). *Changing teachers, changing times: Teachers' work and culture in a postmodern age*. New York: Teachers College Press.

Haring, N., & Gentry, N. D. (1976). Direct and individualized instructional procedures. In N. Haring & R. Schiefelbusch (Eds.), *Teaching special children* (pp. 72-111). New York: McGraw-Hill.

Harris, K. C., & Zetlin, A. G. (1993). Exploring the collaborative ethic in an urban school: A case study. *Journal of Educational and Psychological Consultation, 4*, 305-317.

Hart, T. M., Berninger, V. M., & Abbott, R. D. (1997). Comparison of teaching single or multiple orthographic-phonological connections for word recognition and spelling: Implications for instructional consultation. *School Psychology Review, 26*, 279-297.

Havelock, R. G., & Zlotolow, S. (1995). *The change agent's guide* (2nd ed.). Englewood Cliffs, NJ: Educational Technology Publications.

Hazel, C. E. (2007). Timeless and timely advice: A commentary on "Consultation to facilitate planned organizational change in schools," an article by Joseph E. Zins and Robert J. Illback. *Journal of Educational and Psychological Consultation, 17*, 125-132.

Henning-Stout, M., & Meyers, J. (2000). Consultation and human diversity: First things first. *School Psychology Review, 29*, 419-425.

Hersey, P., & Blanchard, K. H. (1982). *Management of organizational behavior: Utilizing human resources* (4th Ed.). Englewood Cliffs, NJ: Prentice Hall.

Higgins, E. T. (1999). "Saying is believing" effects: When sharing reality about something biases knowledge and evaluations. In L. L. Thompson, J. M. Levine, & D. M. Messick (Eds.), *Shared cognition in organizations: The management of knowledge* (pp. 33-48). Mahwah, NJ: Lawrence Erlbaum Associates, Inc.

Hillman, B. W., & Shields, F. L. (1975). The encouragement process in guidance: Its effects on school achievement and attending behavior. *The School Counselor, 22*, 166-173.

Hojnoski, R. L. (2007). Promising directions in school-based systems level consultation: A commentary on "Has consultation achieved its primary prevention potential?" an article by Joseph E. Zins. *Journal of Educational and Psychological Consultation, 17*, 157-163.

Horton, D. (2005). Consultation with military children and schools: A proposed model. *Consulting Psychology Journal: Practice and Research, 57*, 259-265.

Hughes, J. N. (1994). Back to basics: Does consultation work? *Journal of Educational and Psychological Consultation, 5*, 77-84.

Hughes, J. N., Barker, D., Kemenoff, S., & Hart, M. (1993). Problem ownership, causal attributions, and self-efficacy as predictors of teachers' referral decisions. Journal of Educational and Psychological Consultation, 4, 369-384.

Hughes, J. N., & DeForest, P. A. (1993). Consultant directiveness and support as predictors of consultation outcomes. *Journal of School Psychology, 31*, 355-373.

Idol, L., Paolucci-Whitcomb, P., & Nevin, A. (1994). *Collaborative consultation* (2nd ed.). Austin, TX: PRO-ED.

Illback, R. J., & Zins, J. E. (1995). Organizational interventions in educational settings. *Journal of Educational and Psychological Consultation, 6*, 217-236.

Individuals with Disabilities Education Improvement Act (2004). Public Law 108-446 (20 U.S.C. 1400 et seq.).

Ingraham, C. L. (2000). Consultation through a multicultural lens: Multi-cultural and cross-cultural consultation in schools. *School Psychology Review, 29*, 320-343.

Ingraham, C. L. (2004). Multicultural consultee-centered consultation: Supporting consultees in the development of cultural competence. In N. M. Lambert, I. Hylander, & J. H. Sandoval (Eds.), *Consultee-centered consultation: Improving the quality of professional services in schools and community organizations* (pp. 135-148). Mahwah, NJ: Erlbaum.

Jacobsen, P. (2005). The Cleo Eulau center resiliency consultation program: Development, practice, challenges and efficacy of a relationship-based consultation model for challenged schools. *Smith College Studies in Social Work, 75*, 7-23.

Jeltova, I., & Fish, M. C. (2005). Creating school environments responsive to gay, lesbian, bisexual, and transgender families: Traditional and systemic approaches for consultation. *Journal of Educational*

and Psychological Consultation, 16, 17-33.

Jones, K. M., & Lungaro, C. J. (2000). Teacher acceptability of functional assessment-derived treatments. *Journal of Educational and Psychological Consultation, 11*, 323-332.

Juras, J. L., Mackin, J. R., Curtis, S. E., & Foster-Fishman, P. G. (1997). Key concepts in community psychology: Implications for consultating in educational and human service settings. *Journal of Educational and Psychological Consultation, 8*, 111-133.

Kalafat, J., Illback, R. J., & Sanders, D., Jr. (2007). The relationship between implementation fidelity and educational outcomes in a school-based family support program: Development of a model for evaluating multidimensional full-service programs. *Evaluation and Program Planning, 30*, 136-148.

Kaslow, N. J., Pate, W. E., & Thorn, B. (2005). Academic and internship directors' perspectives on practicum experiences: Implications. *Professional Psychology: Research and Practice, 36*, 307-317.

Katz, D., & Kahn, R. L. (1978). *The social psychology of organizations* (2nd ed.). New York: Wiley.

Keller, H. R. (1981). Behavioral consultation. In J. C. Conoley (Ed.), *Consultation in schools: Theory, research, procedures* (pp. 59-90). NY: Academic Press.

Kelley, M. F. (2004). Reconciling the philosophy and promise of itinerant consultation with the realities of practice. *Journal of Educational and Psychological Consultation, 15*, 183-190.

Kelly, J. G. (1993). Gerald Caplan's paradigm: Bridging psychotherapy and public health practice. In W. P. Erchul (Ed.), *Consultation in community, school and organizational practice: Gerald Caplan's contributions to professional psychology* (pp. 75-85). Philadelphia, PA: Taylor & Francis.

Kerr, M. M. (2001). High school consultation. *Child and Adolescent Psychiatric Clinics of North America, 10*, 105-115.

Kerwin, C. (1995). Consultation models revisited: A practitioner's perspective. *Journal of Educational and Psychological Consultation, 6*, 373-383.

Keyser, V., & Barling, J. (1981). Determinants of children's self-efficacy beliefs in an academic environment. *Cognitive Therapy and Research, 5*, 29-40.

Kiresuk, T. J., & Sherman, R. E. (1968). Goal attainment scaling: A general method for evaluating comprehensive community mental health programs. *Community Mental Health Programs, 4*, 443-453.

Klein, M. D., & Harris, K. C. (2004). Considerations in the personnel preparation of itinerant early childhood special education consultants. *Journal of Educational and Psychological Consultation, 15,* 151-165.

Knoff, H. M. (2000). Organizational development and strategic planning for the millennium: A blueprint toward effective school discipline, safety, and crisis prevention. *Psychology in the Schools, 37,* 17-32.

Knotek, S. E. (2003). Making sense of jargon during consultation: Understanding consultees' social language to effect change in student study teams. *Journal of Educational and Psychological Consultation, 14,* 181-207.

Knotek, S. E. (2005). Sustaining RTI through consultee-centered consultation. *California School Psychologist, 10,* 93-104.

Knotek, S. E. (2006). Administrative crisis consultation after 9/11: A university's systems response. *Consulting Psychology Journal: Practice and Research, 58,* 162-173.

Knotek, S. E., Rosenfield, S. A., Gravois, T. A., & Babinski, L. M. (2003). The process of fostering consultee development during instructional consultation. *Journal of Educational and Psychological Consultation, 14,* 303-328.

Koopman, D. K. (2007). Secondary-level teachers' perceptions of the utilization of school psychological services. *Dissertation Abstracts International: Section A: Humanities and Social Sciences, 67* (8-A), 2881 (UMI No. AA13232334).

Koslowsky, M., Schwarzwald, J., & Ashuri, S. (2001). On the relationship between subordinates' compliance to power sources and organizational attitudes. *Applied Psychology: An International Review, 50,* 455-476.

Kottman, T., & Ashby, J. (1999). Using Adlerian personality priorities to custom-design consultation with parents of play therapy clients. *International Journal of Play Therapy, 8,* 77-92.

Kovaleski, J. F. (2003). *The three tier model of identifying learning disabilities: Critical program features and system issues.* Paper presented at the National Research Center on Learning Disabilities Responsiveness-to-Intervention Symposium, Kansas City, MO.

Kovaleski, J. F., Gickling, E. E., Morrow, H., & Swank, P. (1999). High versus low implementation of instructional support teams: A case for maintaining program fidelity. *Remedial and Special Education, 20,* 170-183.

Kratochwill, T. R., & Bergan, J. R. (1990). *Behavioral consultation in applied settings: An individual guide*. New York: Springer.

Kratochwill, T. R., & Van Someren, K. R. (1995). Barriers to treatment success in behavioral consultation: Current limitations and future directions. *Journal of Educational and Psychological Consultation, 6*, 125-143.

Kress, J. S., Norris, J. A., Schoenholz, D. A., Elias, M. J., & Seigle, P. (2004). Bringing together educational standards and social and emotional learning: Making the case for educators. *American Journal of Education, 111*, 68-89.

Kuhnert, K. W., & Lahey, M. A. (1993). Approaches to organizational needs assessment. In R. T. Golembiewski (Ed.), *Handbook of organizational consultation* (pp. 467-474). New York: Marcel Dekker.

Kurpius, D. J., & Fuqua, D. R. (1993). Fundamental issues in defining consultation. *Journal of Counseling and Development, 71*, 598-600.

Kurpius, D. J., Fuqua, D. R., & Rozecki, T. (1993). The consulting process: A multidimensional approach. *Journal of Counseling and Development, 71*, 601-606.

Kurpius, D. J., & Lewis, J. E. (1988). Introduction to consultation: An intervention for advocacy and outreach. In D. J. Kurpius & D. Brown (Eds.), *Handbook of consultation: An intervention for advocacy and outreach* (pp. 1-4). Alexandria, VA: American Counseling Association.

Kurpius, D. J., & Rozecki, T. (1992). Outreach, advocacy, and consultation: A framework for prevention and intervention. *Elementary School Guidance and Counseling, 26*, 176-189.

Larney, R. (2003). School based consultation in the United Kingdom: Principles, practice and effectiveness. *School Psychology International, 24*, 5-19.

LaRoche, M. J., & Shriberg, D. (2004). High stakes exams and Latino students: Toward a culturally sensitive education for Latino children in the United States. *Journal of Educational and Psychological Consultation, 15*, 205-223.

Levinsohn, M. (2000). *Evaluating instructional consultation teams for student reading achievement and special education outcomes.* Unpublished doctoral dissertation, University of Maryland, College Park.

Levinson, H. (2002). Assessing organizations. In R. L. Lowman (Ed.), *The California School of Organizational Studies: Handbook of organizational consulting psychology: A comprehensive guide to* theory, skills, and techniques. (pp. 315-343). San Francisco: Jossey-Bass.

Lewin, K. (1951). *Field theory in social science*. NY: Harper & Row.

Lin, M., Kelly, K. R., & Nelson, R. C. (1996). A comparative analysis of the interpersonal process in school-based counseling and consultation. *Journal of Counseling Psychology, 43*, 389-393.

Lippitt, G. L., Langseth, P., & Mossop, J. (1985). *Implementing organizational change*. San Francisco: Jossey-Bass.

Loe, S. A., & Miranda, A. H. (2005). An examination of ethnic incongruence in school-based psychological services and diversity-training experiences among school psychologists. *Psychology in the Schools, 42*, 419-432.

Lopez, E. C. (2000). Conducting Instructional Consultation through Interpreters. *School Psychology Review, 29*, 378-388.

Lopez, E. C. (1995, August). *Survey of school psychologists: Training and practice uses in the use of interpreters*. Poster session presented at the American Psychological Association Conference, New York.

Lopez, E. C. (2006). Targeting English language learners, tasks, and treatments in instructional consultation. *Journal of Applied School Psychology, 22*, 59-79.

Lowman, R. L. (1993). *Counseling and psychotherapy of work dysfunctions*. Washington, DC: American Psychological Association.

Lowman, R. L. (2005). Importance of diagnosis in organizational assessment: Harry Levinson's contributions. *Psychologist-Manager Journal, 8*, 17-28.

Luthens, F., & Kreitner, R. (1975). *Organizational behavior modification*. Glenview, IL: Scott Foresman.

Lynch, E. W., & Hanson, M. J. (1998). *Developing cross-cultural competence: A guide for working with children and their families* (2nd ed.). Baltimore: Paul H. Brookes.

Macias, R. F. (1998). *Summary report of the survey of the states' limited English proficient students and available educational programs and services 1995-1996*. Washington, DC: U.S. Department of Education, Office of Grants and Contracts Services.

Margolis, H. (2004). Struggling readers: What consultants need to know. *Journal of Educational and Psychological Consultation. 15*, 191-204.

Martens, B. K., & Witt, J. C. (1988). Expanding the scope of behavioral consultation: A systems approach to classroom behavior change. *Professional School Psychology, 3*, 271-281.

McDougal, J. L., Clonan, S. M., & Martens, B. K. (2000). Using organizational change procedures to promote the acceptability of prereferral intervention services: The school-based intervention team project. *School Psychology Quarterly, 15*, 149-171.

Medway, F. J. (1979). How effective is school consultation? A review of recent research. *Journal of School Psychology, 17*, 275-282.

Medway, F. J. (1982). School consultation research: Past trends and future directions. *Professional Psychology, 13*, 422-430.

Medway, F. J., & Updyke, J. F. (1985). Meta-analysis of consultation outcome studies. *American Journal of Community Psychology, 13*, 489-505.

Meichenbaum, D., & Turk, D. (1987). *Facilitating treatment adherence: A practitioner's guide book.* New York: Plenum.

Meyers, J. (1973). A consultation model for school psychological services. *Journal of School Psychology, 11*, 5-15.

Meyers, J. (1985, August). *Diagnoses diagnosed: 1985.* Paper presented at the annual meeting of the American Psychological Association, Los Angeles, California.

Meyers, J. (1995). A consultation model for school psychology services: Twenty years later. *Journal of Educational and Psychological Consultation, 6*, 73-81.

Meyers, J. (2002). A 30-year perspective on best practices for consultation training. *Journal of Educational and Psychological Consultation, 13*, 35-54.

Meyers, J., Brent, D., Faherty, E., & Modafferi, C. (1993). Caplan's contributions to the practice of psychology in schools. In W. P. Erchul (Ed.), *Consultation in community, school and organizational practice: Gerald Caplan's contributions to professional psychology* (pp. 99-122). Philadelphia, PA: Taylor & Francis.

Meyers, J., Friendman, M. P., & Gaughan, E. J., Jr. (1975). The effects of consultee-centered consultation on teacher behavior. *Psychology in the Schools, 12*, 288-295.

Meyers, J., Meyers, A. B., & Grogg, K. (2004). Prevention through consultation: A model to guide future developments in the field of school psychology. *Journal of Educational and Psychological Consultation, 15*, 257-276.

Meyers, J., & Nastasi, B. K., (1999). Primary prevention in school settings. In C. R. Reynolds & T. B. Gutkin (Eds.), *The handbook of school psychology* (3rd ed., pp. 764-799). New York: Wiley.

Meyers, J., Parsons, R. D., & Martin, R. (1979). *Mental health consultation in the schools: A comprehensive guide for psychologists, social workers, psychiatrists, counselors, educators and other human service professionals.* San Francisco: Jossey-Bass.

Mischel, W. (1973). Toward a cognitive social learning reconceptualization of personality. *Psychological Review, 80,* 252-283.

Mischly, M. (1973). Teacher preference for consultation methods and its relation to selected background personality and organization variables. *Dissertation Abstracts International, 34,* 2312B.

Mortola, P., & Carlson, J. (2003). Collecting an anecdote: The role of narrative in school consultation. *The Family Journal: Counseling and Therapy for Couples and Families, 11,* 7-12.

Nastasi, B. K. (2004). Meeting the challenges of the future: Integrating public health and public education for mental health promotion. *Journal of Educational and Psychological Consultation, 15,* 295-312.

Nastasi, B. K. (2006). Multicultural issues in school psychology practice: Introduction. *Journal of Applied School Psychology, 22,* 1-11.

National Research Center on English Learning and Achievement (1998, Fall). *Effective early literacy teachers bring low achievers' scores way up.* English Update.

O'Brien, L., & Miller, A. (2005). Challenging behaviour: Analysing teacher language in a school-based consultation within the discursive action model. *Educational and Child Psychology, 22,* 62-73.

Ochoa, S. H., Gonzalez, D., Galarza, A., & Guillemard, L. (1996). The training and use of interpreters in bilingual psycho-educational assessment: An alternative in need of study. *Diagnostique, 21,* 19-22.

Ochoa, S. H., & Rhodes, R. L. (2005). Assisting parents of bilingual students to achieve equity in public schools. *Journal of Educational and Psychological Consultation, 16,* 75-94.

O'Neill, D. K. (2001). Enabling constructivist teaching through telementoring. In L. J. Kruger (Ed.), *Computers in the delivery of special education and related services: Developing collaborative and individualized learning environments* (pp. 33-58). New York: Haworth.

Peterson, D. W. (1968). *The clinical study of social behavior.* East Norwalk, CT: Appleton-Century-Crofts.

Phillips, B. N. (1990). *School psychology at a turning point: Ensuring a bright future for the profession.* San Francisco: Jossey-Bass.

Piersel, W. C. (1985). Behavioral consultation: An approach to problem solving in educational settings. In J. R. Bergan (Ed.), *School psychology in contemporary society.* Columbus, OH: Merill.

Protulipac, S. W. (2004). A descriptive analysis of the relationship between years of experience and the frequency and style of consultation employed by school counselors with teachers, administrators, parents, and counselors in community agencies. *Dissertation Abstracts International Section A: Humanities and Social Sciences, 64,* 4373.

Pryzwansky, W. B. (1974). A reconsideration of the consultation model for delivery of school-based psychological services. *American Journal of Orthopsychiatry, 44,* 579-583.

Rappaport, J. (1981). In praise of paradox: A social policy of empowerment over prevention. *American Journal of Community Psychology, 9,* 1-25.

Rathvon, N. W. (1990). Effects of encouragement on off-task behavior and academy productivity. *Elementary School Guidance and Counseling, 24,* 189-199.

Raven, B. H. (1993). The bases of power: Origins and recent developments. *Journal of Social Issues, 49,* 227-251.

Reimers, T. M., Wacker, D. P., & Koeppl, G. (1987). Acceptability of behavioral interventions: A review of the literature. *School Psychology Review, 16,* 212-227.

Reschly, D. J., & Wilson, M. S. (1995). School psychology practitioners and faculty: 1986 to 1991-1992 trends in demographics, roles, satisfaction, and system reform. *School Psychology Review, 24,* 62-80.

Reschly, D. J., & Wilson, M. S. (1997). Characteristics of school psychology graduate education: Implications for the entry level discussion and doctoral-level specialty definitions. *School Psychology Review, 26,* 74-92.

Reynolds, C. R., Gutkin, T. B., Elliot, S. N., & Witt, J. C. (1984). *School psychology: Essentials of theory and practice.* New York: John Wiley & Sons.

Rhodes, R. L., Ochoa, S. H., & Ortiz, S. O. (2005). *Assessing culturally and linguistically diverse students: A practical guide.* New York: The Guilford Press.

Richardson, T. Q., & Molinaro, K. J. (1996). White counselor self-awareness: A prerequisite for developing multicultural competence. *Journal of Counseling and Development, 74,* 238-242.

Riley-Tillman, T. C., & Chafouleas, S. M. (2003). Using interventions that exist in the natural environment to increase treatment integrity and social influence in consultation. *Journal of Educational and Psychological Consultation, 14,* 139-156.

Rogers, M. R. (2000). Examining the cultural context of consultation. *School Psychology Review, 29,* 414-418.

Rosenfield, S. (1984, August). *Instructional consultation.* Paper presented at the annual meeting of the American Psychological Association. Toronto, Canada.

Rosenfield, S. A. (1987). *Instructional consultation.* Hillsdale, NJ: Lawrence Erlbaum Associates.

Rosenfield, S. A. (1992). Developing school based consultation teams: A design for organizational change. *School Psychology Quarterly, 7,* 27-46.

Rosenfield, S. A. (1995). The practice of instructional consultation. *Journal of Educational and Psychological Consultation, 6,* 317-327.

Rosenfield, S. (2000). School based collaboration and teaming. *Encyclopedia of Psychology vol. 7,* pp. 164-167. Washington, DC: American Psychological Association. Oxford University Press.

Rosenfield, S. A. (2002). Developing instructional consultants: From novice to competent expert. *Journal of Educational and Psychological Consultation, 13,* 97-111.

Rosenfield, S. A. (2004). Consultation as dialogue: The right words at the right time. In N. M. Lambert, I. Hylander, & J. Sandoval (Eds.), *Consultee-centered consultation: Improving the quality of professional services in schools and community organizations* (pp. 337-347). Mahwah, NJ: Lawrence Erlbaum Associates.

Rosenfield, S., & Gravois, T. A. (1996). *Instructional consultation teams: Collaborating for change.* New York: Guilford.

Rosenthal, T. L., & Bandura, A. (1978). Psychological modeling: Theory and practice. In S. L. Garfield & A. E. Bergin (Eds.), *Handbook of psychotherapy and behavior change: An empirical analysis* (2nd ed., pp. 621-658). New York: Wiley.

Rouwette, E. A. J. A., & Vennix, J. A. M. (2006). System dynamics and organizational interventions. *Systems Research and Behavioral Science, 23,* 451-466.

Russell, M. L. (1978). Behavioral consultation. *Personnel and Guidance Journal, 56,* 346-350.

Sadker, M., & Sadker, D. (1982). *Year 3: Final report promoting effectiveness in classroom instruction.*

Washington, DC: National Institute of Education.

Sandoval, J., & Davis, J. M. (1984). A school-based mental health consultation curriculum. *Journal of School Psychology, 22,* 31-42.

Schmidt, J. J., & Osborne, W. L. (1981). Counseling and consulting: Separate processes or the same? *Personnel and Guidance Journal,* 168-171.

Schmuck, R. A. (1995). Process consultation and organization development today. *Journal of Educational and Psychological Consultation, 6,* 207-215.

Schneider, M. F., Huber, C. H., & Schneider, S. (1983). An Adlerian model for fostering competence: Reduction of children with emotional disorders. *Individual Psychology, 39,* 378-395.

Scholten, T., Pettifor, J., Norrie, B., & Cole, E. (1993). Ethical issues in school psychological consultation: Can every expert consult? *Canadian Journal of School Psychology, 9,* 100-109.

Schwarzer, R., & Jerusalem, M. (1995). Generalized Self-Efficacy scale. In J. Weinman, S. Wright, & M. Johnston. *Measures in health psychology: A user's portfolio: Causal and control beliefs* (pp. 35-37). Windsor, UK: NFER-NELSON.

Sheridan, S. M., & Colton, D. L. (1994). Conjoint behavioral consultation: A review and case study. *Journal of Educational and Psychological Consultation, 5,* 117-139.

Sheridan, S. M., & Henning-Stout, M. (1994). Consulting with teachers about girls and boys. *Journal of Educational and Psychological Consultation, 5,* 93-113.

Sheridan, S. M., & Kratochwill, T. R. (1992). Behavioral parent-teacher consultation: Conceptual and research considerations. *Journal of School Psychology, 30,* 211-228.

Sheridan, S. M., Kratochwill, T. R., & Elliot, S. N. (1990). Behavioral consultation with parents and teachers: Delivering treatment for socially withdrawn children at home and school. *School Psychology Review, 19,* 33-52.

Sheridan, S. M., Welch, M., & Orme, S. F. (1996). Is consultation effective? A review of outcome research. *Remedial and Special Education, 17,* 341-354.

Shinn, M. R., Rosenfield, S., & Knutson, N. (1989). Curriculum-based assessment: A comparison of models. *Social Psychology Review, 18,* 299-316.

Shullman, S. L. (2002). Reflections of a consulting counseling psychologist: Implicatins of the principles for education and training at the doctoral and postdoctoral level in consulting psychology for the practice of counseling psychology. *Journal of Counseling Psychology: Practice & Research, 54,* 242-251.

Slesser, R. A., Fine, M. J., & Tracy, D. B. (1990). Teacher reactions to two approaches to school-based psychological consultation. *Journal of Educational and Psychological Consultation, 1,* 243-258.

Snow, K. (2007). To ensure inclusion, freedom and respect for all we must use person first language. Retrieved June 2, 2007. Disability is Natural at http:// ftp.disabilityisnatural.com/documents/ PFL.pdf

Srebalus, D. J., & Brown, D. (2001). *Becoming a skilled helper.* Boston: Allyn & Bacon.

Stein, H. T., & Edwards, M. E. (1998). Alfred Adler: Classical theory and practice (pp. 64-93). In P. Marcus & A. Rosenberg (Eds.). *Psychoanalytic versions of the human condition: Philosophies of life and their impact on practice.* New York: New York University Press.

Stenger, M. K., Tollefson, N., & Fine, M. J. (1992). Variables that distinguish elementary teachers who participate in school-based consultation from those who do not. *School Psychology Quarterly, 7,* 271-284.

Stinnett, T. A., Havey, J. M., & Oehler-Stinnett, J. (1994). Current test usage by practicing school psychologists: A national survey. *Journal of Psychoeducational Assessment, 12,* 331-350.

Sugai, G., Horner, R. H., Dunlap, G., Hieneman, M., Lewis, T. K., Nelson, B. M., Scott, T., Liaupsin, C., Sailor, W., Turnbull, A. P., Turnbull, H. R., III, Wickham, D., Wilcox, B., & Ruef, M. (2000). Applying positive behavior support and functional behavioral assessment in schools. *Journal of Positive Behavior Interventions, 2,* 131-143.

Tanner-Jones, L. A. (1997). Teacher preference for consultation models: A study of presenting problems and cognitive style. *Dissertation Abstracts International Section A: Humanities and Social Sciences, 58,* 2090.

Tharp, R. G., & Wetzel, R. J. (1969). *modification in the natural environment.* NY: Academic Press.

Tindal, G., Parker, R., & Hasbrouck, J. E. (1992). The construct validity of stages and activities in the consultation process. *Journal of Educational and Psychological Consultation, 3,* 99-118.

Truscott, S. D., Richardson, R. D., Cohen, C., Frank, A., & Palmeri, D. (2003). Does rational persuasion influence potential consultees? *Psychology in the Schools, 40,* 627-640.

Wagner, R., Torgesen, J., & Rashotte, C. (1994). The development of reading-related phonological processing abilities: New evidence of bidirectional causality from a latent variable longitudinal study. *Developmental Psychology, 30*, 73-87.

Walberg, H. J. (1985). Instructional theories and research evidence. In M. C. Wang & H. J. Walberg (Eds.), *Adapting instruction to individual differences* (pp. 3-23). Berkeley, CA: McCutchan Publishing Company.

Wasburn-Moses, L. (2006). Obstacles to program effectiveness in secondary special education. *Preventing School Failure, 50*, 21-30.

Watkins, C. (2000). Introduction to the articles on consultation. *Educational Psychology in Practice, 16*, 5-8.

Watson, J. (1930). *Behaviorism.* New York: Norton.

Welch, M., Sheridan, S. M., Fuhriman, A., Hart, A. W., Connell, M. L., & Stoddart, T. (1992). Preparing professionals for educational partnerships: An interdisciplinary approach. *Journal of Educational and Psychological Consultation, 3*, 1-23.

Wesson, C. L. (1991). Curriculum-based measurement and two models of follow-up consultation. *Exceptional Children, 57*, 246-256.

West, J. F., & Idol, L. (1993). The counselor as consultant in the collaborative school. *Journal of Counseling and Development, 71*, 678-683.

White, J., & Mullis, F. (1998). A systems approach to school counselor consultation. *Education, 119*, 242-252.

Wilkinson, L. A. (2005). Bridging the research-to-practice gap in school-based consultation: An example using case studies. *Journal of Educational and Psychological Consultation, 16*, 175-200.

Wilson, C. P., Gutkin, T. B., Hagen, K. M., & Oats, R. G. (1998). General education teachers knowledge and self-reported use of classroom interventions for working with difficult-to-teach students: Implications for consultation, pre-referral intervention and inclusive services. *School Psychology Quarterly, 13*, 45-62.

Winzer, M. A. (2000). The inclusion movement: Review and reflections on reform in special education. In M. A. Winzer & K. Mazurek (Eds.), *Special education in the 21st century: Issues of inclusion and reform* (pp. 5-26). Washington, DC: Gallaudet University.

Witt, J. C. (1986). Teachers' resistance to the use of school-based interventions. *Journal of School Psychology, 24*, 37-44.

Witt, J. C., Elliott, S. N., & Martens, B. K. (1984). Acceptability of behavioral interventions used in classrooms: The influence of amount of teacher time, severity of behavior problem, and type of intervention. *Behavioral Disorders, 9*, 95-104.

Wizda, L. (2004). An instructional consultant looks to the future. *Journal of Educational and Psychological Consultation, 15*, 277-294.

Ysseldyke, J. E., Christenson, S., Algozzine, B., & Thurlow, M. L. (1983). *Classroom teachers' attributions for students exhibiting different behaviors* (Report No. BBB17903). Minneapolis, MN: Minneapolis Institute for Research on Learning Disabilities.

Zigmond, N., & Miller, S. (1986). Assessment for instructional planning. *Exceptional Children, 52*, 501-509.

Zins, J. E. (1989). Building applied experiences into a consultation training program. *Consultation, 8*, 191-201.

Zins, J. E., Curtis, M. J., Graden, J., & Ponti, C. R. (1988). *Helping students succeed in the regular classroom: A guide for developing intervention assistance programs.* San Francisco: Jossey-Bass.

Zins, J. E., & Elias, M. J. (2006). Social and emotional learning: Promoting the development of all students. In G. G. Bear, K. M., Minke, & A. Thomas (Eds.), *Children's needs III: Development, prevention, and intervention* (pp. 1-13). Bethesda, MD: National Association of School Psychologists.

Zins, J. E., & Erchul, W. P. (2002). Best practices in school consultation. In A. Thomas & J. Grimes (Eds.), *Best practices in school psychology Vol. 1* (4th ed., pp. 625-643). Bethesda, MD: National Association of School Psychologists.

Zins, J. E., & Forman, S. G. (Eds.). (1988). Primary prevention: From theory to practice [Special issue]. *School Psychology Review, 17*, 539-541.

Zins, J. E., & Illback, R. J. (2007). Consulting to facilitate planned organizational change in schools. *Journal of Educational and Psychological Consultation, 17*, 109-117.

Zins, J. E., & Ponti, C. R. (1990). Strategies to facilitate the implementation, organization, and operation of system-wide consultation programs. *Journal of Educational and Psychological Consultation, 1*, 205-218.

Zins, J. E., & Wagner, D. I. (1987). Children and health promotion. In A. Thomas & J. Grimes (Eds.), *Children's needs: Psychological perspectives* (pp. 258-267). Washington, DC: National Association of School Psychologists.

찾아보기

인명

저자 소개

⊙ 로라 M. 크로더스(Laura M. Crothers)

   펜실베이니아 인디애나 대학교(Indiana University of Pennsylvania)에서 학교심리학 전공으로 박사학위를 취득하였고, 듀케인 대학교(Duquesne University)의 상담, 심리학 및 특수교육과 교수로 재직하고 있다. 뉴저지 주와 펜실베이니아 주의 학교심리사이며, 전국인증학교심리사(NCSP)다. 크로더스 박사는 아동기 괴롭힘 분야의 전문가로 미국학교심리학연합회로부터 지명된 바 있으며, 현재 대학원 수준의 컨설테이션 세미나, 평가 및 상담 관련 과목을 담당하고 있다.

⊙ 태미 L. 휴스(Tammy L. Hughes)

   애리조나 주립대학교(Arizona State University)에서 학교심리학 전공으로 박사학위를 취득하였으며, 듀케인 대학교(Duquesne University)의 상담, 심리학 및 특수교육과 교수로 재직하고 있다. 면허심리학자이며 전국인증학교심리사(NCSP)다. 미국심리학회 학교심리분과(Division 16)의 회장을 역임하였으며, *Journal of Early Childhood and Infant Psychology*의 편집장과 *Journal of School Violence*와 *Journal of Offender Therapy and Comparative Criminology*의 편집위원을 맡고 있다.

⊙ 캐런 A. 모린(Karen A. Morine)

   모린 박사는 독립적으로 개업하고 있는 학교심리사로 현재 펜실베이니아 주 홈스테드에 위치한 앨러게니 중계교육구(Allegheny Intermediate Unit)에서 근무하고 있다.

역자 소개

⊙ 이동형(Lee Donghyung)

충남대학교 대학원 응용심리학 석사

Texas A&M University 대학원 학교심리학 박사

전 미국 휴스턴 교육구 학교심리사

현 부산대학교 교육학과 교수

〈저서 및 역서〉

학교 폭력과 괴롭힘 예방: 원인진단과 대응(공저, 학지사, 2014)

학교심리학(공역, 아카데미프레스, 2012)

괴롭힘의 예방과 개입: 학교에서 어떻게 도울 것인가(공역, 학지사, 2011)

⊙ 남숙경(Nam Sukkyung)

Columbia University 대학원 상담심리 전공 석사

고려대학교 대학원 교육학 상담 전공 박사

전 한국학교심리학회 홍보이사

현 경남대학교 심리학과 교수

〈저서〉

K교육학(박영story, 2014)

⊙ 류정희(Lyu Jeonghee)

전남대학교 대학원 교육학 학교심리 전공 석사

전남대학교 대학원 교육학 학교심리 전공 박사

현 한국학교심리학회 재무이사

광주대학교 청소년상담평생교육학과 교수

〈저서 및 역서〉

사회정서학습 프로그램: 학생용 워크북(공저, 학지사, 2015)

교육학의 기초(공저, 청목출판사, 2013)

바르게 훈육하는 학교 스스로 규율을 지키는 학생(공역, 교육과학사, 2012)

⊙ 이승연(Lee Seungyeon)

이화여자대학교 대학원 심리학 석사

The University of Iowa 대학원 학교심리학 박사

미국 휴스턴 교육구 학교심리사

현 이화여자대학교 심리학과 교수

〈저서 및 역서〉

여성심리학(공저, 학지사, 2015)

학교 폭력과 괴롭힘 예방: 원인진단과 대응(공저, 학지사, 2014)

성인 및 노인심리학(공역, 시그마프레스, 2015)

아들러와 함께하는 행복한 교실 만들기(공역, 학지사, 2013)

⊙ 이영주(Lee Youngju)

Tennessee State University 대학원 학교심리학 박사

전 한국학교심리학회 사례연구 위원장

현 KAIST 과학영재교육연구원 전문선임연구원

　한국학교심리학회 자격제도 위원장

〈역서〉

영재교육(공역, 박학사, 2014)

학교심리학(공역, 아카데미프레스, 2012)

◉ 장유진(Jang Yoojin)

한양대학교 대학원 교육학 상담심리 전공 석사

The University of Iowa 대학원 상담자 교육 박사

전 한국학교심리학회 편집위원장

현 한국학교심리학회 사례연구 위원장

　　원광대학교 교육학과 부교수

〈논문〉

청소년 개인상담에서 내담자의 강점과 자원의 활용에 대한 상담자의 인식과 경험(한
　　국심리학회, 2016)

상담의 전문직 정체성에 관한 질적 연구(학습자중심교과교육학회지, 2015)

◉ 하정희(Ha Junghee)

한양대학교 대학원 교육학 상담심리 전공 석사

한양대학교 대학원 교육학 상담심리 전공 박사

전 한양대학교 사범대학 부속중학교 교사

　　한양대학교 에리카캠퍼스 상담센터 책임연구원

　　충북대학교 심리학과 BK사업단 연구교수

현 한양사이버대학교 청소년상담학과 교수

〈역서〉

슬픔과 상실을 겪은 아동 · 청소년 상담 및 사례(학지사, 2014)

◉ 홍상황(Hong Sanghwang)

경북대학교 대학원 심리학과 문학박사

전 한국학교심리학회, 초등상담교육학회 회장

현 진주교육대학교 교육학과 교수

〈저서 및 역서〉

심리검사의 이론과 실제(공저, 학지사, 2005)

PAI 평가의 핵심(공역, 학지사, 2014)

학교기반 컨설테이션

Theory and Cases in School–Based Consultation

2016년 8월 5일 1판 1쇄 인쇄
2016년 8월 10일 1판 1쇄 발행

지은이 • Laura M. Crothers · Tammy L. Hughes · Karen A. Morine
옮긴이 • 한국학교심리학회
　　　　이동형 · 남숙경 · 류정희 · 이승연 · 이영주 · 장유진 · 하정희 · 홍상황
펴낸이 • 김진환
펴낸곳 • (주) **학지사**
　　　　04031 서울특별시 마포구 양화로 15길 20 마인드월드빌딩
대표전화 • 02-330-5114　　팩스 • 02-324-2345
등록번호 • 제313-2006-000265호

홈페이지 • http://www.hakjisa.co.kr
페이스북 • https://www.facebook.com/hakjisa

ISBN 978-89-997-1038-4 93370
정가 17,000원

이 도서의 국립중앙도서관 출판시도서목록(CIP)은 서지정보유통지원
시스템 홈페이지(http://seoji.nl.go.kr)와 국가자료공동목록시스템
(http://www.nl.go.kr/kolisnet)에서 이용하실 수 있습니다.
(CIP 제어번호: CIP2016017684)

교육문화출판미디어그룹 **학지사**

심리검사연구소 **인싸이트** www.inpsyt.co.kr
원격교육연수원 **카운피아** www.counpia.com
학술논문서비스 **뉴논문** www.newnonmun.com